Ação social das empresas privadas: como avaliar resultados?

A metodologia EP²ASE

MARIA CECÍLIA PRATES RODRIGUES

Ação social das empresas privadas: como avaliar resultados?

A metodologia EP²ASE

ISBN 85-225-0515-2

Copyright © Maria Cecília Prates Rodrigues

Direitos desta edição reservados à
EDITORA FGV
Praia de Botafogo, 190 — 14º andar
22250-900 — Rio de Janeiro, RJ — Brasil
Tels.: 0800-21-7777 — 21-2559-5543
Fax: 21-2559-5532
e-mail: editora@fgv.br — pedidoseditora@fgv.br
web site: www.editora.fgv.br

Impresso no Brasil / Printed in Brazil

Todos os direitos reservados. A reprodução não autorizada desta publicação, no todo ou em parte, constitui violação do copyright (Lei nº 5.988).

Os conceitos emitidos neste livro são de inteira responsabilidade da autora.

1ª edição — 2005

Revisão de originais: Ana Paula Dantas

Revisão: Aleidis de Beltran e Fatima Caroni

Capa: Inventum Design

Ficha catalográfica elaborada pela Biblioteca
Mario Henrique Simonsen/FGV

Rodrigues, Maria Cecília Prates
    Ação social das empresas privadas: como avaliar resultados?: a metodologia EP^{2}ASE / Maria Cecília Prates Rodrigues. — Rio de Janeiro : Editora FGV, 2005.
    192p.

    Inclui bibliografia.

    1. Ação social. 2. Avaliação de pesquisa (Programas de ação social). 3. Responsabilidade social da empresa. I. Fundação Getulio Vargas. II. Título.

CDD — 658

A Alexandre, meu marido.
A Maurício e Maria Ilka, meus pais.
A André e Pedro, meus filhos.
Vocês são o tesouro que Deus me deu.

O morro não tem vez
E o que ele fez já foi demais
Mas olhem bem vocês
Quando derem vez ao morro
Toda a cidade vai cantar

Morro pede passagem
Morro quer se mostrar
(...)

O morro não tem vez
Mas se derem vez ao morro
Toda a cidade vai cantar

(O morro não tem vez, Tom Jobim e Vinicius de Morais)

Sumário

Agradecimentos   11

Prefácio   13

Apresentação   15

Introdução   17

Parte I — Ação social das empresas — O que é? Por que avaliar seus resultados?   25

1. Responsabilidade social das empresas: um valor organizacional em evolução   27

2. Ação social das empresas: uma prática em expansão   45

Parte II — Proposta de metodologia (EP²ASE) para avaliar os resultados da ação social das empresas   59

3. Eficácia pública e eficácia privada: por que priorizar estes critérios? Como eles devem ser entendidos?   61

4. Ação social das empresas (ASE) do tipo "duplamente" concentrada e de longo prazo: como aplicar a metodologia EP²ASE?   71

Parte III — Estudo de caso: avaliação da eficácia pública (EP) da ação social da Xerox   79

5. Identificação do campo: o programa social da Xerox   81

6. Como a metodologia EP²ASE foi implementada para avaliar a eficácia pública da ação social da Xerox?   99

7. Resultados encontrados: o programa social da Xerox tem eficácia pública?   115

Parte IV — Estudo de caso: avaliação da eficácia privada (EP) da ação social da Xerox   153

8. Identificação do campo: o negócio Xerox   155

9. Como a metodologia EP²ASE foi implementada para avaliar a eficácia privada da ação social da Xerox?   159

10. Resultados encontrados: o programa social da Xerox tem eficácia privada?   165

Considerações finais   185

Referências bibliográficas   187

Agradecimentos

Este livro é fruto de uma longa construção, onde cada tijolo traz em si uma história. Muitas pessoas me ajudaram a colocar estes tijolos durante o percurso e gostaria de agradecê-las, pois sem elas dificilmente conseguiria completar essa construção teórica e, ao mesmo tempo, prática.

A Sonia Fleury, da Ebape/FGV, que foi orientadora da tese na qual se baseou este livro, por seus comentários sempre objetivos e precisos, e seu apoio constante nos momentos de altos e baixos do trabalho. E sobretudo por deixar fluir o espírito investigativo, sem prendê-lo a este ou àquele enfoque analítico.

A José Pinto Monteiro, do Instituto Xerox, que abriu as portas para que a ação social da Xerox fosse utilizada como estudo de caso. Com isto, a Xerox deu demonstração clara de que quer contribuir para o avanço no campo da avaliação dos resultados da ação social corporativa. Sem essa colaboração, o trabalho não teria sido possível. Agradeço também a Gabriel Pache e Fátima Sá, ambos do Instituto Xerox.

A Helena Bomeny, do Cpdoc/FGV, que me encorajou sempre com seus comentários e, sobretudo, a publicar o livro.

A Moisés Balassiano, da Ebape/FGV, que me estimulou na lógica da causalidade e esteve sempre pronto a trocar idéias.

A Maria Cecilia Arruda, da Eaesp/FGV, que me fez pensar o tema, não apenas sob a ótica nacional, mas ampliá-lo para horizontes globais.

A André Urani, da UFRJ e do Instituto de Estudos do Trabalho e Sociedade (Iets), que acreditou no trabalho e vem dando força para que ele passe para a prática das empresas.

A Celina Vargas, do Sebrae/RJ, que me introduziu, em 1996, no mundo do terceiro setor, e agora, novamente, foi quem começou a abrir as portas para que eu pudesse dar início à pesquisa de campo.

A Luiz Chor, da Firjan, que, ao fazer referência a este trabalho em reunião do Conselho de Responsabilidade Social da entidade, fortaleceu em mim o sentimento de relevância do tema.

A George Avelino, da Eaesp/FGV, que iluminou o caminho da inferência causal com dados qualitativos, de certo modo me tirando do *imbroglio* do marco lógico com a fenomenologia.

A Renato Mohler, da Uerj, que me deu valiosas sugestões práticas para a realização das entrevistas na Mangueira.

A Zairo Cheibub, do Cpdoc/FGV, entusiasta dos temas tanto da avaliação social quanto da responsabilidade social empresarial e com quem discutir e trocar idéias foi sempre muito proveitoso.

A Francisco de Carvalho — o Chiquinho da Mangueira —, do programa social da Mangueira, que me abriu as portas da Vila Olímpica para a realização das entrevistas.

A Ivanir dos Santos, presidente da ONG Ceap, que viabilizou a minha subida ao morro da Mangueira ao me apresentar ao Mestre Taranta.

Ao Mestre Taranta, da Escola de Samba Estação Primeira de Mangueira, que me guiou com a maior seriedade e dedicação pelas ruas e vielas da comunidade da Mangueira. E, com o maior cuidado, quando houve tiroteio.

Ao apoio da Xerox — aos atuais e ex-colaboradores, em especial a Heitor Chagas, João Carlos Quintanilha, Raíssa Lumacki, Maurício Madruga, Maria Teixeira e Marcelo Brum.

Aos entrevistados do estudo de caso da Xerox — coordenadores do programa social, moradores da comunidade da Mangueira, funcionários e clientes —, que foram fundamentais para essa reflexão sobre a ação social corporativa.

Prefácio

A busca de uma metodologia que permitisse a avaliação dos resultados da ação social das empresas foi, do início ao fim, o propósito central do valioso trabalho desenvolvido por Maria Cecília. Por um lado, havia uma preocupação prática com o crescente envolvimento das empresas com ações de combate à pobreza, anteriormente situadas exclusivamente no âmbito das políticas públicas ou das ações voluntárias individuais e/ou religiosas, sem que esta expansão se fizesse acompanhar pela aplicação de mecanismos de aferição dos seus resultados. Por outro lado, as preocupações acadêmicas levaram a autora a percorrer uma aventura intelectual inovadora, ao desenvolver uma metodologia de avaliação das ações sociais das empresas, colocando-se na fronteira do desenvolvimento do conhecimento e da discussão metodológica sobre este tema. Finalmente, ao aplicar sua proposta metodológica a um caso específico, a ação da Xerox na Mangueira, nos deparamos com a enorme riqueza dos dados ali coletados, que nos permitem repensar ações de combate à pobreza, sejam elas executadas pelo poder público ou por empresas.

A extensa revisão da literatura internacional sobre ação social das empresas, realizada neste trabalho, qualifica-o como um texto imprescindível para todos os que se dedicam a este campo, sejam eles estudiosos ou empreendedores. Conceitos que cada dia mais fazem parte da linguagem das empresas e da mídia, tais como responsabilidade social da empresa, desempenho social corporativo, *stakeholders*, responsabilidade social, cidadania corporativa e outros, são analisados à luz das modernas teorias administrativas.

A análise da evolução da ação social das empresas demonstra que este é um fenômeno em expansão em todo o mundo e, recentemente, no Brasil, onde as questões da pobreza e da ética ultrapassaram as barreiras universitárias e impregnaram a vida cotidiana. No entanto, a expansão teórica e prática deste campo não tem sido acompanhada pelo desenvolvimento de instrumentos e modelos que permitam a aferição dos resultados destas ações.

A proposta metodológica desenvolvida neste trabalho evita tanto uma visão ingênua quanto uma visão meramente estratégica, ao partir da discriminação entre os conceitos de eficácia pública e eficácia privada, ambas contempladas na ação social das empresas, já que elas atuam no âmbito da coisa pública ao promover o combate à pobreza, mas, ao mesmo tempo, não podem descurar de seus objetivos empresariais.

A necessidade de tratar destes dois tipos de eficácia em sua proposta metodológica acarretou a combinação de uma lógica quantitativa, que busca modelos de causalidade, com instrumentos de investigação próprios à pesquisa social qualitativa. Esta suposta "heresia" foi tratada com ceticismo por parte daqueles especialistas que se apegaram a uma visão tradicional da investigação social, na qual as lógicas quantitativa e qualitativa são vistas como incompatíveis.

A persistência em sua linha de trabalho foi a forma que Cecília encontrou para enfrentar as adversidades, sejam aquelas inerentes ao trabalho em uma comunidade que enfrentava problemas sérios de violência, sejam as oriundas da violência simbólica que contamina a comunidade científica.

O estudo de caso realizado na Mangueira permitiu conclusões surpreendentes, tais como a ausência de uma preocupação mais imediata com a eficácia empresarial e o predomínio da dedicação individual ao trabalho voluntário, na base da ação social empresarial. Talvez o resultado que mais me tenha impressionado seja a incapacidade de a ação social empresarial, e desconfio que ocorra o mesmo com as políticas públicas, atingir os grupos mais vulneráveis, para os quais suas ações supostamente deveriam ser direcionadas. Ao demonstrar o papel que cumpre a família na busca de oportunidades para os jovens e crianças, a autora mostra a limitação das ações sociais, mas, ao mesmo tempo, dá a chave para que estas ações sejam revistas e possam, algum dia, chegar até aqueles que carecem, mais que tudo, desta estrutura fundamental para a construção da cidadania.

Sonia Fleury
Coordenadora do Programa de Estudos sobre a Esfera
Pública (Peep) e do Observatório da Inovação Social da Ebape/FGV
Membro do Conselho de Desenvolvimento Econômico e Social (CDES)

Apresentação

Não podemos dar as costas para a desventura alheia. Devemos remediá-la, no que estiver ao nosso alcance. Não podemos fechar os olhos para a realidade à nossa volta, fecharmo-nos em quatro paredes ou vivermos como numa redoma, ainda que trabalhemos muito. É preciso abrir nossos olhos e corações sem reservas, pois estamos falando de seres humanos, com carne e osso como nós, que necessitam ser alimentados e educados como nós, que sofrem necessidades básicas e têm direito a uma vida mais digna.

Perante a desgraça, não adianta apenas indicar o erro e o culpado, por mais correta que seja a nossa análise. O que hoje presenciamos é resultado de ações de governantes que não conseguiram aumentar o bem comum em muitos campos, especialmente na área social. Triste fracasso!

As empresas privadas parecem estar agora tomando a dianteira e tentando suprir parte dessa grande lacuna. Motivadas por seus dirigentes, não se furtam à sensibilidade das pessoas em geral, e de seus próprios colaboradores, em face das inúmeras carências que conhecem. A professora Maria Cecília Prates Rodrigues foi muito feliz ao escrever este livro. Uma das suas primeiras preocupações foi definir — e o fez com propriedade — o conceito de responsabilidade social das empresas. Enfatizou o seu sentido de valor organizacional em evolução, explicando como ele vem sendo operacionalizado. Apoiou-se em renomados autores, de prestígio na área, para explicar as diversas abordagens hoje em discussão.

A professora Maria Cecília Prates Rodrigues considera a ação social das empresas uma prática em expansão no Brasil. Como *core* de seu livro, enfatiza a necessidade de uma avaliação dos resultados dessa ação, propondo uma metodologia para esse fim. Esperamos que as empresas privadas aproveitem muito o trabalho que lhes é aqui oferecido, e que esse esforço seja tão profissional e leal quanto o que elas devotam — licitamente — para incrementar seus lucros. Dessa eficácia depende que nossa sociedade seja melhor.

No livro, foram apresentados e diferenciados os critérios de eficácia pública e eficácia privada, que devem ser priorizados quando usados na avaliação dos resultados da ação social das empresas privadas. O estudo de caso da empresa Xerox foi muito oportuno e útil para a melhor compreensão desses conceitos e sua aplicação prática. A autora não poupou forças para estruturar e testar a metodologia que criou. O instrumento se verificou, além de factível, de extrema importância para os vários públicos relacionados com a empresa, ou seja, os seus *stakeholders*.

Torcemos para que muitas organizações se animem a avaliar a eficácia pública e a eficácia privada das suas ações sociais e consigam efetivos resultados em seus projetos.

Não é suficiente investir, doar ou destinar recursos para causas sociais. É preciso assegurar-se de que eles estão sendo otimizados, que o problema social realmente esteja diminuindo ou sendo minimizado.

Agora, mais do que nunca, a responsabilidade social corporativa se tornou algo de extrema seriedade. As ações sociais das empresas privadas não podem constituir apenas um instrumento de marketing, ainda que, em muitos casos, a organização delas se beneficie. Também, não podem ser vistas como substituição da responsabilidade do governo.

Na sua essência, a ação social das empresas privadas contribui para os valores éticos mais genuínos, pelas iniciativas que tocam cada cidadão. Dar os meios para que as situações se consertem *de fato*, não apenas de palavras ou com o colorido de marketing, não é tarefa fácil.

Nesse sentido, o trabalho da professora Maria Cecília Prates Rodrigues é um primor. Traz uma contribuição significativa para as empresas privadas. Mostra como o acompanhamento e a avaliação dos resultados de suas ações sociais podem indicar quanto do objetivo foi alcançado. Nessa busca de eficácia, esperamos que predomine sempre o sentido de serviço aos cidadãos e à sociedade como um todo.

Maria Cecilia Coutinho de Arruda
Coordenadora do Centro de Estudos de Ética
nas Organizações da Eaesp/FGV

Introdução

Um novo modismo em gestão empresarial? Retórica das empresas? Mais uma estratégia de relações públicas? Ou uma maneira de as empresas contribuírem, de fato, para a redução da pobreza e da exclusão social? Ao mesmo tempo alvo de fortes críticas e de apoios eloqüentes, a ação social das empresas (ASE) apresentou notável crescimento nos últimos 10 anos em âmbito mundial. De uma atividade tida como secundária até bem recentemente, transformou-se em uma prática de gestão fortemente valorizada e admirada no discurso organizacional.

Movida pela vontade de fazer essa expansão do investimento social privado efetivamente contribuir para o combate à pobreza, decidi trabalhar o tema da avaliação como objeto da tese de doutorado. Este livro representa uma versão didática da tese.

Essa escolha foi feita a partir do instigante trabalho de Peter Utting (2000), das Nações Unidas, onde ele constatava que havia uma distância substancial entre a retórica e a prática das empresas no campo da responsabilidade social empresarial (RSE), ou seja, entre o que as empresas diziam que faziam e o que realmente estavam fazendo. Além disso, e aqui referindo-se sobretudo às grandes multinacionais, Utting afirmava que as empresas vinham se mostrando fortes em políticas/normas, porém fracas em resultados.

Acredito que, à medida que se passe a avaliar a ação social das empresas, ela se torne comprometida com resultados, ganhe transparência e credibilidade e, portanto, se fortaleça como estratégia de parceria do setor privado com o setor público para a promoção do desenvolvimento social.

O interesse pela avaliação dos resultados da ASE deve ser, primeiro, da própria empresa, que precisa prestar contas aos seus *stakeholders* dessa estratégia de gestão em prol da comunidade; e, segundo, do governo, que cada vez mais vem se tornando parceiro dessa ação social mediante crescente concessão de incentivos fiscais.

Mas, como avaliar os resultados da ação social das empresas?

Este livro propõe uma metodologia para avaliar os resultados da ação social das empresas. Inicialmente, buscamos situar a ação social das empresas no contexto da responsabilidade social corporativa, apontando para a relevância de se buscar avaliar os resultados. A seguir, apresentamos a proposta de metodologia de avaliação dos resultados da Ação Social das Empresas, que batizamos de **EP^{2}ASE — Eficácia Pública e Eficácia Privada da Ação Social das Empresas.** E, por último, aplicamos essa metodologia para avaliar os resultados da ação social da Xerox do Brasil, sob as óticas pública e privada.

Na primeira parte do livro, procuramos evidenciar, a partir da revisão da literatura, a grande carência de estudos no campo da mensuração de resultados, tanto no que se refere à RSE como à ASE. Alguns autores explicitam claramente essa carência (Wood, 1990;

Donaldson e Preston, 1995; Porter e Kramer, 1999) e outros já vêm trabalhando neste sentido (Hopkins, 1999; Queiroz, 2001). Constatamos que vêm convivendo três tipos díspares de posicionamento em relação aos temas da RSE e ASE: o primeiro, voltado para a apologia dos seus múltiplos efeitos benéficos (WBI, 2003; BSR, 2003); o segundo trata da ambigüidade existente entre desempenho social e desempenho financeiro das empresas (McWilliams e Siegel, 2000; Maignan e Ferrell, 2001; Pinto e Lara, 2003); e o terceiro, carregado de um sentimento de ceticismo e desconfiança quanto aos benefícios anunciados (Himmelstein, 1997; Hamil, 1999; Utting, 2000).

Na primeira parte do livro, fica clara a relevância de se avaliar os resultados da ação social das empresas, ressaltando a importância de que essa avaliação seja feita com foco em resultados para a comunidade e para a empresa. Vejamos, então, algumas razões que são levantadas em resposta à indagação de por que é importante avaliar os resultados da ASE:

▼ porque, e usando o argumento de Friedman (1977), não se pode negar que a ação social empresarial representa fator de custo para a empresa e, portanto, ela deve prestar contas aos seus *stakeholders* relevantes: ao acionista, que vê seus recursos alocados para este tipo de investimento; ao funcionário, que é demitido ou não tem aumento salarial há algum tempo; ao consumidor, que paga um preço mais elevado no bem consumido; ao governo, que deixa de recolher seus impostos mediante isenção fiscal etc.;

▼ porque, e aqui usando o argumento de Wood (1990), Smith (1994) e Porter e Kramer (2002), se a ação social é realmente estratégica para a empresa, é preciso apontar como o relacionamento empresa-comunidade vem gerando benefícios para os negócios da empresa e, portanto, para os *stakeholders* relevantes;

▼ porque, e aqui respondendo à provocação de Utting (2000), é preciso demonstrar que **não** existe distância substancial entre a retórica e a prática das empresas, ou seja, entre o que elas dizem que fazem e o que estão realmente fazendo na questão de responsabilidade social — e mais especificamente em termos de sua ação social;

▼ porque, e aqui respondendo à provocação de Himmelstein (1997), é preciso mostrar que as empresas estão, de fato, fazendo o bem (*doing good*) e não apenas passando uma imagem de estarem fazendo o bem (*looking good*). Ou seja, é importante evidenciar, além da motivação econômica, o comprometimento com o desenvolvimento social;

▼ porque, e aqui respondendo à provocação de Hamil (1999), é preciso demonstrar que o envolvimento da empresa com a comunidade não corresponde apenas a um modo cínico de relações públicas e que gera, sim, benefícios para a comunidade;

▼ porque, e aqui procurando iluminar os desafios teóricos no campo da operacionalização do conceito de RSE (Wood, 1990; Hopkins, 1999; Donaldson e Preston, 1995), é preciso evidenciar os resultados do relacionamento empresa-comunidade no âmbito da *teoria dos stakeholders*;

▼ porque, com a relevância que a ASE passou a assumir no discurso organizacional, é preciso passar a divulgar não o volume do investimento social privado (em termos financeiros ou de bens/serviços disponibilizados para a comunidade), mas sim os resultados deste investimento, já que empresas ofertando os mesmos recursos conseguem gerar diferentes níveis de resultado, tanto para a comunidade quanto para os negócios;

▼ porque se a empresa se diz parceira do Estado no combate à pobreza e à exclusão social, torna-se preciso evidenciar as contribuições efetivas geradas por ela, e não apenas o que ela diz estar fazendo. E, para potencializar os resultados dessa parceria, é necessário, sob a coordenação do Estado, definir responsabilidades e focos para a atuação social corporativa, além de criar redes entre empresas, organizações sociais e o próprio Estado;

▼ e sobretudo porque, no campo da ação social empresarial, a empresa deve ser reconhecida e valorizada não pelo processo em si de fazer ação social, mas pelos resultados alcançados — para a comunidade e a própria empresa.

Na segunda parte do livro, desenvolvemos a proposta de metodologia EP^{2}ASE para avaliar os resultados da ação social das empresas, baseada em sete pilares:

▼ elegemos a eficácia como critério básico para se avaliar a ação social das empresas. Ao aplicarmos este critério, o que se busca é identificar se, ao menos, os resultados anunciados pela empresa, para a sua ação social, estão sendo alcançados. Por sua natureza distinta do setor público, a empresa não tem compromisso prioritário (como o Estado tem) com questões relacionadas a eqüidade, eficiência e sustentabilidade. Mas a empresa tem compromisso prioritário, sim, com o que ela diz estar fazendo em benefício dos seus *stakeholders*. Evidentemente, os outros critérios de avaliação social podem ser utilizados, mas em caráter complementar ao da eficácia. No âmbito da noção atualmente vigente sobre responsabilidade social corporativa, quando a empresa desenvolve um programa social, ela tem obrigação não apenas com a comunidade que está atendendo (população-alvo desta ação), mas também com os *stakeholders* relevantes. Por isso propomos que o critério da eficácia seja desdobrado em eficácia pública e privada. Sob a ótica pública, a ação social é dita eficaz se consegue atingir os objetivos anunciados (pela empresa) para a comunidade. Sob a ótica privada, ela é eficaz se consegue alcançar os objetivos esperados para os negócios da empresa; ou seja, se consegue satisfazer os demais grupos dos *stakeholders* relevantes da empresa, como esperado;

▼ tratando-se do critério da eficácia pública, a forma de sua utilização deve se dar de acordo com o tipo de ação social conduzida pela empresa. Aqui, apresentamos um esboço de tipologia para a ação social empresarial, ilustrando a grande diversidade de possibilidades. Assim, nas ações menos estruturadas e mais dispersas, comprovar o alcance de objetivos de atividade ou de produto dos projetos sociais pode ser suficiente para a avaliação da eficácia pública. Já nas ações mais estruturadas e concentradas, são os objetivos de resultados, ou de impactos, que podem e devem ser aferidos. A metodologia de avaliação trabalhada neste livro se aplica especificamente a este segundo caso — ou seja, à ação social do tipo estruturada, concentrada (número de projetos e de locais) e de longo prazo. É importante deixar claro que o critério da eficácia pública foi aqui utilizado com o sentido de impacto da ação social na comunidade;

▼ propomos que a avaliação de impacto da ação social corporativa seja feita com base na lógica experimental com dados qualitativos, entendidos aqui como as falas dos entrevistados. Explicamos melhor este ponto. A avaliação de impacto pressupõe a identificação de relações de causalidade, ou seja, isolar os efeitos líquidos de um dado programa social na comunidade. A lógica experimental vem sendo a estratégia por excelência nas avaliações de impacto do setor público, em que se busca comparar dois grupos de pessoas, o do experimento e o de controle, iguais em todas as suas características (condição *ceteris paribus*), salvo na condição de participação no programa social em questão — as pessoas do primeiro grupo participaram do programa e as do segundo grupo, não. Assim, um programa pode ser tido como bem-sucedido se, após o programa, os resultados auferidos pelos seus participantes forem significativamente melhores do que os resultados alcançados pelos não-participantes. No mundo ideal das pesquisas de laboratório, a lógica experimental parece bastante linear e compreensível. Porém, no mundo real da prática avaliativa, as complexidades são muito grandes para se conseguir isolar os chamados efeitos líquidos do programa. Até hoje, estes desafios vêm sendo basicamente enfrentados no campo quantitativo, graças aos avanços nas áreas dos modelos estatísticos, matemáticos e de informática. Aliás, é neste sentido que podemos afirmar que a superação recente do conflito "quantitativo *versus* qualitativo" em avaliação social, que perdurou praticamente durante todo o século XX, veio justamente com o reconhecimento da complementaridade entre estes *métodos*, com os dados quantitativos sendo basicamente utilizados na avaliação de impacto e os dados qualitativos na avaliação de processo. Esta estratégia compartimentada vigente fica explicitada quando Weiss (1998) diz que "posso imaginar um desenho experimental clássico, em que o avaliador tenha designado aleatoriamente clientes potenciais ao grupo do programa e ao grupo de controle, e que se baseie apenas em dados qualitativos. Eu nunca vi um estudo como este, mas posso imaginá-lo". Portanto, podemos dizer que a nossa proposta metodológica para avaliar o impacto da ação social das empresas na comunidade vem justamente ao encontro dos anseios de Weiss: ela está baseada na lógica experimental com dados qualitativos. Acreditamos que esta estratégia de análise se coaduna com a realidade dos programas sociais desenvolvidos pelo setor privado. Pois aqui, o que está em jogo são projetos de pequena escala, em geral não concebidos para terem seus resultados avaliados e sobretudo porque não existem extensas e confiáveis bases de dados quantitativos necessárias para alimentar os modelos estatísticos;

▼ para sistematizar a lógica experimental, adotamos o modelo de regressão, procurando seguir os cuidados metodológicos propostos por King, Keohane e Verba (1994) para a inferência causal com dados qualitativos. Estes autores apontam para a importância de serem obedecidos os pressupostos da "unidade homogênea de análise" e da "independência condicional"; de serem evitados o viés de seleção dos casos, o viés de seleção das variáveis e a endogeneidade, e também de serem sempre mencionadas as estimativas de erro. É importante deixar claro que, ao utilizarmos a regressão para traduzirmos a hipótese causal a ser testada (quanto aos impactos do programa social corporativo), nosso objetivo não foi estimar coeficientes de causalidade, mas sim facilitar o raciocínio sistemático sobre a questão da causalidade, de modo a orientar o processo de tomada de decisão nas empresas. Assim, quando se considera o modelo de regressão para avaliar impacto, o que se busca é identificar o efeito causal médio (β_{*1}) do programa (variável causal X_1) nas transformações observadas no ambiente social (variáveis dependentes Y_i), sendo para isto utilizadas as variáveis explicativas de controle (X_2, X_3 etc.). Ou seja, identificar até que ponto as transformações em Y_i podem ser consideradas efeito(s) causal(is) médio(s) de X_1;

- para a implementação da lógica experimental ao estudo de caso desenvolvido, adotamos as seguintes estratégias: o grupo do experimento foi selecionado segundo o critério da amostragem aleatória por estratificação, tomando por base os cadastros de participantes dos projetos sociais analisados; o grupo de controle foi selecionado com base na estratégia dos "grupos de controle construídos equivalentes, caso a caso", em que sexo, idade e local de residência foram considerados as variáveis de controle (X_2, X_3 e X_4); o critério da saturação teórica foi utilizado para indicar a adequação do tamanho da amostra; e a comparação antes-depois foi feita com base na memória do entrevistado, devido à inexistência de informações a título de *baseline*. Estes procedimentos metodológicos podem ser reaplicados a outros casos de avaliação de impacto da ação social corporativa, desde que com as devidas adaptações de acordo com cada caso;

- a implementação da lógica experimental ao estudo de caso da ação social da Xerox levou-nos a adotar um procedimento não muito usual em avaliação social de impacto. No decorrer das entrevistas, percebemos a relevância do *constructo* "características pessoais", responsável pelo viés de seleção dos casos, isto é, pelas diferenças preexistentes entre os universos de participantes e não-participantes dos programas sociais, sobre as quais o avaliador não consegue ter controle. Na análise dos resultados, içamos este *constructo* da condição de "fator confundidor" do impacto e buscamos operacionalizá-lo para entender a sua relação com a variável causal (X_1);

- no que se refere à aplicação do critério da eficácia privada, o objetivo foi identificar como o relacionamento da empresa com o *stakeholder* comunidade é percebido pelos demais *stakeholders* relevantes da empresa, e se, de fato, essas percepções correspondem às expectativas descritas na literatura. Estas expectativas apontam para os efeitos positivos da ação social empresarial no sentido de aumentar o reconhecimento da empresa entre os seus consumidores, promover sua imagem na sociedade como um todo, elevar a motivação e a produtividade dos empregados, promover sinergia entre suas diversas áreas, tornar mais favoráveis as condições do contexto competitivo da empresa, superar obstáculos regulatórios, atrair o apoio dos governos, garantir o pertencimento da empresa à rede das empresas-pares que comungam da chamada "cultura da filantropia corporativa" e garantir o fortalecimento do poder político da empresa. No caso da eficácia privada, o que propomos é inferência descritiva com dados qualitativos, e não inferência causal. É relevante aqui a abordagem segundo duas categorias de análise. A categoria nível de conhecimento busca identificar o grau de conhecimento que o grupo de *stakeholders* investigado tem acerca da ação social desenvolvida pela empresa. Já a categoria resultados busca captar a percepção pelo *stakeholder* pesquisado dos resultados da ação social corporativa, devendo ser decomposta em três subcategorias: resultados para a comunidade, ou *stakeholder*-alvo; resultados para o relacionamento do próprio grupo de *stakeholders* entrevistado com a empresa; e resultados percebidos para a empresa como um todo.

Na terceira e quarta partes do livro, aplicamos a metodologia proposta EP^{2}ASE para avaliar a eficácia pública e a eficácia privada da ação social da Xerox no Brasil.

Em relação à eficácia pública da ação social da Xerox na comunidade da Mangueira, ressaltamos o aspecto fundamental da oportunidade de desenvolvimento para crianças e adolescentes da comunidade, que a empresa vem propiciando, de forma gratuita desde 1987, na Vila Olímpica da Mangueira. Em sentido figurado, podemos dizer que a Xerox praticamente *adotou* a comunidade da Mangueira. Do ponto de vista do combate à pobreza, seria desejável que muitas outras empresas privadas o fizessem também, ou seja, que *adotassem* (parcial ou integralmente) uma comunidade carente.

Podemos afirmar que os benefícios da ação social da Xerox para a comunidade da Mangueira poderiam ser significativamente ampliados, sobretudo se houvesse uma maior focalização dos projetos sociais na comunidade. E, neste caso, estar-se-ia conseguindo efetivamente atuar no campo da prevenção da criminalidade.

Em relação a estes dois projetos, vimos que a população-alvo (crianças e adolescentes da comunidade da Mangueira) pôde ser subdividida em três grupos: incluídos, auto-excluídos e excluídos em situação de risco social. As características pessoais definiram a alocação nos grupos, isto é, as características individuais da própria criança/adolescente e as de sua família (de estímulo ao seu desenvolvimento pessoal). A primeira constatação foi o fato de que o terceiro grupo foi bem mais numeroso do que o segundo, justamente o grupo das crianças/adolescentes que são, de certo modo, *largados* da família e não alimentam um sonho de autodesenvolvimento. Ou seja, há evidências de que são principalmente as crianças/adolescentes da comunidade em situação de risco social que vêm sendo deixados de fora dos projetos. Há, portanto, que se buscar maneiras para incluí-los também.

Vimos que, considerando o grupo dos incluídos da nossa amostra, a maioria (68%) não continuava participando dos projetos, apesar de ainda estar na faixa etária adequada à participação. Ou seja, a taxa de evasão dos projetos mostrou-se relativamente elevada. As razões apontadas pela comunidade foram relacionadas ao acesso, como a dificuldade para obtenção de vagas no retorno aos projetos (quando, por algum motivo, ocorreu interrupção na participação) e a questão do horário do projeto, incompatível com o horário da escola; e à própria forma de implementação dos projetos, com algumas crianças/adolescentes não se sentindo à vontade na Vila Olímpica da Mangueira, e muitas vezes até se sentindo *preteridos*. Há, pois, que se buscar também maneiras para reter as crianças/adolescentes da comunidade nos projetos.

Quanto aos grupos dos excluídos dos projetos (auto-excluídos e excluídos em situação de risco), eles afirmaram que não participavam dos projetos sobretudo por falta de informação, por dificuldades de transporte e ainda por impossibilidade no cumprimento de exigências.

No que se refere aos efeitos propriamente dos projetos sobre os participantes, *vis-à-vis* aos não-participantes da comunidade, podemos afirmar que, a partir da lógica experimental adotada, há a probabilidade de que os projetos estejam realmente conseguindo ter os efeitos positivos anunciados, sobretudo para a capacitação para o mercado de trabalho (Y'_4) e a auto-estima (Y'_6), seguidas da inserção no mercado de trabalho (Y'_5), sociabilidade (Y'_7), saúde (Y'_1) e lazer (Y'_2). Quanto ao indicador escola (Y'_3), identificamos que possivelmente os projetos não conseguiram ter os efeitos positivos desejados — as evidências apontaram que participar dos projetos não influenciou no desempenho escolar de quem já ia bem na escola; e, por outro lado, os que não iam bem na escola não estavam participando.

Podemos dizer que há espaço para ampliar o impacto dos projetos sociais da Xerox na comunidade da Mangueira. Mas é preciso focar os projetos nas necessidades da comunidade, ao invés de ampliar o seu raio de ação para outras áreas, mesmo que também carentes, da cidade do Rio de Janeiro. É preciso, sobretudo, ouvir os moradores da Mangueira e incluí-los no processo de planejamento dos projetos. É necessário solucionar os problemas de acesso e de retenção das crianças/adolescentes da Mangueira nos projetos. E, se o alvo é atuar no campo da geração de oportunidades e da prevenção da criminalidade, é preciso atenção especial para os garotos do grupo 3, os excluídos em situação de risco social.

Quanto à eficácia privada da ação social da Xerox junto aos funcionários da sede e aos clientes no Rio de Janeiro, que foram os dois grupos de *stakeholders* da empresa investigados, ela tende a ser reduzida. A principal razão para isto é o pouco conhecimento que esses *stakeholders* têm da ação.

A percepção dos resultados da ação social para a comunidade-alvo, por parte dos *stakeholders* entrevistados, estava restrita ao que era divulgado, na *mídia* ou na própria empresa. De certo modo, e aqui não nos referindo especificamente ao caso da Xerox, esta constatação parece sinalizar que o requisito para a eficácia privada da ação social corporativa não é o resultado efetivamente alcançado na comunidade (ou seja, a eficácia pública da ação), mas sim o que a empresa diz que faz.

Quanto aos resultados para os próprios *stakeholders* entrevistados, identificamos que praticamente todos os funcionários sentem orgulho em trabalhar na Xerox, por ela ter ação social. Porém, o efeito desse sentimento de orgulho para a motivação não chegou a ser significativo, com grande divergência nas respostas. Quanto à produtividade deles, houve consenso de que a ação social não influenciava.

Em se tratando do efeito do programa social da Xerox em relação à lealdade de suas empresas-clientes, as respostas mostraram que ele é pouco ou nada significativo.

Verificamos que para ampliar a eficácia privada da ação social da Xerox há que se atuar, junto aos funcionários e clientes, em duas frentes: no campo da divulgação e no campo do envolvimento/comprometimento. Quanto à divulgação, há que se investir no público-alvo adequado e na intensidade correta. Mas, para tanto, é necessário identificar o público-alvo adequado: no caso das empresas-clientes seria a área de contratos, a direção ou a área específica de RSE? E no caso dos funcionários da empresa, seriam todos ou apenas a parte deles mais interessada nessa questão?

No que diz respeito ao comprometimento dos *stakeholders*, e aqui nos referindo às empresas como um todo e não apenas à Xerox, é preciso atuar na valorização efetiva da ação social corporativa. Ou seja, é necessário que a cultura da ação social seja inserida no contexto das empresas na prática e não apenas em teoria.

Não podemos deixar de reconhecer que, para a elaboração desse trabalho, a colaboração da Xerox do Brasil foi fundamental — permitindo a realização da pesquisa de campo e a publicação dos resultados encontrados.

Com essa atitude determinada, a Xerox demonstrou que reconhece a importância da avaliação dos resultados da ação social corporativa e quer dar a sua contribuição para que se avance metodologicamente nesse campo. E, sobretudo, que quer compartilhar os resultados encontrados, a partir da aplicação da metodologia EP^{2}ASE, com as demais empresas que, como ela, também estão interessadas em potencializar a efetividade de sua ação social. Ao permitir evidenciar publicamente os aspectos positivos e os que precisam ser melhorados em seu programa social, a Xerox está, sem dúvida alguma, contribuindo para ampliar a reflexão sobre as estratégias de ação social.

Parte I

**Ação social das empresas
O que é? Por que avaliar seus resultados?**

1. Responsabilidade social das empresas: um valor organizacional em evolução

Como vem evoluindo? E por quê?

Não temos a pretensão de elaborar um conceito fechado e atemporal acerca da responsabilidade social das empresas. Pois, coerente com a natureza das organizações, este é um conceito em processo permanente de construção, que vai mudando ao sabor das flutuações da interação entre a empresa e a sociedade em geral. O que podemos é procurar ter clareza quanto ao significado da responsabilidade social corporativa em cada época.

Fazendo uma retrospectiva da evolução desse conceito, Wood (1990) identifica quatro momentos. No primeiro, durante o feudalismo na Europa, o compromisso social das empresas (ou melhor, do que se entendia por organizações produtivas naquela época) era para com Deus, a Igreja e o povo em geral. Assim, era atribuída aos donos de terra e aos comerciantes locais a responsabilidade na educação dos pobres, na promoção dos artistas locais, na construção de hospitais e orfanatos. Naquele período, em que o domínio da Igreja era preponderante, a acumulação de riqueza era percebida como algo perverso e a ser evitado.

Com o mercantilismo (século XIII-XV), o compromisso das empresas na Europa passou a ser com a expansão e o fortalecimento do Estado-nação, sobretudo por meio de participação nas expedições colonizadoras e do pagamento de impostos à Coroa. Naquele período, o comércio com os novos continentes tornou-se a principal maneira de enriquecer o Estado, e os metais preciosos (dinheiro) assumiram posição crucial.

Já na fase da industrialização, iniciada entre os séculos XV e XVIII e se estendendo até meados da década de 1980, o foco da empresa passou a estar na produção, na concorrência e nos aumentos de produtividade, eficiência e lucro. Durante este período, as empresas estiveram voltadas para a expansão do capital, ou seja, para *servir* exclusivamente aos interesses dos seus proprietários. Se, por um lado, esta estratégia direcionada para o acionista (*shareholder*) engendrou forte aumento na produção em massa e na melhoria do padrão de vida e do nível educacional em geral, por outro ela resultou também na exploração do trabalho e da natureza, além do enfraquecimento dos laços sociais de confiança.

No quarto e último momento, que Wood denominou como o período pós-industrial, a opinião pública se tornou bastante cética em relação ao desempenho tanto das empresas quanto do próprio governo. Segundo aquela autora, cujo foco da análise é a realidade norte-americana, os movimentos de protesto dos anos de 1960 e 1970 (direitos civis, antiguerra, feminista, ambiental) tiveram origem na falta de confiança, no desejo por mais transparência e acesso a informações e na percepção de que nem as empresas e nem o governo estariam dispostos a enfrentar os sérios problemas sociais surgidos sem uma pressão popular constante. A autora quer chamar a atenção para o fato de que, nestes últimos anos, as empresas estão praticamente sendo compelidas a operar para atender aos interesses dos vários grupos da população envolvidos com ela, os chamados *stakeholders*, e não apenas aos dos seus acionistas.

Essa tipologia de Wood evidencia a fluidez do conceito de responsabilidade social corporativa ao longo dos anos. Exemplificando: se no feudalismo a acumulação de riqueza pelas organizações é malvista, no período da industrialização se torna extremamente valorizada. Se, por volta de 1940, a poluição do ar e dos rios era aceita como um ônus do desenvolvimento, hoje em dia ela é severamente penalizada em nome também do desenvolvimento, que agora deve ser sustentável. Por que esta fluidez do conceito?

Vamos nos concentrar nestes dois últimos momentos, já que o nosso foco de atenção é entender o movimento recente das empresas, que vêm cada vez mais ampliando o seu raio de atuação para além dos interesses dos seus acionistas. Buscamos saber mais sobre essa *onda* atual de responsabilidade social, entendida como o alargamento do foco do interesse corporativo para múltiplos *stakeholders*. Obviamente não se trata de um retrocesso aos tempos do feudalismo. Então, por que esta mudança no comportamento organizacional?

Ventura (2003) foi buscar a resposta a essa indagação na obra dos franceses Boltanski e Chiapello (1999). Baseada no modelo explicativo de transformação do capitalismo apresentado por esses dois autores franceses, Ventura explica que o movimento atual pela responsabilidade social corresponde a mais um *deslocamento* do capitalismo para garantir a sua própria sobrevivência, diante das críticas ao processo de acumulação capitalista adotado, até então, pelas empresas. Diz ela:

> No caso da responsabilidade social, o movimento surge como resultado da crítica à forma pela qual as empresas se relacionam com a sociedade, tirando dela (dos seus recursos) seu lucro, para os acionistas e controladores, mas pouco beneficiando-a ou até causando-lhe danos. Em resposta, o movimento pela responsabilidade social (re)cria provas e dispositivos que, ao operar um deslocamento, desmantela a crítica. São criados institutos para lidar com o assunto, de forma isomórfica às empresas; são instituídas certificações na área social, como a SA 8000 e AA1000, balanços, selos, concursos; ou seja, todo um conjunto de regras e convenções para categorizar e classificar as empresas em relação a seu comportamento socialmente responsável, onde são exigidos e valorizados aspectos que, em última instância, os próprios capitalistas elegem, sem prejuízo para a lucratividade.

Ainda nessa mesma linha, só que agora baseada no modelo de construção de identidades de Castells[1] (1999), Batista (2003) argumenta que o movimento atual pela responsabilidade social empresarial pode ser interpretado como uma forma de construção de identidade de projeto. Na tipologia de Castells, a identidade de projeto está baseada na

---

[1] O autor propõe três formas de construção de identidade coletiva: identidade legitimadora, de resistência e de projeto.

reconstrução da identidade coletiva, através da qual o indivíduo busca redefinir sua posição na sociedade. No caso em questão, as empresas estariam sendo pressionadas a adotar novas estratégias de gestão, sob pena de perda de mercado.

Por sua vez, Utting (2000) afirma que o novo conceito de responsabilidade social das empresas

> tem muito menos a ver com uma nova preocupação ética das empresas com o meio ambiente e as condições sociais do planeta do que com fatores econômicos, políticos e estruturais. Estes fatores incluem as chamadas oportunidades do "ganha-ganha", a possibilidade de alavancar vantagens competitivas, a "gestão da imagem", os grupos de pressão e as políticas de consumo, regulação ou a ameaça da regulação, e as mudanças na forma como a produção e o marketing estão organizados globalmente.

Ou seja, para ele os *drivers* dessa mudança estão estreitamente relacionados aos benefícios que as empresas podem auferir a partir dela para os seus negócios.

Utting (2000), que é o diretor do Instituto de Pesquisas para o Desenvolvimento Sustentável das Nações Unidas, vê com certa cautela esse novo discurso organizacional. Primeiro, porque ainda existe uma distância substancial entre a retórica e a prática das empresas, ou seja, entre o que elas dizem que fazem e o que realmente estão fazendo em termos de responsabilidade social. Segundo, e aqui ele toma como exemplo o caso da gestão ambiental, na maior parte das vezes as empresas são certificadas em função da existência de normas internas de gestão, e não pelo impacto dessas práticas no meio ambiente. Há evidências de que as grandes empresas estão se mostrando fortes nas normas, porém *fracas* em termos de resultados.

O terceiro ponto salientado por Utting diz respeito à perda do papel regulatório do Estado diante da nova atitude de auto-regulação assumida pelas empresas, por meio de códigos de conduta e programas de certificação. Para o autor, essa perda do poder regulatório do Estado é decorrência do fato de que a "política de confrontação", que prevaleceu nas décadas de 1960 e 1970, baseada na imposição de regulações e de *lobbies* sobretudo contra as transnacionais, vem cedendo lugar à "política de parceria", em que governos, empresas, organizações multilaterais e organizações não-governamentais (ONGs) estão trabalhando juntos e encontrando formas de minimizar os custos ambientais e sociais do crescimento econômico.

Também Cheibub e Locke (2002) alertam quanto ao risco da perda de poder do Estado como decorrência dessa onda de responsabilidade social empresarial. O argumento destes autores é que, quando as empresas deixam de ser apenas unidades de produção econômica e passam a ser também promotoras de bem-estar social, elas ficam politicamente fortalecidas diante de outros atores sociais, como os sindicatos e o próprio Estado. No modelo *welfare capitalism*, corre-se o risco de contribuir para o esvaziamento do espaço público e da compreensão de que bem-estar social é um direito de cidadania, cuja garantia é obrigação de toda sociedade e não de determinados atores, por mais fortes e influentes que sejam.

Feita essa colocação, Cheibub e Locke indagam: de que forma as empresas estariam realmente sendo socialmente responsáveis? Provendo bem-estar social ou fortalecendo o Estado para que ele possa garantir a universalidade desta provisão?

A questão é instigante, porém não é nosso objetivo aprofundá-la neste livro. A partir do que dizem Utting, Cheibub e Locke, a questão preocupante que desponta é a de que, se por um lado a prática atual das empresas em responsabilidade social está muito aquém do discurso comprometido com uma ampla gama de *stakeholders*, por outro há a possibilidade de que este discurso cheio de boas intenções possa estar contribuindo para enfraquecer não apenas o papel do Estado, como também o papel de outros atores sociais relevantes (organismos multilaterais, ONGs e sindicatos). Portanto, se não conseguirmos resolver o conflito entre retórica e prática, aí, sim, ficaremos no pior dos mundos em termos de promoção de bem-estar social.

Para contribuir na solução desse conflito, um passo fundamental é procurar ter clareza do que se entende atualmente pelo constructo responsabilidade social das empresas e como ele vem sendo operacionalizado. A operacionalização adequada do conceito certamente contribui para a distinção entre retórica e prática.

Como conceituar a responsabilidade social das empresas?
E como este conceito vem sendo operacionalizado?

Considerando a última etapa na tipologia de Wood, de meados da década de 1980 até hoje, a literatura mostra que no campo teórico ainda não há consenso sobre a conceituação de responsabilidade social corporativa no momento atual. E, embora prevaleça a noção dos vários grupos de *stakeholders* que devam ser atendidos pela empresa, ainda não se tem clareza quanto à definição deles e como deva se dar o seu relacionamento com a empresa.

Sobre a conceituação da responsabilidade social das empresas, Carroll (1979) apresenta algumas dessas diferenças conceituais. Por exemplo, ele mostra que, para McGuire (1963) e Backman (1975), a responsabilidade social corporativa deve não apenas incluir, como também ir além dos requisitos econômicos e legais. Por sua vez, Manne e Wallich (1972) têm um enfoque mais restrito e consideram que a responsabilidade social diz respeito apenas aos atos puramente voluntários executados pelas empresas. Já Steiner (1975) fala em um *continuum* de responsabilidades, que vai da responsabilidade econômica para a legal, e depois para os chamados atos voluntários. Ackerman e Bauer (1976) criticam o termo "responsabilidade", por seu caráter estreito e estático, e propõem o conceito de "responsividade" que é associado à idéia de desempenho.

Vale mencionar que essa discussão entre McGuire e Backman *versus* Manne, quanto à demarcação do limite inicial da responsabilidade social corporativa, ainda continua *acesa* mesmo nos dias de hoje. Assim, em trabalho recente, Cheibub e Locke (2002) argumentam que não faz sentido chamar de responsabilidade social o cumprimento da lei. Para eles, não podemos considerar responsabilidade social as ações, programas e benefícios adotados pelas empresas como resultado de negociação trabalhista. Pois, neste caso, se está diante de uma questão de poder e barganha política, não de responsabilidade social.

No que se refere ao *continuum de responsabilidades* proposto por Steiner, o trabalho recente de Batista (2003) evidencia que, na prática das empresas, essa lógica não funciona de modo tão cartesiano. Ela analisou a atuação das empresas em Minas Gerais em relação à política de inclusão de pessoas portadoras de deficiência (PPD). Além da diversidade do corpo funcional ser um dos quesitos valorizados no âmbito da responsabilidade social corporativa, no Brasil já existe um decreto (nº 8.213), de 1991, determinando que as empresas com mais de 100 empregados devem contratar pessoas portadoras de deficiência. No entanto, a pesquisa de Batista mostrou que apenas 14,3% das empresas analisadas com mais de 100 empregados cumprem a legislação, contratando PPD na proporção prescrita pelo referido decreto. Ela verificou também que a principal motivação das empresas para contratarem PPD não foi o cumprimento da legislação (mencionado por apenas 19,7% das empresas), mas o desejo de realizar um trabalho social (mencionado por 39,3% das empresas). Ou seja, aí os chamados "atos voluntários" tiveram precedência sobre a "responsabilidade legal".

Voltando a Carroll (1979), após analisar os diferentes conceitos sobre responsabilidade social, ele apresenta seu próprio conceito sobre as expectativas que a sociedade tem em relação às organizações no campo econômico, legal, ético e discricionário.[2] No seu modelo, a responsabilidade social representa uma das três dimensões de um constructo maior que é o "desempenho social corporativo". As outras duas dimensões deste constructo maior são as "questões sociais envolvidas" (meio ambiente, discriminação da mão-de-obra e segurança do produto) e a "responsividade social", que pode variar em um *continuum* de "nenhuma resposta" até uma "resposta proativa". Este modelo proposto por Carroll representou um marco no sentido de articular e inter-relacionar dimensões do comportamento empresarial socialmente responsável que vinham sendo consideradas de forma estanque.

Só mais recentemente é que o conceito de responsabilidade social corporativa passou a estar predominantemente associado à noção de *stakeholder*.[3] A obra de Freeman (1984) é tida como referência na teoria dos *stakeholders*, muito embora não seja pioneira. Como menciona o próprio Freeman, em 1968 Rhenman já utilizava o termo *stakeholder* para designar os indivíduos ou grupos que dependiam da companhia para a realização dos seus objetivos pessoais e de quem a companhia era dependente.

---

[2] As responsabilidades discricionárias ou relacionadas ao arbítrio individual dizem respeito às expectativas que existem na sociedade no sentido das empresas assumirem certos papéis sociais, que são puramente voluntários, não obrigatórios por lei e nem esperados no sentido ético. Exemplos de atividades voluntárias podem ser as contribuições filantrópicas, a condução de programas na empresa para pessoas viciadas, treinamento para os desempregados ou providenciar creches para as mães trabalhadoras. Carrol (1979) levanta a possibilidade de inadequação do termo "responsabilidade" para nomear estas expectativas da sociedade.

[3] Porém, devemos destacar que, nem mesmo atualmente, a noção de responsabilidade social das empresas (RSE) está diretamente associada à teoria dos *stakeholders*. Por exemplo, Grayson e Hodges (2001), respectivamente da Business In The Community (BITC) e The Prince of Wales International Business Leaders Forum (PWIBLF), trabalham com a idéia dos "temas emergentes de gestão" no âmbito das empresas. Para eles, foram as forças globais de mudança dos últimos anos que passaram a exigir a definição e a implementação dos novos temas de gestão, nas áreas de ecologia e meio ambiente; saúde e bem-estar; diversidade e direitos humanos; e comunidades. O novo modelo de gestão, ao mesmo tempo que pode multiplicar o desempenho nos negócios, vai contribuir para suplantar a desigualdade, a pobreza, as doenças e a poluição em escala mundial.

O importante aqui é destacar que Freeman trabalhou a teoria dos *stakeholders* com o foco na gestão estratégica das organizações e não na responsabilidade social. Ou seja, a motivação central do seu trabalho foi a turbulência no ambiente externo das empresas nas décadas de 1960 e 1970, que passou a representar uma ameaça à capacidade de gestão das organizações. Tornava-se, pois, indispensável repensar o referencial teórico de gestão. Diz Freeman (1984):

> Lá se foram aqueles "velhos bons tempos" em que as empresas tinham apenas que se preocupar em trazer ao mercado os seus produtos e serviços; e lá se foi também a utilidade das teorias de gestão centradas na eficiência e efetividade no âmbito do referencial produto-mercado.
>
> Aquele "paradigma" ou "referencial" ou "modo de ver o mundo" não dá conta mais da turbulência que as empresas vêm experimentando hoje. E, de fato, as teorias vigentes se tornaram inconsistentes tanto com a quantidade como com os tipos de mudanças que vêm ocorrendo no ambiente empresarial dos anos 80.
>
> (...)
>
> As mudanças, que vêm ocorrendo interna e externamente às organizações, estão gerando a necessidade de se repensar radicalmente o modelo da firma. Os conceitos que precisamos utilizar devem nos ajudar a compreender as mudanças nas relações individuais com os grupos que afetam a empresa, e devem nos auxiliar a colocar os pedaços juntos de novo. O navio deve continuar flutuando, mesmo sendo reparado.
>
> (...)
>
> Uma possível abordagem para este problema conceitual de lidar com o ambiente externo da firma é redesenhar o mapa da empresa, de modo a considerar todos os seus *stakeholders*.

Freeman (1984) trabalha com uma definição bastante ampla para *stakeholders*: todos aqueles grupos e indivíduos que podem afetar ou serem afetados durante o cumprimento dos objetivos organizacionais. Ou seja, os grupos que têm algum interesse (*stake*) na empresa. Embora o foco inicial da teoria dos *stakeholders* não tenha sido dar suporte ao conceito da responsabilidade social corporativa, há de se reconhecer que ela acabou sendo de grande valia nesta área. Como reconhece Freeman (1984):

> Basta dizer que os movimentos sociais dos anos 60 e 70 por direitos civis, antiguerra, consumo, meio ambiente e direitos das mulheres serviram como um catalisador para se repensar o papel das empresas na sociedade..... O que vem distinguindo a literatura (recente) sobre responsabilidade social corporativa é que ela está aplicando o conceito de stakeholder para grupos não-tradicionais de stakeholders, que eram normalmente vistos como tendo um relacionamento adverso com a empresa. Em particular, menos ênfase está sendo dada em satisfazer os proprietários, e comparativamente mais ênfase está colocada no público ou na comunidade ou nos empregados.

Quando, como fez Carroll (1979), se passa a abordar a responsabilidade social corporativa sob a ótica do desempenho, tem-se um avanço no sentido da operacionalização do conceito. Na seqüência da evolução teórica sobre "desempenho social corporativo", o trabalho de Wood (1991) foi outro marco relevante. Ela propôs que para se avaliar o desempenho social das empresas deveriam ser examinados o grau de motivação na empresa pelos princípios de responsabilidade social, o grau com que a empresa faz uso dos processos de *responsividade* social e os impactos observados das ações, programas e políticas da empresa em termos de responsabilidade social.

Wood (1991) apontou a importância dos princípios da legitimidade no âmbito institucional, da responsabilidade pública no âmbito da atuação da organização e do arbítrio gerencial no nível individual. Entre os processos de *responsividade*, ela salientou em seu modelo a gestão do meio ambiente, a gestão dos *stakeholders* e a gestão de questões pontuais. Já no que se refere aos impactos sociais do comportamento das empresas, e isto é importante mencionar, Wood destacou a carência de estudos nesta área e a importância de estes serem retomados de modo a dar substância à avaliação do desempenho social das empresas.

Mais adiante, em 1996, Wood (conforme Queiroz, 2001) alterou a composição deste terceiro nível do seu modelo, que foi desdobrado nos seguintes níveis de análise: efeitos nos *stakeholders* internos, nos *stakeholders* externos e efeitos institucionais externos. Ao enfatizar o nível dos *stakeholders* para a abordagem do impacto, Wood acabou dando uma importante contribuição para a questão da avaliação da responsabilidade social empresarial.

Porém, como bem mostrou Husted (segundo Queiroz, 2001), o avanço do modelo de Wood ainda não foi suficiente para a operacionalização do constructo. Assim, Husted (2000) afirma que o modelo de Wood não consegue esclarecer a natureza do relacionamento entre os princípios, os processos e os resultados, e acaba sendo muito mais um esquema classificatório do que propriamente uma teoria. E, sobretudo, ele comenta que o foco do modelo ainda ficou restrito a processos, não tratando a questão dos resultados. Para Husted (2000),

> o desempenho social das empresas deve ser visto como uma função do ajuste entre estratégias e estruturas específicas, e a natureza da questão social. A questão social é determinada pelas lacunas entre as expectativas das empresas e as de seus stakeholders. A alta performance social da empresa seria atingida quando essas lacunas de expectativas fossem superadas.

Em relação ao modelo de Wood, Hopkins (1999) avançou ao propor um sistema de indicadores e medidas para operacionalizar as várias dimensões conceituais apresentadas por Wood. A crítica que fazemos ao modelo de Hopkins é a de que a sua ênfase foi na mensuração do processo e, quando mencionou as medidas de resultado, não explicitou como elas deveriam ser feitas. Para ilustrar este ponto, apresentamos no quadro 1 como Hopkins operacionalizou os efeitos da responsabilidade social para alguns dos *stakeholders* externos, a saber, a comunidade e o meio ambiente. O exame desse quadro evidencia que, no modelo de Hopkins, ainda continuaram em suspenso questões de como avaliar os impactos das doações da empresa para os programas da comunidade (isto não poderá ser feito apenas com a mensuração do volume de recursos aplicados); e de como avaliar os resultados do envolvimento direto da empresa nos programas da comunidade (aqui a necessidade da medida está prevista, porém não equacionada).

Quadro 1
Empresas socialmente responsáveis: efeitos nos *stakeholders* externos, segundo o modelo de Hopkins

Grupo de *stakeholders*	Indicadores	Medidas
Comunidade	▼ Doações das empresas para os programas da comunidade ▼ Envolvimento direto nos programas da comunidade ▼ Controvérsias ou litígios com a comunidade	▼ Quantidade, percentual ▼ Número, resultados, custos e benefícios ▼ Número, gravidade e resultados
Meio ambiente	▼ Poluição ▼ Lixo tóxico ▼ Reciclagem e uso de produtos reciclados ▼ Uso do selo ecológico nos produtos	▼ Desempenho em relação ao índices, litígios, multas ▼ Idem ▼ Percentagens ▼ Sim/não

Fonte: Hopkins (1999:145-147). Citação parcial do quadro.

Além da contribuição para a operacionalização do modelo de Wood, outra importante contribuição de Hopkins (1999) foi para o debate propriamente da conceituação da responsabilidade social empresarial. Ele reforçou a noção de que a teoria dos *stakeholders* é pré-requisito básico para a definição do constructo, porém não é suficiente. Vejamos como ele responde à indagação que ele próprio se faz: é a responsabilidade social corporativa apenas a outra face da teoria dos *stakeholders*?

>Até um certo grau, sim, porque ambas estão interessadas na responsabilidade social das empresas; e isto é melhor administrado se se subdivide a empresa nos seus grupos específicos de stakeholders, e se analisa o que se entende por responsabilidade social em relação a cada um dos grupos. Porém, a responsabilidade social corporativa, como eu vejo, vai além da teoria dos stakeholders, porque ela advoga não apenas a responsabilidade social ao nível da empresa, mas também ao nível planetário. É o que eu descrevo como o "contrato planetário", e que corresponde a uma visão mais global do que a teoria dos stakeholders. No entanto, levar em consideração os interesses dos stakeholders[4] é fundamental para que uma empresa possa ser tida como socialmente responsável.

---

[4] Hopkins (1999) levou em consideração sete grupos de *stakeholders*, que ele denominou "os sete azimutes", a saber: proprietários/investidores, ou *shareholders*; gerentes; empregados; clientes; meio ambiente; comunidade em sentido amplo, incluindo o governo; e fornecedores.

Se a noção de responsabilidade social empresarial (RSE) vem sendo cada vez mais associada à idéia dos *stakeholders* envolvidos com a empresa — e esta é a abordagem que privilegiamos neste livro[5] — e se desejamos avaliar a prática das empresas nessa área, torna-se fundamental identificar quem são os *stakeholders*. E, como mostram Mitchell, Agle e Wood (1997), nem de longe esta é uma questão trivial, pois engloba indagações bastante pragmáticas e difíceis de serem respondidas, como entre os *stakeholders* da empresa, quais grupos devem ser atendidos; quais os interesses mais importantes e como equilibrá-los; e qual o volume de recursos da empresa a ser alocado para servir a estes interesses.

Após exaustiva revisão da literatura, encontrando desde definições bastante estreitas até as muito abrangentes para *stakeholders*, os autores (Mitchell, Agle e Wood, 1997) propõem um modelo para identificação dos *stakeholders* relevantes para cada empresa. O modelo apresenta oito classes[6] de *stakeholders* definidas em função da presença (ou ausência) de três atributos-chave, ou de uma combinação entre eles: poder, legitimidade e urgência. O pressuposto é de que a relevância do *stakeholder* para a empresa está relacionada ao número dos atributos percebidos no *stakeholder* pelos gerentes da firma.

Nesse modelo de Mitchell, Agle e Wood (1997), a filantropia empresarial é considerada uma ação voltada para um *stakeholder* latente do tipo "discricionário", ou seja, dotado de apenas um atributo: legitimidade. Discordamos dos autores nesse aspecto. A nosso ver, e não raras vezes sobretudo no caso do Brasil, a filantropia empresarial é dirigida a pessoas com demandas sociais muito urgentes, porém elas **não** são percebidas como tendo legitimidade no âmbito da empresa. E, neste caso, a filantropia estaria mais associada a *stakeholders* latentes do tipo "demandantes", descritos como "mosquitos zoando nos ouvidos dos gerentes", que incomodam mas não têm o poder de influir. Assim, as empresas só atenderão estes *stakeholders*, em geral constituídos por comunidades pobres, se for interesse dos negócios.

Na definição da relevância dos *stakeholders* para a empresa, o modelo de Clarkson (1995) é bem mais parcimonioso, porém bastante elucidativo. Ele menciona duas categorias de *stakeholders*: primários e secundários. Os *stakeholders* primários são os essenciais para a sobrevivência da empresa. São os acionistas e investidores; empregados; clientes; fornecedores; e os chamados "*stakeholders* públicos".[7] Referindo-se a este último grupo, o

---

[5] Também Queiroz (2001:163), após realizar sua pesquisa de campo com empresas brasileiras para testar a aplicação de indicadores de responsabilidade social empresarial (RSE), concluiu que o conceito teórico de *stakeholders* mostrou-se de grande adequação nas discussões com executivos e representantes das empresas acerca da RSE.
[6] Non*stakeholders*: nenhum dos atributos presentes.
Stakeholders latentes: apenas um atributo. Só poder: "*stakeholder* adormecido"; só legitimidade: "*stakeholder* discricionário"; só urgência: "*stakeholder* demandante".
Stakeholders esperançosos: com dois atributos. Poder + legitimidade: "*stakeholder* dominante"; urgência + legitimidade: "*stakeholders* dependentes"; poder + urgência: "*stakeholders* perigosos".
Stakeholders definitivos: os três atributos estão presentes (poder + legitimidade+urgência) (Mitchell, Agle e Wood, 1997).
[7] Com relação a este grupo, Clarkson (1995) considera as seguintes questões sociais: saúde pública, segurança e proteção; conservação de energia e materiais; avaliação ambiental de projetos econômicos; outras questões ambientais; envolvimento com a política pública; relações com a comunidade; investimento social e doações.

dos "*stakeholders* públicos", o autor esclarece que ele é constituído pelos governos e as comunidades que propiciam a infra-estrutura e os mercados, cujas leis e regulações devem ser obedecidas, e para quem são devidos os impostos e outras obrigações. Quanto aos *stakeholders* secundários, eles são definidos como aqueles grupos que podem influenciar ou afetar, ou serem influenciados ou afetados pela empresa, mas não estão engajados em nenhuma transação com a empresa, e nem são essenciais para a sua sobrevivência. Nesse modelo, a mídia é tida como um exemplo de *stakeholder* secundário. Porém, como alerta Clarkson, ainda que a empresa não dependa dos *stakeholders* secundários, eles podem causar significativos prejuízos à empresa, sobretudo no que se refere a danos de imagem.

Considerando essa tipologia de Clarkson, podemos inferir que, quando o relacionamento da empresa com as comunidades pobres não se estabelece por vínculo de dependência ou obrigação, como ocorre em grande parte das ações filantrópicas das empresas, neste caso o *stakeholder* "comunidade" deve ser considerado um *stakeholder* secundário. Ou seja, ao contrário do que aponta Clarkson, nem sempre o *stakeholder* "comunidade" pode ser classificado como primário para a empresa.

No que se refere à teoria dos *stakeholders*, e aqui seguindo a linha inicial da argumentação adotada por Freeman (1984), também Donaldson e Preston (1995) reforçam o caráter gerencial da teoria em função de sua capacidade descritiva, do seu poder instrumental e de sua validade normativa. Para estes dois autores, a capacidade da teoria dos *stakeholders* em descrever e explicar a realidade das empresas é muito superior à capacidade descritiva dos modelos rivais de insumo-produto. O poder instrumental da teoria dos *stakeholders* advém de sua capacidade em identificar as conexões, ou falta delas, entre a gestão dos *stakeholders* e o alcance dos objetivos tradicionais da empresa, tais como o lucro e o crescimento. Para eles, o aspecto normativo é central na teoria e está baseado no pressuposto de que os *stakeholders* têm interesses legítimos na empresa, os quais passam a assumir valor intrínseco para a empresa.

Dessa abordagem de Donaldson e Preston, destacamos aqui o aspecto instrumental da teoria dos *stakeholders*. Eles alegam uma certa insuficiência teórica nesse campo, uma vez que os estudos que vêm sendo conduzidos sobre a relação entre os desempenhos social e financeiro das empresas na realidade ainda não conseguiram apresentar indicadores confiáveis e evidências convincentes que relacionem a gestão dos *stakeholders* (como variável independente) com os resultados de mercado da empresa (Donaldson e Preston, 1995). Ao proporm os o critério da eficácia privada para avaliar a ação social das empresas, procuramos contribuir para elucidar este aspecto instrumental da teoria dos *stakeholders*, buscando iluminar a questão de como a gestão do *stakeholder* "comunidade" é percebida pelos demais *stakeholders* da empresa e, portanto, pode influenciar no desempenho de mercado da empresa.

Quanto ao impacto da responsabilidade social das empresas (RSE) em seu desempenho financeiro (DFE), McWilliams e Siegel (2000) afirmam que os estudos empíricos até o momento ainda não conseguiram ser conclusivos a este respeito. Ora apontam para impactos positivos, ora negativos, ora neutros. Segundo os autores, essa "inconsistência" de resultados deve-se sobretudo a limitações teóricas e metodológicas, e também a falhas na especificação das variáveis na composição dos modelos de análise utilizados. Exemplificando este último ponto, eles demonstram que, ao refazerem o modelo de Waddock e Graves (1997), que concluíra pelo efeito significativamente positivo de RSE em DFE, porém incluindo a variável de controle "investimento em Pesquisa & Desenvolvimento", este efeito se torna neutro.

Além da questão da especificação das variáveis, Maignan e Ferrell (2001) atribuem a ambigüidade de resultados, nessas análises entre desempenho social e financeiro das empresas, à falta de uma perspectiva holística e sistêmica acerca do que seja "cidadania corporativa" (ou empresa socialmente responsável, terminologia que estamos adotando). As abordagens até então utilizadas vêm sendo muito restritas e limitadas a alguns aspectos do conceito, tais como proteção do meio ambiente, estabelecimento de padrões éticos ou responsabilidades legais. Sem falar que a maioria dos estudos empíricos sobre o tema foi conduzida quase que exclusivamente nos Estados Unidos, havendo a necessidade de se testar a adequação conceitual em outros países.

Assim, analisando a realidade das empresas francesas, com base em entrevistas junto a altos executivos dessas empresas, Maignan e Ferrell (2001) identificam associação significativa entre "cidadania corporativa" e "comprometimento dos funcionários", porém a associação entre "cidadania corporativa" e "lealdade dos clientes"[8] não se mostra significativa. Ao decomporem o constructo "cidadania corporativa" em suas múltiplas dimensões (econômica, legal, ética e discricionária) à la Carroll (1979), os autores constataram que aquela primeira associação só se mostrava significativa na dimensão "discricionária".

Inspirados na pesquisa de Maignan e Ferrell (2001), Pinto e Lara (2003) testaram essas associações para o Brasil, mais especificamente para as empresas varejistas de Belo Horizonte. Os resultados encontrados foram distintos dos encontrados por Maignan e Ferrell e apontaram para uma relação significativa entre apenas as dimensões econômica/ética da "cidadania corporativa" e a "lealdade dos clientes"; e entre todas as quatro dimensões da "cidadania corporativa" e o "comprometimento dos funcionários".

Porém, apesar dos resultados ambíguos, vemos que organizações líderes voltadas a estimular a responsabilidade social das empresas como o World Bank Institute (WBI, 2003) e o Business for Social Responsibility (BSR, 2003) consideram certos e inquestionáveis os benefícios para a empresa dessa atuação responsável. Vejamos a enumeração dessas vantagens, conforme apresentada pelo World Bank Institute (2003).

> Existem muitas razões que compensam às empresas, tanto às grandes como às pequenas e médias, a serem socialmente responsáveis e conscientes dos interesses dos seus *stakeholders*-chave. Estas razões incluem:
>
> ▼ obtenção de licença para operar — dos *stakeholders*-chave e não apenas dos *shareholders*;

---

[8] Oliver (1999) mostra que "satisfação do cliente" é apenas um passo rumo à constituição da "lealdade do cliente", sendo um passo necessário porém não suficiente. Para ele, a lealdade diz respeito à compra continuada de uma determinada marca de produto, enquanto a satisfação se refere a um alcance de necessidades, desejos e prazer. Portanto, a lealdade emerge, em última instância, como uma combinação de superioridade percebida do produto, intenções pessoais, laços sociais e seus efeitos sinérgicos.

▼ ganhos de "competitividade sustentável", a partir de ganhos de reputação e na marca dos produtos, operações mais eficientes, melhora no desempenho financeiro, aumento nas vendas e na lealdade dos clientes, capacidade crescente para atrair e reter os bons empregados;

▼ criação de novas oportunidades de negócio;

▼ atração e retenção de investidores e parceiros "de qualidade", a partir do aumento no valor das ações, menor custo do capital, acesso aos fundos socialmente responsáveis;

▼ cooperação das comunidades locais;

▼ evitar crises atribuídas às condutas não socialmente responsáveis;

▼ apoio dos governos;

▼ construção do capital político.

Se, por um lado, os benefícios da RSE são discutíveis, por outro lado, Locke e Siteman (2003) mostram como no caso da Nike os danos do comportamento empresarial **não** socialmente responsável foram tão sérios a ponto de forçar a empresa a alterar a sua estratégia de negócio. Desde a sua fundação, em 1964, o modelo de negócio da Nike esteve baseado em concentrar as atividades nobres (desenvolvimento de produtos, marketing e vendas) no país de origem — Estados Unidos —, e em subcontratar empresas para os serviços de manufatura em países em desenvolvimento, onde os custos de produção são mais baixos. Essa estratégia lhe garantiu a posição de líder mundial nas vendas de tênis, chegando a responder, em 1997, por 35% das vendas mundiais, contra 14,5% da Reebok e 10,3% da Adidas, suas maiores concorrentes.

Porém, ao longo dos anos 1990, a estratégia da Nike se viu sob fogo cruzado. A empresa passou a ser duramente criticada por envolver, em sua cadeia produtiva, trabalhadores subpagos na Indonésia, trabalho infantil no Paquistão e no Camboja, além de péssimas condições de trabalho na China e no Vietnã. Só então, em face da expansão do *movimento anti-Nike* em âmbito mundial e para recuperar os graves danos de imagem, a empresa partiu para remodelar sua estratégia de negócios, que passou a estar baseada no monitoramento sistemático das condições de trabalho utilizadas em sua cadeia produtiva e no estreitamento de laços com as organizações internacionais e sem fins lucrativos. Exemplificando este último aspecto, a Nike tornou-se membro atuante do Global Compact, das Nações Unidas; da Aliança Global Pró Trabalhadores e Comunidades; e da Associação para o Trabalho Justo.

Locke e Siteman (2003) concluem o estudo de caso Nike com uma série de questões instigantes para a discussão da RSE, tais como:

> As decisões da empresa devem se guiar por considerações apenas econômicas ou existem outros fatores (sociais) igualmente importantes? Como mensurar e avaliar os outros fatores? As empresas devem ser responsáveis apenas por seus empregados e acionistas, ou elas são também responsáveis pelos empregados dos seus fornecedores e subcontratados? Quais são os limites em termos de responsabilidade para uma empresa individual? Se algumas companhias promovem e monitoram padrões mais elevados, e outras não o fazem, isso pode destruir a vantagem competitiva das "boas" empresas cidadãs?

Podemos perceber que ainda há muito que se avançar no campo teórico da responsabilidade social corporativa. Em termos conceituais, embora já seja predominante a idéia do relacionamento responsável com os *stakeholders* da empresa, ainda persistem muitas indefinições quanto à caracterização destes "*stakeholders*" e do que seja "relacionamento responsável". Portanto, se estes limites ainda estão nebulosos, do ponto de vista da operacionalização do constructo há ainda algumas questões pendentes como que *stakeholders,* ou não-*stakeholders,* a empresa tem responsabilidade em atender; quais demandas destes *stakeholders* a empresa deve atender; como mensurar essa atuação da empresa; e como avaliar os impactos da RSE para a própria empresa e para o *stakeholder* beneficiado.

Apesar das indefinições conceituais e operacionais que ainda persistem para se tratar a responsabilidade social empresarial, privilegiaremos aqui a definição proposta pelo World Bank Institute (WBI, 2003). Embora não propriamente uma definição *stricto sensu,* ela é interessante, pois dá uma idéia de quão abrangente e ainda vaga é a noção da responsabilidade social corporativa. Além da questão do relacionamento da empresa com os seus *stakeholders-chave,* essa quase definição envolve também questões como ética, respeito, legislação e desenvolvimento sustentável:

> A responsabilidade social empresarial geralmente se refere a um conjunto de políticas e práticas relacionadas ao relacionamento com os *stakeholders-chave,* valores, compromisso com requisitos legais, e respeito às pessoas, comunidades e o meio ambiente; e o compromisso da empresa em contribuir para o desenvolvimento sustentável, normalmente entendido como a habilidade da geração presente em satisfazer as suas necessidades, sem comprometer a habilidade das futuras gerações em satisfazer as suas.

Ao propormos a metodologia EP^{2}ASE, esperamos contribuir para a avaliação dos resultados da RSE, notadamente no que se refere ao relacionamento empresa/comunidade. Pois a questão sobre como proceder à mensuração e à avaliação dos relacionamentos da empresa com os seus vários *stakeholders* ainda permanece como um aspecto relevante da teoria a ser trabalhado.

O discurso organizacional recente

Se no campo teórico ainda persistem dificuldades de operacionalização do conceito, por outro lado a responsabilidade social das empresas vem se tornando, cada vez mais, um valor organizacional priorizado no âmbito das empresas, dos governos e das entidades do terceiro setor.

No quadro 2 sintetizamos as principais iniciativas que vêm sendo tomadas, em âmbito internacional e particularmente no Brasil, para estimular o comportamento socialmente responsável das empresas. O exame deste quadro comprova que, sobretudo nos últimos 10 anos, a responsabilidade social corporativa, até então um valor organizacional sem muita expressão na cultura empresarial, vem assumindo importância cada vez maior. Haja vista a profusão na formulação de princípios de RSE, na criação de padrões para certificação, no lançamento de índices de mercado financeiro socialmente responsáveis, no lançamento de prêmios/selos e na criação de associações de empresas voltadas exclusivamente para apoiar a responsabilidade social.

Quadro 2
Responsabilidade social das empresas: um valor organizacional em ascensão, a partir do final dos anos 1990

Principais iniciativas internacionais

Princípios e recomendações

No âmbito dos governos:

- ▼ diretrizes para as empresas multinacionais, propostas pela Organização para a Cooperação e o Desenvolvimento Econômico (OCDE) inicialmente em 1976 e revisada em 2000 — os 33 governos que aderiram às diretrizes fazem recomendações, não obrigatórias, às empresas que operam em seus países, nas áreas de trabalho, meio ambiente, proteção ao consumidor e anticorrupção. A revisão recente traz recomendações mais fortes nas questões de direitos humanos e meio ambiente.
- ▼ Global Compact, lançado pelas Nações Unidas em 2000, como resposta aos desafios do Fórum Econômico Mundial de 1999, em Davos. Os líderes empresariais são chamados, voluntariamente, a adotar e a implementar um conjunto de nove princípios em suas práticas corporativas individuais e a apoiar iniciativas de políticas públicas complementares. Os nove princípios dizem respeito às áreas de direitos humanos, padrões de trabalho e de meio ambiente (www.unglobalcompact.org).

No âmbito das associações voluntárias de empresários:

- ▼ Caux Principles for Business elaborado em 1994 pela Caux Round Table, que é um grupo internacional de líderes empresariais do Japão, Europa e Estados Unidos que se encontram todos os anos em Caux, Suíça."Os princípios buscam expressar um padrão ético e responsável de comportamento empresarial no nível internacional (www.cauxroundtable.org.).
- ▼ Princípios para a Responsabilidade Corporativa Global, elaborado em 1999 pelo Centro Inter-Religiões para a Responsabilidade Corporativa, que é composto por mais de 275 instituições religiosas (dos Estados Unidos, Canadá e Reino Unido) que querem usar seus investimentos para a promoção de mudanças sociais. Os princípios globais cobrem as áreas de condições de trabalho, comunidade, meio ambiente, direitos humanos, ética, fornecedores e consumidores. Desde 1999, os princípios vêm sendo utilizados em 21 países (www.iccr.org).

Padrões de desempenho

Para certificação e sujeitos à avaliação de auditores externos:

- ▼ ISO 14000 e ISO 9000 — a ISO (International Organization for Standardization) é uma organização não-governamental criada em 1947 e constituída por uma rede de institutos de padronização de 147 países. Desde que foi criada, a ISO já publicou mais de 13.700 padrões internacionais. As famílias da ISO 14000 e da ISO 9000 tornaram-se mais conhecidas por serem "sistemas genéricos de padrões de gestão"; as demais ISO são específicas por produto... A ISO 9000 trata da gestão da qualidade, ou seja, de como a organização busca melhorar a satisfação do cliente. A ISO 14000 (publicada em 1992) está voltada para a gestão do ambiente, ou seja, como minimizar os efeitos nocivos da atividade da organização no meio ambiente e como melhorar continuamente a sua performance ambiental. Para receberem a certificação ISO, as empresas têm que ser auditadas por profissionais devidamente credenciados (www.iso.ch/).

continua

- ▼ SA (Social Accountability) 8000 – lançada em 1998 pela Social Accountability International (SAI). Trata-se de um padrão voluntário de monitoramento e certificação para avaliar as condições de trabalho na cadeia produtiva da fábrica, baseado nas normas estabelecidas nas convenções da Organização Internacional do Trabalho (OIT), da Declaração Universal dos Direitos Humanos e da Convenção dos Direitos da Criança, da Organização das Nações Unidas (ONU). A certificação já vem ocorrendo em 30 países e para 22 diferentes ramos industriais (www.sa-intl.org/SA8000/).

- ▼ AA (AccountAbility) 1000 – proposta em 1999 pelo AccountAbility/Institute of Social and Ethical Accountability. É um padrão de prestação de contas (*accountability*) que visa complementar as diretrizes do relatório do Global Reporting Initiative (GRI) e aperfeiçoar a relação entre os *stakeholders* por meio da certificação dos relatórios. Esta certificação é feita com base em três princípios: materialidade (cobertura de todas as áreas de desempenho), totalidade (informações completas e exatas) e responsividade (respostas consistentes aos interesses e preocupações dos *stakeholders*) (www.accountability.org.uk).

Para auto-avaliação:

- ▼ Global Reporting Initiative, iniciativa coordenada pela Ceres (Coalition for Environmentally Responsible Economies), que apresentou em 1999 sua primeira proposta de um padrão internacional para elaboração de relatórios focados na sustentabilidade, abordando as dimensões econômica, social e ambiental de suas atividades. A missão da Ceres é o processo de permanente consulta aos *stakeholders*, em âmbito mundial, para a manutenção e aprimoramento dos padrões (www.globalreporting.org/).

Índices do mercado financeiro: investimentos socialmente responsáveis

- ▼ Domini 400 Social Index (DSI): lançado em 1990 nos Estados Unidos, o DSI é o primeiro índice de ações a se utilizar de múltiplos filtros. A idéia é evitar os investimentos em setores cujas práticas sejam prejudiciais à sociedade, como os de cigarro, álcool, jogo, energia nuclear e de armamentos. Por outro lado, o que se busca é estimular os investimentos em empresas *fortes* em cidadania corporativa, diversidade, relações com os empregados, meio ambiente, atuação ética em suas operações com outros países e na produção de bens úteis e seguros.

    A cidadania corporativa é aqui definida como "empresas que desenvolvem programas inovadores e generosos de doações, com ênfase na promoção da justiça econômica e social" (www.domini.com/social-screening/).

- ▼ Dow Jones Sustainability Index (DJSI World): lançado nos Estados Unidos, em 1999, como o primeiro índice mundial de ações a acompanhar a performance financeira das empresas líderes em sustentabilidade. Para fazer parte do DJSI são selecionadas as empresas líderes (10% melhores) de cada um dos 59 grupos industriais em escala mundial (33 países), segundo critérios de desempenho econômico, social e ambiental. Estas dimensões têm peso igual (1/3) na composição do índice. O processo de seleção das empresas é feito por auditores independentes. O DJSI não exclui qualquer setor, mesmo os de cigarros, álcool, jogo e armamentos. Isto porque as empresas destes setores podem ter desempenho responsável, o que deve ser valorizado. Ademais, podem ser disponibilizados, para os investidores, subgrupos do índice que excluem estes setores. Já foram expedidas mais de 40 licenças para utilização das informações do DJSI a gestores de ativos em 14 países (www.sustainability-index.com).

Prêmios

- ▼ "As empresas mais admiradas" – listas das empresas mais admiradas, julgadas por critérios de Responsabilidade Social Corporativa. São publicadas em vários meios de comunicação, como a *Fortune Review* (EUA) e o *Financial Times* (Reino Unido).

- ▼ "As melhores companhias para se trabalhar" – listas divulgadas por várias publicações como a *Fortune Review* (EUA).

- ▼ "Prêmio de Ética Empresarial" – concedido anualmente pela *Business Ethics Magazine* às empresas consideradas líderes em ética e responsabilidade social. A revista elabora também lista com as "Cem melhores empresas cidadãs", homenageando as companhias que atendem bem a quatro grupos de *stakeholders*: empregados, clientes, comunidade e acionistas.

- ▼ "Prêmio de Excelência", incluindo "A Empresa do Ano", concedido em parceria pela Business in the Community (BITC) e o *Financial Times*, ambos do Reino Unido.

continua

Organizações não-lucrativas de apoio

Em geral, são organizações do tipo *membership*, sem fins lucrativos, criadas na década de 1990 e dedicadas a apoiar a responsabilidade social corporativa:

▼ AccountAbility/Institute of Social and Ethical AccountAbility, Reino Unido;

▼ Business for Social Responsibility (BSR), EUA.;

▼ Business in the Community (BITC), Reino Unido;

▼ Interfaith Center on Corporate Responsibility (ICCR), EUA;

▼ The Prince of Wales International Business Leaders Forum (PWIBLF), iniciativa anglo-americana;

▼ Social Accountability International (SAI), EUA/Reino Unido;

▼ Global Reporting Initiative (GRI), internacional.

Algumas referências relevantes no Brasil

Padrões de desempenho

▼ Balanço social: modelo (simplificado) apresentado em 1997 pelo Instituto Brasileiro de Análises Sociais e Econômicas (Ibase). O "Selo Balanço Social Ibase/Betinho" foi criado para estimular as empresas a publicarem anualmente o seu balanço social (www.ibase.br).

▼ Indicadores Ethos de responsabilidade social empresarial: a primeira versão dos indicadores foi apresentada pelo Instituto Ethos em 2000, como um instrumento de auto-avaliação das práticas de responsabilidade social das empresas (www.ethos.org.br/pri/open/publicacoes).

▼ Guia de elaboração do balanço social: a primeira versão foi apresentada pelo Instituto Ethos em 2001, seguindo o modelo internacional proposto pelo Global Reporting Initiative (GRI). Sua utilização é voluntária (www.ethos.org.br/pri/open/publicacoes).

Índice do mercado financeiro: investimentos socialmente responsáveis

▼ Fundo Ethical: pioneiro no mercado latino-americano, foi lançado em 2001 pelo Banco ABN Amro-Real. É um fundo de ações, composto por papéis de empresas selecionadas segundo seus desempenhos econômico-financeiro, ambiental, social e de governança corporativa. São automaticamente excluídas do fundo as empresas dos seguintes setores: fumo, bebidas alcoólicas, energia nuclear, armas e munições, pornografia e jogos de azar (www.bancoreal.com.br/responsabilidade_social).

Prêmios

▼ "As 100 melhores empresas para você trabalhar no Brasil": guia elaborado anualmente pela revista *Exame*, da editora Abril.

▼ "Guia de boa cidadania corporativa": elaborado também pela *Exame* desde 2000. São selecionadas as empresas tidas como modelo, em função de critérios que envolvem o seu relacionamento com os *stakeholders*. São também selecionados os projetos sociais de destaque desenvolvidos pelas empresas, em função de critérios como abrangência, possibilidade de multiplicação, inovação, capacidade de articular parcerias e resultados.

▼ "Prêmio Valor Social": lançado em 2001 pelo jornal *Valor Econômico*, visa "homenagear empresas que têm no compromisso com a sociedade um critério de excelência e de gestão" (www.valoronline.com.br/valorsocial).

continua

> **Organizações não-lucrativas de apoio à responsabilidade social empresarial**
>
> ▼ Associação de Dirigentes Cristãos de Empresas (ADCE): foi criada no Brasil em 1961, em parceria com a União Internacional de Dirigentes Cristãos de Empresas (UniapaC). Sua missão é a de "mobilizar os dirigentes de empresa para que, à luz do pensamento social cristão, se comprometam com sua melhoria pessoal e a transformação de sua empresa, contribuindo para uma sociedade solidária, justa, livre e humana" (www.adce.org.br).
>
> ▼ Fundação Instituto de Desenvolvimento Empresarial e Social (Fides): foi criada em 1986, "visando a humanização das empresas e a sua integração com a sociedade, com base nos princípios éticos envolvidos nas relações entre a empresa e seus diferentes públicos internos e externos" (www.fides.org.br).
>
> ▼ Grupo de Institutos, Fundações e Empresas (Gife): criado em 1995, tem como objetivo "o fortalecimento político-institucional e o apoio à atuação estratégica de institutos e fundações de origem empresarial e de outras entidades privadas que realizam investimento social voluntário e sistemático, voltado para o interesse público". Atualmente, o Gife conta com 63 membros associados (www.gife.org.br).
>
> ▼ Instituto Ethos de Empresas e Responsabilidade Social: criado em 1998, visa "ajudar os empresários a compreenderem e incorporarem o conceito de responsabilidade social no cotidiano de sua gestão. Dentro de uma filosofia de criação de redes por parcerias estratégicas para a difusão, conceituação e conscientização do tema, trabalha com três linhas principais de atuação: mobilização no setor privado, mobilização para a sociedade em geral e produção de informação". Atualmente 785 empresas no Brasil são associadas ao Instituto Ethos (www.ethos.org.br).
>
> Fontes: Âmbito internacional: BSR, (2003); WBI (2003); Hopkins (1999); Queiroz (2001); e os sites mencionados no quadro. Âmbito nacional: sites e/ou documentos das instituições citadas no quadro.

Sem dúvida, todas essas iniciativas têm contribuído para alterar o comportamento das empresas: de uma atuação mais individualista voltada apenas para seus *shareholders*, para uma atuação mais aberta voltada para os *stakeholders*. A questão é com que velocidade isto vem ocorrendo, ou seja, até que ponto a prática vem conseguindo acompanhar o entusiasmo do discurso organizacional. Utting (2000) é bastante cético a este respeito. Diz ele:

> Particularmente confuso é o fato de que muitas companhias consideradas como as "melhores práticas" são também aquelas identificadas como as "más praticantes". Nesta condição estão o Grupo Mitsubishi, General Motors, Dow Chemical, Aracruz Celulose, Rio Tinto, entre outras. Ainda são poucas as pesquisas que buscam quantificar como as empresas melhoraram seu desempenho social e ambiental, e geralmente são medidas as mudanças na política e nos procedimentos da empresa, ao invés dos seus impactos sociais e ambientais.
>
> Apesar da onda do entusiasmo global pelos códigos, ainda é relativamente pequeno o percentual de empresas que os adotaram. Muitas vezes os Códigos acabam ficando em nível de princípios e frases bem-intencionados, sem ser efetivamente implementados. Apesar de vir crescendo, o número de certificações concedidas, no âmbito mundial, pela ISO 14000 ainda é muito modesto (3.454 em 1998) quando comparado aos da ISO 9000 (50 a 60.000 em 1999).

Há que se reconhecer que a criação dos padrões de desempenho, dos prêmios e dos índices do mercado financeiro tem o mérito de buscar operacionalizar o conceito da responsabilidade social corporativa. Mas esta operacionalização se dá, na maior parte das vezes, de forma parcial e está basicamente relacionada a processo. A ênfase tem estado em avaliar os procedimentos que a empresa vem tomando em prol da RSE e não em avaliar os impactos efetivos desses procedimentos.

É importante que se passe a mensurar a RSE não apenas sob a ótica da empresa e dos seus dirigentes, mas sobretudo sob a ótica dos seus *stakeholders*, com o foco nos efeitos dessas ações. É preciso avançar e partir para operacionalizar o conceito da RSE levando em conta os seus resultados e, para isto, é preciso ouvir os *stakeholders* da empresa, que são os afetados direta e indiretamente por estas ações. A metodologia que vamos propor é uma contribuição principalmente em relação à avaliação da ação social das empresas.

2. Ação social das empresas: uma prática em expansão

Como vem evoluindo?

Podemos dizer que a ação social das empresas (ASE) vem evoluindo de modo paralelo com a responsabilidade social empresarial (RSE), especialmente no que se refere aos dois últimos momentos da tipologia de Wood para a RSE. Assim, quando a estratégia de gestão dominante era a do *shareholder* (3º momento na tipologia de Wood), a ação social foi praticada individualmente pelo empresário, e depois de modo corporativo, mas sempre como uma atividade à parte dos negócios da empresa. Nas décadas de 1980-90, a estratégia de gestão dominante passou a ser a do *stakeholder* (4º momento na tipologia de Wood). Com isso, a ação social está, cada vez mais, se incorporando à esfera dos negócios da empresa.

Para compreendermos o surgimento e a evolução da ação social das empresas, devemos voltar nosso olhar para a realidade norte-americana, berço da filantropia corporativa. Tomando por base Smith (1994), Himmelstein (1997) e Porter e Kramer (2002), identificamos quatro momentos na evolução da ação social empresarial naquele país. Importante destacar que estes autores utilizam o termo "filantropia" para designar a ação social corporativa. Nos Estados Unidos, este termo não tem sentido negativo como no Brasil, onde é associado a ações meramente assistenciais e compensatórias.

Desdobraremos aqui, em dois momentos iniciais, o período que Himmelstein (1997) denomina "pré-história da filantropia corporativa". Como afirma Smith (1994), a filantropia foi, durante séculos, uma preocupação americana. No primeiro momento, ou seja, desde o século XVII, foram os líderes empresariais que encabeçaram as listas de doadores dos Estados Unidos. Vale notar que, nessa época, as doações eram feitas pelos indivíduos e não por suas companhias, e de modo algum poderiam ser utilizadas para servir aos propósitos da empresa.

No segundo momento, que compreende o final do século XIX e início do século XX, a ação social passou a estar associada à empresa, mesmo não estando legalizada nos Estados Unidos. A legalização só ocorreu ao longo da década de 1950. Até então, quando julgadas por tribunais oficiais, as ações filantrópicas das empresas só eram permitidas se gerassem também benefícios diretos para os seus trabalhadores ou algum outro ganho comercial evidente para a empresa. Caso contrário, eram vetadas pela Suprema Corte.

O caso da empresa Ford ilustra este ponto (Himmelstein, 1997). Em 1916, Henry Ford alegou motivos puramente filantrópicos para reduzir os dividendos dos acionistas, para poder financiar a produção de uma maior quantidade de carros a preços populares e com isto gerar mais empregos e benefícios para a comunidade local. Sua pretensão foi vetada, pois contrariou os interesses dos acionistas minoritários, os irmãos Dodge, que queriam o pagamento imediato dos dividendos. A Justiça de Michigan julgou o caso Ford *versus* Dodge, com a seguinte alegação (segundo Himmelstein, 1997):

> A empresa deve ser organizada e conduzida prioritariamente em função do lucro dos seus acionistas. Os poderes dos diretores devem ser usados com essa finalidade. O arbítrio dos diretores deve ser exercido na escolha dos meios para atingir este fim, e não pode ser estendido para mudar o fim em si.

No terceiro momento, que compreende sobretudo as décadas de 1960 e 1970, a ação social das empresas já está legalizada no país. Nesse período, as doações das empresas norte-americanas assumiram um papel preponderantemente defensivo, ante a expansão crescente do papel do Estado na vida do país e os movimentos de protesto surgidos, em questões como direitos civis, direitos da mulher, guerra do Vietnã e meio ambiente. Assim, para reconquistar a credibilidade da opinião pública e contornar o controle excessivo do governo, as grandes corporações passaram a apoiar áreas de grande visibilidade, como as artes e as universidades. Essa nova atuação social das empresas era justificada em prol "de uma existência individual mais completa, inteligente e satisfatória" — foi este o argumento dado por David Rockefeller, presidente do Banco Chase Manhattan, ao fundar, em 1966, o Comitê de Negócios para as Artes (Himmelstein, 1997).

Entre os anos 1950 e o final dos anos 1980, as doações das empresas cresceram consideravelmente, passando de 0,5 para 2% do lucro bruto das empresas dos Estados Unidos (Himmelstein, 1997). O traço marcante dessa época foi que as causas sociais apoiadas não deveriam guardar qualquer vinculação com os negócios das empresas. Buscava-se, dessa forma, preservar uma linha demarcatória "ética" entre as atividades dos três setores — governo, setor privado e o setor não-lucrativo —, onde cada um deveria atuar em sua área de competência sem se intrometer na esfera do outro. Movidas por essa atuação segmentada, muitas empresas norte-americanas criaram suas próprias fundações. A Fundação Exxon de Educação costumava ser citada como caso exemplar de atuação nesse período, sendo particularmente admirada, tanto dentro quanto fora da empresa, por sua atuação completamente isolada das políticas corporativas da Exxon, empresa de petróleo (Smith, 1994).

Podemos dizer que estes três momentos da ação social empresarial estão relacionados ao enfoque de gestão baseado no *shareholder*, em que o objetivo da empresa era tido como estritamente econômico. E, no âmbito dessa abordagem, a ação social era percebida como uma atividade periférica, que deveria ser gerenciada com cautela sob pena de prejudicar os negócios da empresa. Pois a ação social implicava custos para a empresa e isso poderia reduzir suas margens de lucro.

Dentro dessa linha de raciocínio, Milton Friedman fez, em 1962, um alerta contundente quanto aos riscos da ação social empresarial para os lucros da empresa. O argumento central de Friedman (1977) era o de que a filantropia representava o uso indevido dos recursos das empresas. Para ele, em uma economia livre não se deveria misturar atribuições: à empresa, e conseqüentemente aos seus altos funcionários, caberia aumentar os lucros da empresa e trabalhar pela sua expansão; ao Estado, caberia zelar pelo bem público. E justamente para viabilizar essa função do Estado é que as empresas e os demais cidadãos pagavam os impostos. Diz ele:

> Em uma economia livre, há uma e só uma responsabilidade social do capital — usar seus recursos e dedicar-se a atividades destinadas a aumentar seus lucros até onde permaneça dentro das regras do jogo, o que significa participar de uma competição livre e aberta, sem enganos ou fraude. Tentando realizar o seu próprio interesse, o indivíduo freqüentemente promove os da sociedade de modo mais efetivo do que quando pretende realmente promovê-lo. Não sei de grandes benefícios feitos por aqueles que pretendem estar trabalhando para o bem público.
>
> Há um tópico da área da responsabilidade social que acho necessário mencionar, uma vez que afeta meus próprios interesses pessoais. Trata-se da afirmação de que os homens de negócios devem contribuir para obras de caridade e especialmente para universidades. Tais doações feitas por empresas constituem um uso impróprio dos fundos da companhia numa sociedade de economia livre.
>
> Enquanto existir o imposto, não há justificativa para permitir as contribuições das empresas para instituições de caridade ou educacionais. Tais contribuições deveriam ser feitas pelos indivíduos — que são os donos da propriedade em nossa sociedade.[9]

Friedman (1970, segundo Hamil, 1999) vai além em seu alerta e diz que a ação social das empresas corresponde a uma usurpação do mandato legal das instituições governamentais, que foram democraticamente eleitas para administrar a política social. Segundo ele, as empresas não têm esse mandato, nem sequer *expertise* nessa área.

Finalmente, o quarto momento na evolução da ação social empresarial tem início no final da década de 1980, quando as empresas passam a lhe atribuir caráter estratégico. Vista sob a ótica de gestão dos *stakeholders*, a ação social perde aquela conotação predominante de fator de custo para a empresa e assume a de fator de competitividade.

Para Smith (1994), essa mudança de conotação foi a forma encontrada por executivos das áreas sociais de grandes empresas norte-americanas, como AT&T, IBM e Levi Strauss, para solucionar o paradoxo, tão visível naquela época, das demissões em massa com manutenção dos programas de filantropia. Ao ser percebida como fator estratégico para os negócios da empresa, a ação social empresarial conquistava legitimidade no âmbito da organização e deixava de ser vista como concorrente da área de pessoal. De acordo com esse novo enfoque, a filantropia corporativa deve contribuir para aumentar o reconhecimento da empresa entre os seus consumidores, elevar a produtividade dos empregados, reduzir custos com Pesquisa & Desenvolvimento (P&D), superar obstáculos regulatórios e promover sinergia entre as diversas áreas da empresa.

O marco inicial dessa nova etapa foi o derramamento de óleo de um dos navios petroleiros da Exxon, em 1989, quando as falhas do antigo estilo de filantropia ficaram claramente expostas. Como a Fundação Exxon de Educação não tinha qualquer vínculo com

---

[9] Aqui Friedman (1977) faz referência ao divórcio que poderia estar ocorrendo entre propriedade e controle do capital, no âmbito da "empresa moderna". À empresa, ou seja, aos gerentes, caberia apenas o controle do capital.

grupos de meio ambiente, a empresa não teve a quem recorrer no momento de crise. Em contraposição, os executivos da Arco, competidora da Exxon, se encontravam muito mais bem preparados para lidar com crises desse tipo, pois aquela organização vinha adotando desde 1971 o paradigma da filantropia estratégica, quando firmara alianças com grupos de ambientalistas (Smith, 1994). Nesse quarto momento, a Exxon, que era tida como modelo de ação social empresarial, transformou-se em um contramodelo, ou seja, passou a tipificar o caso de como uma ação social empresarial não deveria ser — uma atividade estanque do *core business*.

Porter e Kramer (2002) buscam esclarecer o que chamam de "mito da filantropia estratégica", procurando distingui-lo do "marketing relacionado à causa". Eles observam que, hoje em dia, qualquer ação social corporativa é identificada como filantropia estratégica, desde que tenha objetivo e foco definidos, e guarde alguma relação com o contexto da empresa, por mais tênue que seja. Há uma diferença bem nítida, como eles mostram:

> O "marketing relacionado à causa", por meio do qual a empresa concentra suas doações em uma única causa ou em uma organização admirada, foi uma prática inicialmente considerada como "filantropia estratégica", e está um degrau acima das "contribuições corporativas difusas". O "marketing relacionado à causa" pode contribuir para a reputação da empresa, pois se passa a relacionar a sua identidade com as qualidades admiradas na organização parceira não-lucrativa ou na causa apoiada. Por exemplo, as empresas que apóiam Olimpíadas ganham não apenas alta exposição de mídia como também sua associação com a busca por excelência. E por concentrar as doações de modo deliberado, o "marketing relacionado à causa" tem um potencial de impacto maior do que as "contribuições corporativas difusas".
>
> Porém, o "marketing relacionado à causa" está bem aquém da "filantropia verdadeiramente estratégica". Pois a sua ênfase está na publicidade, ao invés do impacto social. O benefício desejado é promover boa vontade na opinião pública, e não promover a capacidade de competir da empresa. Em contraposição, na "filantropia verdadeiramente estratégica" busca-se simultaneamente atingir objetivos econômicos e sociais, ao atuar em áreas do contexto competitivo das empresas, onde tanto a empresa como a sociedade saem beneficiadas, já que a empresa entra com ativos e *expertise* que lhe são únicos.

Como vemos, Porter e Kramer propõem um *continuum* para caracterizar a tipologia da ação social corporativa. Nesse *continuum*, as "contribuições corporativas difusas" representam o modo mais rudimentar, onde as ações estão dispersas e sem nenhum foco. A seguir, vem o "marketing relacionado à causa", onde a ação social corporativa se concentra em causas que possam render benefícios de imagem para a empresa. E, por último, a "filantropia estratégica", que é focada no contexto competitivo da empresa e efetivamente comprometida com resultados econômicos e sociais.

Fazendo um paralelo com os quatro momentos na evolução da ação social empresarial que examinamos, podemos dizer que as "contribuições difusas" corresponderiam à forma dominante no segundo momento; o "marketing relacionado à causa" seria a forma característica do terceiro momento; já a "filantropia estratégica" estaria sendo atualmente o modelo ideal no imaginário das empresas.

Na filantropia estratégica, o diferencial é que a empresa atua no "contexto competitivo" do negócio, definido como o local onde opera (Porter e Kramer, 2002). Ao direcionar sua ação social dessa forma, tanto a empresa quanto a comunidade podem ser beneficiadas: a primeira porque as condições do contexto competitivo podem se tornar mais favoráveis à companhia; e a segunda porque a *expertise* e as vantagens únicas da empresa nessa área podem também ser utilizadas em prol dos projetos sociais. A Cisco Systems, empresa líder na produção de equipamentos para redes de informática, é um bom exemplo de filantropia estratégica. Com a criação da Academia Cisco de Redes, a empresa se valeu de sua *expertise* para beneficiar jovens das comunidades do entorno e simultaneamente enfrentar o problema de carência de mão-de-obra especializada em sua atividade central, que é a administração de redes.

Ao abordar a ação social corporativa nos dias de hoje, Himmelstein (1997) tem uma posição cética em relação ao impacto social da ação junto à comunidade a que ela se destina. Para ele, a filantropia é fundamentalmente um ato econômico, com dimensões sociais e políticas. É um ato econômico no sentido de estar orientada para os interesses da própria empresa, para os seus objetivos de lucro, tanto como as áreas de publicidade, finanças, engenharia ou marketing. No entanto, a sua vinculação com o objetivo último (*bottom line*) da empresa é menos direta e mais difícil para documentar, mas nem por isso mera frivolidade gerencial.

As "dimensões sociais" da ação social corporativa, a que se refere Himmelstein, não estão relacionadas ao impacto social da ação, ou seja, à solução de problemas sociais, na linha do que enfatizam Wood (1990), Smith (1994) e Porter e Kramer (1999 e 2002). Elas dizem respeito à rede de relações sociais que se estabelece entre as empresas pares a partir da ação social empresarial e que dá sustentação à chamada "cultura da filantropia corporativa". Já as "dimensões políticas" estão relacionadas à questão do poder, uma forma de "racionalidade de classe" que se constitui para garantir o *lugar* das grandes corporações na sociedade, sobretudo com os governos e as instituições sociais relevantes. Vejamos o que Himmelstein (1997) diz:

> É essa rede de relações entre as empresas que dá sustentação à cultura da filantropia corporativa, um conjunto de entendimentos partilhados sobre como a filantropia deve servir aos interesses das empresas, para quem as doações devem ser feitas, e como os programas de doações devem ser organizados. Os "filantropistas" das empresas participam dessa cultura por meio da leitura e da conversação com os seus pares, e é isso que vai moldando o pensamento diário. Eles estão a par do que as outras empresas estão fazendo, e eles sabem quais programas sociais são considerados como exemplares. Eles não têm que desenvolver as suas próprias lógicas e repertórios de doações.
>
> A filantropia corporativa tem também um amplo significado político, muito embora os filantropistas empresariais insistam que seu trabalho é apolítico e não-ideológico. Ela incorpora uma visão pragmática, uma série de pressupostos, raramente explicitados, acerca de como as empresas podem assegurar seu lugar na sociedade norte-americana. No agregado, ela é parte do Pragmatismo Corporativo, uma estratégia por meio da qual as grandes corporações constroem e mantêm relações com outros importantes atores políticos da sociedade americana.
>
> Também o que as empresas normalmente esperam como retorno de suas doações não é nada específico ou tangível (mesmo a longo prazo), mas simplesmente uma certa qualidade de relacionamento com os seus receptores. Elas esperam que a organização

não-lucrativa aceite a empresa como um ator social e político legítimo, que ouça seriamente a sua voz, e que siga havendo uma relação amistosa entre eles, ao invés de confrontação.

O ponto importante que Himmelstein levanta é o de que as motivações da ação social corporativa acabam, na realidade, restritas ao âmbito da empresa: os interesses próprios do negócio em si (motivação econômica), o interesse de pertencimento à rede das empresas pares (motivação social), e o interesse do fortalecimento político da empresa e seus pares na sociedade como um todo (motivação política). Daí que, para as empresas, mais importante do que fazer o bem à comunidade (*doing good*) é mostrar que está fazendo o bem (*looking good*). Mesmo porque é este segundo aspecto que viabiliza e dimensiona a realização do primeiro aspecto.

Esses alertas de Himmelstein são importantes para podermos compor um quadro abrangente da ação social corporativa hoje em dia, captando as suas várias nuances. Neste livro vamos nos limitar à questão da avaliação dos resultados dessa ação, seus impactos econômicos e sociais.

Como conceituar a ação social das empresas?
E por que avaliar os resultados dessa ação?

Tendo como pano de fundo a teoria dos *stakeholders*, a ação social das empresas deve ser entendida como o relacionamento da empresa com o *stakeholder* "comunidade".

Mas quem é o *stakeholder* "comunidade"? Burke e Gilmartin (1999), segundo Grayson e Hodges (2002), identificam três tipos de comunidade, definidos em função de localização geográfica, de identidade e de interesses. As comunidades geográficas podem ainda ser subdivididas em áreas: "depois da cerca" (vizinhança próxima ao terreno da empresa); a localidade (local, em sentido mais amplo, onde se encontra o imóvel da empresa); e a comunidade de impacto (área física sob influência do negócio). As comunidades de identidade são delimitadas em função de características culturais em comum da população-alvo, como raça e grupo etário. As comunidades de interesse dizem respeito a questões de interesse da empresa, como a preocupação com problemas sociais e outras necessidades em geral.

Como podemos ver, há um raio bastante amplo e diversificado da ação empresarial, que comporta desde o envolvimento da empresa com artes, cultura e olimpíadas; com a questão do negro e da criança; e com as populações carentes, ou não, no entorno da empresa ou relacionadas ao negócio.

É importante destacar que, quando se fala no relacionamento da empresa com o *stakeholder* comunidade, isto não significa necessariamente a vinculação da empresa com questões relacionadas à pobreza. Só recentemente, quando os problemas referentes à pobreza e à desigualdade social começaram a se agravar e a comprometer o próprio crescimento econômico dos países e de suas empresas, é que a ação corporativa em prol da comunidade vem se concentrando no combate à exclusão social. Traduzindo para a linguagem da "cultura da filantropia corporativa", dizemos que cada vez mais é valorizada essa atuação empresarial voluntária no combate à pobreza.

Visando estimular esse relacionamento virtuoso entre "empresas socialmente responsáveis" e "redução da pobreza", o World Bank Institute (WBI, 2003) enumera os benefícios dessa atuação, tanto para a empresa quanto para os pobres. O instituto destaca que estes benefícios são válidos para as companhias em países desenvolvidos e os em desenvolvimento:

1) Entre os benefícios para as empresas, são mencionados:

▼ obtenção de licença para operar — especificamente do *stakeholder* comunidade;

▼ competitividade sustentável — porque atende as necessidades das comunidades, incluindo os pobres;

▼ criação de novas oportunidades de negócios, como a utilização das comunidades como local de testes para o desenvolvimento de novos produtos;

▼ atração de novos e potenciais investidores e parceiros, a partir desse envolvimento da empresa na construção da infra-estrutura social;

▼ cooperação com as comunidades locais — auxílio na formatação de novos produtos e serviços para os mercados locais, facilitando a utilização da *expertise* local e dos canais locais de distribuição;

▼ evitar crises atribuídas às condutas não socialmente responsáveis;

▼ apoio dos governos, que costumam dar incentivos financeiros e de outro tipo para iniciativas de redução da pobreza;

▼ construção do capital político — portanto, uma oportunidade para estreitar o relacionamento com o governo e com os líderes políticos, influenciar nas regulações, reformatar as instituições públicas das quais a empresa depende, melhorando a sua imagem pública.

2) Entre os benefícios propiciados às comunidades pobres, são citados:

▼ criação de empregos;

▼ redução do mercado paralelo devido à implementação do acesso a bens e serviços;

▼ treinamento, educação e formação de habilidades;

▼ combate ao trabalho infantil;

▼ igualdade de gênero;

▼ condições de moradia;

▼ atendimento de saúde;

▼ desenvolvimento comunitário;

▼ rendimentos mais elevados;

▼ melhores condições de trabalho.

Devemos salientar que essa lista de benefícios para as empresas do WBI na realidade só existe se a empresa estiver efetivamente atuando no campo da filantropia estratégica, conforme descrito por Porter e Kramer (2002). Ademais, é preciso ter clareza que nem sempre o "contexto competitivo" da empresa está diretamente relacionado a projetos sociais de combate à pobreza. Por exemplo, o caso da ação filantrópica desenvolvida pela Cisco Systems em prol da formação de mão-de-obra especializada, já mencionado, não pode ser considerado um caso típico de combate à pobreza.

Atualmente, a ação social das empresas vem sendo tratada sob as mais diferentes denominações. Vimos que nos Estados Unidos predomina o termo "filantropia corporativa" e seu derivado moderno "filantropia estratégica", sendo também usados os termos "investimento social privado" (*corporate social investment*), "doações corporativas" (*corporate giving*) e "doações caritativas" (*charitable giving*) (Wood, 1990; Smith, 1994; Himmelstein, 1997; Porter e Kramer, 2002). Na Europa, o mais usual é a terminologia "envolvimento da empresa com a comunidade" (Moore, 1995; Hamil, 1999; Grayson e Hodges, 2002). No Brasil, as duas principais instituições que trabalham o tema utilizam denominações distintas: o Ipea (Instituto de Pesquisa Econômica e Aplicada) usa o termo "ação social das empresas", enquanto o Gife (Grupo de Institutos, Fundações e Empresas) fala em "investimento social privado".

Na realidade, as diferentes denominações empregadas no Brasil ilustram as concepções que podem estar associadas a essa questão organizacional do relacionamento da empresa com o *stakeholder* comunidade. Vejamos essas duas concepções:

> Por ação social empresarial, considerou-se qualquer atividade que as empresas realizam para atender às comunidades, nas áreas de assistência social, alimentação, saúde, educação, meio ambiente e desenvolvimento comunitário, entre outras. Essas atividades abrangem desde pequenas doações eventuais a pessoas ou instituições até grandes projetos mais estruturados, podendo, inclusive, estender-se aos empregados da empresa e a seus familiares. Desse conceito, foram excluídas as atividades executadas por obrigação legal.
>
> (Peliano, 2000 — Ipea)

> Investimento social privado é o uso planejado, monitorado e voluntário de recursos privados — provenientes de pessoas físicas ou jurídicas — em projetos de interesse público. Incluem-se no investimento social privado as ações sociais protagonizadas por empresas, fundações e institutos de origem empresarial ou instituídos por famílias ou indivíduos.
>
> (Gife, 2001)

A definição do Ipea é bastante abrangente, podendo englobar desde as "contribuições corporativas difusas" até a "filantropia estratégica", usando aqui a tipologia de Porter e Kramer (2002). Já a conceituação do Gife se volta sobretudo para este último tipo de ação social abordada pelo Ipea, além de incluir também as aplicações sociais de pessoas físicas.

É interessante ressaltar a posição bastante cautelosa do Gife ao reconhecer os benefícios econômicos que podem advir do investimento social privado, restritos à condição de "subprodutos". Trata-se, portanto, de um enfoque diametralmente oposto ao de Himmelstein (1997), para quem os benefícios econômicos são a principal razão de ser da ação social empresarial. O Código de Ética do Gife explicita com clareza essa relação do investimento social privado com os benefícios econômicos, como mostramos a seguir:

> As práticas de investimento social são de natureza distinta e não devem ser confundidas nem usadas como ferramentas de comercialização de bens tangíveis e intangíveis (fins lucrativos), por parte da empresa mantenedora, como são, por exemplo, marketing, promoção de vendas ou patrocínio, bem como políticas e procedimentos de recursos humanos, que objetivam o desenvolvimento e o bem-estar da própria força de trabalho, portanto no interesse da empresa.
>
> No entanto, é justo que o associado do Gife espere, como subproduto de um investimento social exitoso, um maior valor agregado para sua imagem.

Aqui, preferimos adotar a expressão *ação social das empresas* (ASE) por seu caráter mais abrangente, englobando desde as iniciativas difusas até as mais estruturadas.

E por que avaliar a ação social das empresas?

Para Hamil (1999), que analisou o caso específico do Reino Unido, porque é preciso conhecer os reais impactos da ação social empresarial, caso houvesse pretensão de se atuar na reforma regulatória da arcaica legislação do país sobre a matéria, para o estímulo dessa prática organizacional. Lá, as doações das empresas giravam em torno de 0,8% do lucro bruto, no período 1991-96; e, nos Estados Unidos, esse percentual já chegava a 2% no final dos anos 1980 (Himmelstein, 1997). Além disso, prevalece ainda uma cortina de fumaça e desconfiança quanto às reais motivações e resultados do envolvimento da empresa com a comunidade. Referindo-se especificamente às doações corporativas, Tuffrey (1997, segundo Hamil, 1999) argumenta que

> as companhias deveriam ser aconselhadas a abraçarem voluntariamente o movimento em prol da maior abertura (dos dados). Elas estão crescentemente sob ataque dos grupos de pressão e dos cidadãos mais conscientes, e normalmente têm pouca evidência objetiva para se defenderem contra acusações de comportamento irresponsável ou de falta de comprometimento. Sem tais evidências, os governos do país (Reino Unido) e do exterior acabam impondo mais regulação. É, pois, do interesse de cada um obter a medida desse envolvimento da empresa.

Baseado na abordagem de Donaldson e Preston (1995) para a teoria dos *stakeholders*, Hamil (1999) aponta para a urgência de se passar a levantar, e a divulgar, os efeitos da ação social empresarial, tanto para os doadores (empresa e *stakeholders* relevantes) quanto para os receptores (comunidade). Pois somente com evidências quanto aos reais benefícios do envolvimento da empresa com a comunidade é que se conseguirá ampliar o apoio a essa ação, assim como a libertação das críticas que ela vem sofrendo, como:

▼ o envolvimento da empresa com a comunidade representa um abuso dos fundos dos acionistas da empresa, na linha do que afirmava Friedman (1977);

▼ o envolvimento da empresa com a comunidade acaba criando, no longo prazo, excessiva dependência dos receptores pelos recursos da empresa, tornando-os muito expostos à manipulação ou ao abuso dos doadores para fins corporativos;

- o envolvimento da empresa com a comunidade pode representar um modo cínico de relações públicas, ou seja, uma forma deliberada de se proteger contra danos de imagem, como por exemplo em um contexto de fechamento ou redução de planta;
- os propalados benefícios instrumentais do envolvimento da empresa com a comunidade são normalmente impossíveis de ser verificados porque não existem. E isto ocorre porque o propósito real desse envolvimento é satisfazer a vaidade dos seus executivos;
- o crescente envolvimento da empresa com a comunidade pode ser entendido como uma resposta à redução do Estado no financiamento aos programas sociais. Porém, a prioridade das empresas é com a imagem corporativa e não com a solução de problemas sociais.

Com todos estes argumentos, Hamil (1999) pretendeu mostrar a relevância de se prestar contas acerca da ação social empresarial, para os acionistas e também para os demais *stakeholders* da empresa.

Em termos da prestação de contas da ação social das empresas, muito pouco vem sendo feito. As conclusões do estudo de Porter e Kramer (1999) para o caso das fundações norte-americanas apontam carência e inadequação das análises de avaliação, mesmo no país que é tido como berço da filantropia. E lá as fundações ocupam posição de destaque na filantropia corporativa. Desde a década de 1960, elas vêm atuando como intermediárias entre os doadores dos recursos e as organizações sociais, que são as executoras dos serviços sociais. Vejamos o que afirmam Porter e Kramer (1999):

> Quase nenhum recurso é alocado para a avaliação dos programas sociais apoiados pelas fundações. Muitas fundações se mostram ambivalentes quanto à aplicação de recursos em avaliação e quanto à utilidade da avaliação de desempenho das doações passadas para o desempenho das doações futuras. As avaliações realizadas têm sido problemáticas sob três aspectos. Primeiro, elas são limitadas a relatórios para informar se os recursos foram gastos como se havia previsto (avaliação de produto); elas não tentam medir o impacto social (avaliação de resultados). Segundo, muitas das avaliações são feitas pelas próprias entidades receptoras das doações, que invariavelmente procuram obter mais apoio da fundação. E se é assim, quão objetivo e confiável podem ser estes relatórios? Terceiro, mesmo nos poucos casos em que o impacto social do programa é medido por um consultor externo, normalmente ele é avaliado no âmbito de apenas uma entidade receptora e, portanto, o impacto é avaliado de modo isolado das demais doações feitas pela fundação.

Perfil da ação social no Brasil. A avaliação vem sendo feita?

A década de 1990 pode ser tida como um marco na história da ação social empresarial no Brasil. Antes dessa década, ela já existia no país, porém de forma pontual, difusa e, sobretudo, atrelada ao espírito humanitário do dono da empresa. A partir de 1990, ela ganha novo vigor, tanto em termos quantitativos — é cada vez maior o número de empresas praticando ação social —, quanto qualitativos — a ação social vem se tornando estruturada, com vistas a assumir caráter estratégico para a empresa. Também só agora começam a ser desenvolvidos trabalhos acadêmicos e pesquisas nessa área, motivados pelo duplo interesse que ela vem despertando: por ser um fenômeno organizacional novo no contexto brasileiro; e pelo potencial de parceria com o Estado para a solução dos problemas sociais em nosso país.

O estudo do Ipea coordenado por Peliano (2002) é considerado referência na sistematização da ação social das empresas privadas no Brasil. Com base em amostra selecionada a partir das empresas cadastradas junto ao Ministério do Trabalho, foi feito um diagnóstico da ação social empresarial para as cinco grandes regiões do país. Além do trabalho do Ipea, foram realizados outros diagnósticos, porém com abrangências mais específicas. Como exemplos, citamos o levantamento do Grupo de Institutos, Fundações e Empresas (Gife, 2001), que traça um perfil dos seus associados, na época eram 48. Também o livro de Bomeny e Pronko (2002) apresenta um diagnóstico das empresas do país que investem em educação, considerando aqui o público interno e externo. Já o trabalho da Federação das Indústrias do Estado do Rio de Janeiro (Firjan, 2002) diagnostica a ação social das empresas daquele estado, tomando por base o cadastro dos estabelecimentos da Federação.

No Brasil, 59% das empresas com um ou mais empregados declararam realizar, em caráter voluntário, algum tipo de ação social para a comunidade. O valor investido pelas empresas em 2000 foi de R$ 4,7 bilhões, o equivalente a 0,4% do produto interno bruto (PIB) do país. Essa prática é mais expressiva entre as grandes empresas: 88% nos estabelecimentos com mais de 500 empregados, contra 54 e 69% respectivamente nos estabelecimentos com um a 10 empregados, e com 11 a 100 empregados. Apenas 6% das empresas fizeram uso de incentivos fiscais para financiar suas ações sociais (Peliano, 2002).

As atividades de assistência social (54%) e de ajuda alimentar (41%) ainda representam, de longe, as mais desenvolvidas pelas empresas brasileiras; menos de 20% das empresas informaram apoiar atividades mais estruturantes como educação e saúde. A principal motivação das empresas para atuar na área social foi humanitária (76%); apenas 25% das empresas afirmaram realizar ações sociais para melhorar sua imagem junto à sociedade e para aumentar a satisfação dos seus empregados (Peliano, 2002).

Estes indicadores mostram que, considerando o universo das empresas no Brasil, ainda predomina um modelo de ação social tradicional, baseado na motivação humanitária e na ajuda assistencial. Em grande parte, a explicação para a prevalência desse modelo tradicional deve-se à alta participação das micro e pequenas empresas no total das empresas no país, em torno de 99%, onde predomina um comportamento bem mais conservador e centrado na figura do dono. Sem falar que a maioria vive no limite da sobrevivência, em estado de dificuldades financeiras e, portanto, com insuficiência de recursos para as doações.

Porém, quando paramos no segmento das grandes empresas, podemos identificar um avanço em direção ao moderno modelo de ação social, de caráter estratégico e tendo como inspiração o valor da responsabilidade social empresarial. Tanto é assim que, entre as empresas maiores (mais de 500 empregados), a pesquisa do Ipea identificou, além da motivação altruísta, o interesse explícito em atender, via ação social empresarial, às novas exigências da economia globalizada na qual o país se insere. Pois elas estão conscientes de que, entre essas novas exigências, a questão da responsabilidade social surge como um importante fator de competitividade, na medida em que empresas socialmente ativas promovem sua imagem junto aos consumidores, melhoram o relacionamento com as comunidades vizinhas e percebem ganhos de produtividade de seus trabalhadores (Peliano, 2001).

Se, por um lado, a melhoria da imagem da empresa junto aos clientes é uma das motivações que move a empresa para a ação social, por outro, ainda não se consegue ter clareza quanto ao grau de importância atribuída, pelos consumidores brasileiros, à ação social das empresas como critério relevante para o julgamento delas. Assim, segundo pesquisa do Instituto Ethos (2001), quando é colocada a questão "aberta" acerca das coisas que influenciam as suas impressões sobre uma determinada empresa, apenas 4% dos consumidores do país consideraram, em 2001, a ação social como um critério relevante. Quando a questão da valorização dos diferentes itens da responsabilidade social empresarial foi apresentada de forma "fechada", a ação social das empresas foi considerada relativamente importante — exemplificando, 59% dos entrevistados atribuíram como total responsabilidade das empresas o apoio a projetos comunitários e a instituições de caridade.

No que se refere à avaliação da ação social das empresas, considerado o universo das empresas da região Sudeste do Brasil, constata-se que praticamente não se avalia os resultados dessa ação para a comunidade. Apenas 12% das empresas declararam efetuar avaliações documentadas. Em 60% desses casos, o acompanhamento foi feito pela própria empresa; nos 40% restantes, foi a mesma entidade que executou as ações (Peliano, 2000).

Quando se investiga o segmento das grandes empresas (mais de 500 empregados) da região Sudeste, 90% informaram acompanhar a execução das ações sociais, embora nem sempre existam registros formais e sistemáticos. Na maior parte das vezes, essa avaliação tem por base o "retorno informal da percepção dos beneficiários", ou a "impressão dos próprios empresários obtida nas visitas às comunidades, ou indiretamente, pelo tratamento dispensado à empresa" (Peliano, 2001).

A pesquisa do Gife (2001) corrobora esse resultado, apurado pelo Ipea, quanto à prática da avaliação nas grandes empresas. Assim, considerando os associados do Gife, que engloba justamente a *nata* das maiores companhias do país comprometidas com a ação social (diretamente ou por meio de institutos/fundações), 91,7% afirmaram realizar avaliação de resultados de seus projetos sociais. Dos que avaliam, 37,5% o fazem por meio de mecanismos informais.

Já a pesquisa da Firjan (2002), focada nas empresas do Rio de Janeiro como um todo, constatou que praticamente a metade (49,1%) das empresas que realizam ação social no estado não consegue identificar os resultados dessa ação. E, entre as que conseguem, o único resultado reconhecido como efetivamente expressivo foi o aporte de satisfação pessoal para o dono ou os acionistas da empresa. Para a Firjan, estes dados permitem levantar a hipótese de que a maioria das empresas ainda realiza ações para a comunidade com baixo foco na geração de resultados sociais efetivos, e evidenciam uma grande necessidade de avanço no que se refere à avaliação do impacto das ações.

Para Bomeny e Pronko (2002), a dificuldade para a apreciação do impacto do investimento social privado deve-se, em grande medida, à falta de uma "visão de conjunto" e de uma tipologia desse investimento. Referindo-se especificamente à ação social das empresas brasileiras no setor educação, elas argumentam que as fundações ou empresas decidem sobre projetos de investimento social de forma voluntarista, ou seja, de acordo com as próprias convicções, com a disposição e as possibilidades do momento, e seguem linhas de orientação e de trabalho próprias. E também não poderia ser diferente, já que empresas não são o Estado, e cobrar delas regularidade de atuação na oferta de bem público no âmbito da sociedade, dificilmente ganharia adeptos no meio empresarial.

À medida que a ação social das empresas esteja subordinada ao ritmo e ao desempenho econômico da empresa, ela acaba sendo, até certo ponto, voluntarista e descontínua, ficando complicado avaliar o seu impacto na comunidade. Porém, cabe aqui o alerta de que se esse estilo subordinado de atuar for predominante, deverá comprometer muito o impacto da ação na comunidade, cujos resultados não vão passar de meros *pingos no oceano*. Se a pretensão é de que a ação social das empresas seja eficaz para a comunidade, ela tem que estar, em algum grau, comprometida com os resultados de transformação social. Torna-se preciso cobrar das empresas algum grau de regularidade na oferta do bem público.

A pesquisa do Ipea mostrou que, no Brasil, mesmo entre as grandes empresas, são pouquíssimas aquelas que se vêem com a responsabilidade de partilhar com o Estado a busca de soluções para os problemas sociais do país. A imensa maioria atribui essa obrigação somente ao Estado, preferindo substituir a idéia de obrigação pela de "responsabilidade não-formal" ou, simplesmente, dever de consciência (Peliano, 2001). A conseqüência disso é uma atuação mais frouxa em termos de compromissos com resultados sociais.

Reforçando a carência de indicadores de avaliação, vemos que a Firjan (2002), ao definir as estratégias da Federação em prol do fortalecimento e aprimoramento da ação social das empresas industriais do estado do Rio de Janeiro, menciona a relevância do sistema de avaliação. Uma das conclusões da pesquisa realizada pela Firjan (2002) aponta para a necessidade de que as empresas sejam orientadas para que possam integrar mais claramente as ações sociais ao seu planejamento estratégico e para desenvolver um olhar mais qualificado sobre os resultados que estão sendo efetivamente alcançados. Deve ser estimulada a definição de indicadores de resultados simples, objetivos e essenciais, que possam ser compreendidos e utilizados pelas empresas, pelos parceiros e pelos beneficiários dos projetos.

Enfim, podemos dizer que o modelo de ação social empresarial praticado no Brasil é do tipo dual, com a grande maioria das empresas adotando o estilo tradicional das doações difusas e assistenciais. Entre as grandes corporações, porém, a prática do tipo moderno de ação social, de caráter estratégico, já é uma realidade em franca expansão. Mas, mesmo entre essas empresas maiores, a ação social ainda é vista como uma prática organizacional nova e em construção, carecendo de uma série de definições, sobretudo no que se refere a critérios de avaliação e a formas de relacionamento com o Estado.

Parte II

Proposta de metodologia (EP²ASE) para avaliar os resultados da ação social das empresas

3. Eficácia pública e eficácia privada: por que priorizar estes critérios? Como eles devem ser entendidos?

Avaliação de projetos sociais: critérios comumente utilizados

Até o momento, atuar na área social tem sido função do Estado. É por isto que as metodologias de avaliação social têm uma ótica predominantemente de setor público. Se, por um lado, há que se reconhecer os avanços observados na prática da avaliação social, sobretudo a partir da expansão do modelo gerencial de Estado, por outro, ainda há muitos desafios metodológicos pela frente.

Avaliar é a arte de comparar resultados, entre o planejado e o efetivamente alcançado. Em outras palavras, é julgar uma situação, com base em valores preconcebidos do que seria a situação desejável. Essa percepção é comum na maioria das definições relacionadas à avaliação:

> Mais fundamentalmente, a pesquisa de avaliação é apropriada sempre que uma intervenção social ocorre ou é planejada. Uma intervenção social é uma ação considerada em um contexto social com o propósito de produzir algum resultado desejado. No seu sentido mais simples, a pesquisa de avaliação é um processo para determinar se os resultados almejados foram alcançados.
>
> (Babbie, 1995)

> A avaliação envolve a aplicação de métodos rigorosos para julgar o progresso de um projeto no alcance de seus objetivos. O processo de avaliação combina muitos tipos de informação com os julgamentos e as perspectivas das pessoas envolvidas ou afetadas. Ele está baseado em ferramentas de vários campos tais como estatística, economia e antropologia, e está fundamentalmente baseado em conceitos e procedimentos de metodologia da pesquisa.
>
> (IADB/EVO, 1997)

> Existem diferentes modelos de avaliação que são derivados tanto do objeto a ser avaliado como da formação acadêmica daqueles que realizam essa tarefa. Entretanto, a constante é, por um lado, a pretensão de comparar um padrão almejado (imagem-objetivo em direção à qual se orienta a ação) com a realidade (a medida potencial na qual esta vai ser modificada, ou o que realmente ocorreu como conseqüência da atividade empreendida) e, por outro lado, a preocupação em alcançar eficazmente os objetivos propostos.
>
> (Cohen e Franco, 1998)

Para fazer deste mundo um lugar melhor para se viver, a questão que surge é saber se as pessoas envolvidas nesse processo estão realmente alcançando o que elas querem alcançar. Quando alguém examina e julga estas realizações e sua efetividade, esta pessoa está engajada em Avaliação. Quando este exame da efetividade é conduzido sistematicamente e empiricamente por meio de cuidadosa coleta de dados e análise, esta pessoa está engajada em Pesquisa de Avaliação.

(Patton, 1990)

Referindo-se basicamente à avaliação social conduzida pelo setor público, Mokate (1999) considera quatro critérios como determinantes: eficácia, eficiência, eqüidade e sustentabilidade. Para a autora, estes critérios conseguem captar os aspectos relevantes relacionados ao papel do Estado na promoção de bem-estar social e na maneira como os recursos públicos são utilizados. O quadro 3 resume o entendimento de Mokate quanto a estes quatro critérios.

Quadro 3
Os quatro critérios relevantes de avaliação em políticas públicas

Eficácia: uma iniciativa eficaz é aquela que cumpre todos os níveis de objetivos esperados, no tempo previsto e com a qualidade esperada. A eficácia contempla o cumprimento de objetivos, sem importar o custo ou o uso dos recursos. Ou seja, pode-se ser eficaz sem ser eficiente.

Eficiência: é o grau em que se cumprem os objetivos de uma iniciativa ao menor custo possível. Não cumprir cabalmente os objetivos e/ou o desperdício de recursos ou insumos fazem com que a iniciativa seja ineficiente. Não se pode ser eficiente sem ser eficaz em todos os níveis de objetivos, e não basta ser eficaz apenas nos objetivos operacionais do projeto.

Eqüidade: critério prioritário na condução das políticas públicas. Fundamenta-se em três valores sociais – igualdade, cumprimento de direitos e justiça.

Em termos de programas sociais, a interpretação mais freqüente de eqüidade diz respeito à "igualdade de oportunidades".

Uma interpretação superficial para "igualdade de oportunidades" está associada à igualdade da oferta de serviços sociais para todos.

Outras interpretações para "igualdade de oportunidades", que representam um avanço em relação à igualdade de oferta, estão associadas com igualdade de acesso (implica fazer com que o esforço de cada usuário para aproveitar o serviço social seja relativamente o mesmo); igualdade de insumo (faz referência à qualidade do serviço social entregue); igualdade de efeitos ou de resultados (o que não depende apenas do serviço social em si, mas das condições ou características da população usuária); igualdade de capacidade de uso (contempla a compensação por fatores que poderiam limitar a capacidade de um indivíduo ou grupo para gozar os benefícios de um programa ou serviço).

Porém, não há país no mundo com recursos suficientes para garantir para todos os cidadãos todos os serviços de educação, saúde e bem-estar. Em algum determinado momento, a sociedade se vê obrigada a delimitar o que está com capacidade de garantir. Portanto, a eqüidade deixa de se associar tão estreitamente com "igualdade" e passa a dominar o conceito de "justiça".

continua

> Algumas sociedades parecem propor estratégias de promoção de eqüidade horizontal ("igualdade de tratamento para iguais") com tolerância de desigualdades entre diversos grupos sociais (a não eqüidade vertical) em termos de insumos e/ou acesso, com o fim de buscar uma maior igualdade de capacidade de uso e/ou de resultados na população como um todo. Esta é a lógica dos programas governamentais focados nos mais pobres.
>
> **Sustentabilidade:** na visão macro, associada a países, incorpora considerações éticas de justiça intrageracional (compromisso com o aumento dos padrões materiais de vida dos pobres nas comunidades) e intergeracional (compromisso com as gerações futuras). Na visão micro, associada à literatura dos organismos multilaterais de financiamento, refere-se à capacidade dos programas e projetos financiados de se manterem, uma vez que acabe o período do financiamento internacional.
>
> Outra interpretação diz que uma iniciativa social é sustentável se o seu entorno for consistente com as suas necessidades e se a iniciativa for harmoniosa com o entorno. Ou seja, reconhece que a sustentabilidade não se limita à dimensão financeira: é uma relação de dupla mão entre o entorno e a iniciativa.
>
> Recentemente, o Banco Mundial identificou oito categorias de fatores que influenciam na sustentabilidade dos projetos sociais: econômicos (políticas macroeconômicas); externos (taxas de câmbio etc.); financeiros (capacidade de financiamento); técnicos (produtividade); sociais (garantia de apropriação do projeto por parte da comunidade de beneficiários); ambientais; institucionais; governamentais (apropriação do projeto por parte do governo e dos beneficiários de modo a reduzir sua suscetibilidade às prováveis mudanças políticas).
>
> Fonte: Adaptado de Mokate, 1999.

Em relação a estes critérios, geralmente apresentados como os mais relevantes para a avaliação dos programas sociais do setor público, cabe refletir se estes mesmos critérios seriam também os mais relevantes para avaliar a ação social das empresas privadas, e/ou se deveriam ser redefinidos. A seguir, procuraremos mostrar que o critério da eficácia deve ser o mais indicado para avaliar a ação social das empresas privadas. Vejamos por quê:

- ▼ eqüidade — diferentemente do Estado, não é atribuição formal das empresas privadas a promoção da justiça social, ou seja, o dever do atendimento focalizado no grupo dos mais pobres e mais carentes da população como um todo. Surgem, daí, as seguintes questões: será que a eqüidade (no sentido de promoção da justiça social) deveria seguir como critério relevante para julgar a ação social das empresas? Não deveriam ser mais frouxos os critérios para a seleção da população-alvo no caso das empresas, já que não constitui sua "responsabilidade" o atendimento aos mais pobres da população? É importante deixar claro que não estamos dispensando a necessidade da definição da população-alvo durante a fase de planejamento da iniciativa social corporativa. Longe disso, essa definição torna-se imprescindível tanto para o setor público quanto o privado. O que estamos questionando diz respeito aos critérios para delimitação da população-alvo em se tratando de projetos sociais de empresas;

- ▼ eficácia — a ação social das empresas só é eficaz se, além de gerar valor para a comunidade, gerar também valor para a empresa, em termos de motivação dos empregados, melhora da imagem junto aos clientes e aumento dos lucros para os acionistas. Adotando, pois, uma postura condizente com a realidade da ação social conduzida no âmbito da empresa privada, a questão aqui colocada é se não deveria ser mais amplo o conceito de eficácia para a avaliação da ação social das empresas, para não estar restrito apenas à ótica pública, como ocorre com os projetos sociais do setor público;

- ▼ eficiência — no setor público, a eficiência é um critério fundamental a ser julgado com extremo rigor. Barreira (1999, citando Arretche, 1995) menciona três razões para isto: escassez de recursos públicos que exigem uma racionalização dos gastos; enormes proporções dos "universos" populacionais a serem cobertos pelos programas sociais; ao dispor de recursos públicos para implementar políticas públicas, o governo está gastando um dinheiro que é do contribuinte. Mas, como mostra Mokate, mesmo no caso dos projetos sociais do setor público, a eficácia precede a eficiência — ou seja, para ser eficiente, o projeto tem antes que ser eficaz;

- ▼ sustentabilidade — a partir das várias definições apresentadas por Mokate para sustentabilidade, podemos inferir que, no setor público, um projeto social sustentável é aquele capaz de se manter em sinergia com o seu entorno e independente do apoio do Estado, que se vê liberado para apoiar outros projetos sociais carentes de apoio. No que se refere à ação social das empresas, como mostra Peliano (2001), não há um entendimento único quanto à noção de sustentabilidade. Um grupo de empresas concorda com o enfoque do setor público, de que elas não devem apoiar um mesmo projeto por tempo indeterminado, pois as próprias comunidades devem arrumar formas de se auto-sustentar. Já outro grupo acha que a sustentabilidade deve ser alcançada através de novas parcerias para garantir a manutenção de sua ação. E um terceiro grupo de empresas entende que o seu apoio técnico e financeiro deve ser permanente.

Obviamente estes critérios também são desejáveis no caso dos programas sociais do setor privado, porém não há aqui o compromisso igualmente rigoroso com todos eles sob a ótica da promoção do bem-estar social. E por quê? Primeiro, porque aqui os programas sociais são conduzidos, em sua maior parte, com recursos privados — pelo menos, tem sido assim até o momento (Peliano, 2003). Além disso, como aponta Mokate, a eficácia deve preceder à eficiência. Segundo, porque não é atribuição formal das empresas privadas a promoção da justiça social; elas têm critérios próprios, muitas vezes vinculados ao próprio negócio, para a escolha do público-alvo dos seus investimentos sociais. E terceiro, porque, como mostra o trabalho de Peliano (2001), o sentido conferido ao critério de sustentabilidade para os projetos sociais apoiados pelas empresas tende a ser bastante fluido e varia conforme as especificidades de cada projeto.

No entanto, as empresas têm compromisso com os benefícios que elas anunciam estar proporcionando por meio dos seus investimentos sociais — tanto para a(s) comunidade(s) atendida(s), quanto para os demais *stakeholders* relevantes da empresa. Por isso, entendemos que, no caso da ação social corporativa, o compromisso maior das empresas deva ser com o critério da eficácia.

Se, por um lado, consideramos que o critério da eficácia seja o mais relevante para avaliar a ação social das empresas privadas, por outro, é importante ficar claro que não estamos argumentando que os outros critérios não devam ser aplicados para avaliar a ação social. Ao contrário, é desejável que o sejam também, de modo a complementar a avaliação feita segundo o critério da eficácia.

Assim, no caso dos programas sociais do setor privado, além da primazia do critério da eficácia, defendemos também a ampliação do seu sentido. A ação social privada deve ser julgada à luz da geração de valor para a comunidade — eficácia pública, como também à luz da geração de valor para os negócios da empresa — eficácia privada.

Proposta: a metodologia EP²ASE

Nos capítulos 1 e 2, vimos que a ação social das empresas não deve ser analisada isoladamente, mas sim no contexto do atual enfoque de responsabilidade social das empresas (RSE) e tomando por base a teoria dos *stakeholders*; ainda persistem muitos desafios para a operacionalização do conceito RSE, sobretudo no que se refere à mensuração dos seus resultados; no que se refere ao relacionamento da empresa com o *stakeholder* "comunidade" existem muitas demandas, nos campos teórico e prático, para a avaliação dos seus resultados, para a comunidade (*stakeholder* beneficiário) e para a empresa (demais *stakeholders* relevantes).

Examinando os critérios mais utilizados para avaliar os projetos sociais do setor público, propomos que a "eficácia" deve ser o critério básico para julgar a ação social das empresas privadas. Assim, se poderá julgar se o que a empresa diz que faz para a comunidade, ela está realmente fazendo; e também se o que ela pensa conseguir para si própria, por meio daquela ação, está realmente conseguindo alcançar.

E, para atender às especificidades da avaliação dessa ação social, que deve avaliar os resultados do projeto social não apenas junto à comunidade mas também junto à empresa, propomos que o critério da eficácia seja desdobrado em eficácia pública e eficácia privada. Sob a ótica pública, a ação social é eficaz se consegue atingir os objetivos anunciados (pela empresa) para a comunidade. Sob a ótica privada, ela é eficaz se consegue alcançar os objetivos esperados para os negócios da empresa; ou seja, se consegue satisfazer os grupos dos *stakeholders* relevantes da empresa.

A metodologia, que batizamos como EP²ASE — **Eficácia Pública e Eficácia Privada da Ação Social das Empresas** — visa avaliar a ação social corporativa tomando por base esses dois critérios.

Na eficácia pública, estão em jogo os efeitos diretos dos projetos sociais para a comunidade, conforme anunciados pela empresa — pois o foco da ação social é a própria comunidade. Já na eficácia privada, o que se avalia são os efeitos indiretos dos projetos sociais — pois, ao atuar com o foco no *stakeholder* comunidade, a empresa espera atingir resultados positivos junto a outros *stakeholders* relevantes da empresa, que não são o alvo dessa sua ação, como acionistas, funcionários, clientes, fornecedores e governo.

Pode-se ainda questionar qual dos dois critérios é o mais relevante para o fortalecimento da ação social corporativa. A nossa resposta é que ambos são igualmente relevantes e explicamos o porquê.

Para que a ação social consiga se manter fortalecida no contexto da empresa, ela tem que ser eficaz sob a ótica privada, ou seja, deve gerar benefícios para os demais *stakeholders* relevantes da empresa, além do *stakeholder* comunidade. Caso contrário, o programa social corporativo corre o risco de ser descontinuado ou eliminado pela direção da empresa. A eficácia privada da ação social deve ser vista como um pré-requisito para a manutenção dessa ação no contexto da empresa.

Por outro lado, só há sentido em se perseguir a eficácia privada da ação social empresarial se a eficácia pública dessa ação estiver sendo realmente alcançada. Caso contrário, a busca da eficácia privada não se sustenta, pois estará apoiada em *pés de barro*, em propaganda enganosa. E, portanto, a eficácia pública deve ser a condição básica para a busca da eficácia privada. Como vemos, é do círculo virtuoso eficácia pública/eficácia privada que a ação social corporativa vai conseguir se fortalecer, e se transformar em um agente efetivo na promoção do desenvolvimento social dos países.

O critério da eficácia pública

É importante saber que, para a aplicação do critério da eficácia pública, os indicadores e os métodos a serem utilizados dependerão do tipo da ação social executada. Ou seja, vão depender dos objetivos "finais" que são explicitados para cada ação social e da forma como é executada.

Como sabemos, a tipologia da ação social empresarial é bastante complexa e depende de uma série de fatores. Puryear (conforme Bomeny e Pronko, 2002) e Porter e Kramer (2002) apresentaram suas propostas de classificação da ação social empresarial levando em consideração o grau de alcance (Puryear) e os objetivos (Porter e Kramer) da ação. Tomando por base as iniciativas empresariais em educação nos Estados Unidos, Puryear (1999) propõe, em sua classificação, três tipos: ajuda simples, ajuda programática e mudança sistêmica. Por sua vez, Porter e Kramer (2002) apresentam a seguinte classificação: contribuições corporativas difusas, marketing relacionado à causa e filantropia estratégica.

Porém, sob a ótica da avaliação, torna-se fundamental levar em consideração as diferentes formas de como a ação social da empresa é concebida e executada — o grau de alcance dos objetivos (eficácia) deverá ser o critério segundo o qual essa ação será avaliada. No quadro a seguir, apresentamos uma possibilidade de tipologia, baseada nas formas de execução da ação social.

> **Quadro 4**
> **Uma proposta de tipologia para a ação social empresarial, baseada na forma de execução**
>
> **Ações eventuais**
>
> Inclui as doações eventuais e difusas de bens, serviços e recursos financeiros
>
> **Ações estruturadas**
>
> Segundo a coordenação:
> ▼ na própria empresa;
> ▼ institutos;
> ▼ fundações.
>
> Segundo o número de projetos:
> ▼ pulverizada (muitos projetos);
> ▼ concentrada (em um ou poucos projetos).
>
> Segundo o tipo de parceria:
> ▼ isolada (a própria empresa executa de forma isolada);
> ▼ com organizações sociais, sem fins lucrativos;
> ▼ com outras empresas;
> ▼ com o governo.
>
> Segundo o local:
> ▼ difusa (muitos locais);
> ▼ concentrada (em um ou poucos locais).
>
> Segundo a duração:
> ▼ curto prazo;
> ▼ longo prazo.

As "ações eventuais" não estão previstas na política da empresa; ocorrem, na maioria das vezes, de acordo com a generosidade dos seus donos ou diretores. Já as "ações estruturadas" estão na política da empresa e podem assumir variadas formas.

As diferentes combinações entre as formas de condução da ação social podem demandar diferentes padrões de avaliação, embora não necessariamente. Se for uma ação social do tipo "doações eventuais", o critério da eficácia pública aplicado em nível de produto ou de atividade consegue avaliar adequadamente a iniciativa social da empresa, considerando suas expectativas em relação à ação social. Indicadores como "número de pessoas beneficiadas", "satisfação do cliente" ou "especificação de entidades parceiras" e "especificação de insumos utilizados" podem ser suficientes para a avaliação de ações dessa natureza.

Dependendo do tipo de ação social desenvolvida/apoiada pela empresa, a aplicação do critério da eficácia pública não chega a aferir o grau de alcance dos objetivos de resultados, atendo-se a mensurar o alcance de objetivos de processo (indicadores de atividade e de produto). É natural, já que determinados tipos de ação social não têm como objetivo final explícito qualquer tipo de influência direta na realidade social; visam, sim, dar uma contribuição indireta, logo, é assim que a iniciativa deve ser avaliada. Por exemplo, quando uma empresa faz uma doação eventual de alimentos para uma creche ou de computadores para uma escola, sem exercer outro tipo de influência nessas instituições, essa ação social deve ser julgada em termos da qualidade dos produtos doados e da forma como se deu a interação entre a empresa e as instituições. Tentar avaliar o impacto dessas ações eventuais para as condições de saúde e de escolaridade das crianças da região não faria sentido lógico.

Por outro lado, ainda que seja uma ação social empresarial "estruturada", os indicadores de produto podem ser suficientes quando forem iniciativas predominantemente dispersas, no que se refere à alocação dos recursos da empresa. É o caso de ações combinadas dos tipos "pulverizada" e "difusa", ou seja, muitos pequenos projetos em vários locais; e "difusa" (vários locais) e de "curto prazo". Quando essa ação dispersa da empresa se der em parceria com outras empresas ou instituições, aí pode fazer sentido buscar avaliar o impacto para a comunidade dessa ação conjunta no local.

Já a ação social empresarial "estruturada" do tipo duplamente "concentrada" (em termos de local e do número de projetos) e de "longo prazo" demanda um modelo de avaliação mais aprofundado, condizente com o investimento social da empresa, contínuo e concentrado em uma determinada população-alvo. É aqui necessário avaliar o grau de alcance dessa ação em relação aos objetivos de mudança previstos para a população-alvo em questão, os chamados objetivos de resultado ou de impacto. Há que se investigar a relação de causalidade entre os projetos sociais apoiados pela empresa e as transformações ocorridas nas condições de vida da população-alvo como um todo.

Como a avaliação social não está no campo das ciências exatas, pode ocorrer ainda que uma ação do tipo "concentrada" e de longo prazo não comporte avaliação de impacto, no sentido de se detectar as transformações na realidade social local como um todo. Nestes casos, deve-se procurar detectar as mudanças observadas em nível individual (da população-alvo), os chamados resultados imediatos. Vale esclarecer que, no estudo de caso da avaliação da eficácia pública da ação social da Xerox, contemplamos este nível de análise.

Além do mais, há que se reconhecer que os diferentes tipos de ação social empresarial, segundo a coordenação e/ou a parceria, configuram diferentes maneiras de interação entre as várias instâncias participantes, com delimitação de poder de decisão e de atribuições nas alianças constituídas, sem falar nas diferentes capacidades de atuação que são geradas. Essas várias maneiras de interação podem requerer diversas formas de prestação de contas: entre as organizações participantes, sobretudo no que se refere ao acompanhamento dessa ação; e de aferição dos resultados da ação social junto à população-alvo.

Enfim, não foi nosso objetivo aqui aprofundar a questão da tipologia da ação social empresarial, o que, aliás, é um tema bastante relevante para futuros estudos. O ponto central que buscamos evidenciar foi o de que existem vários níveis de objetivos em relação aos quais o critério de eficácia pública deve ser aplicado para mensurar o sucesso de um projeto social apoiado pela empresa. Assim, há determinados tipos de ação social empresarial em que o nível dos objetivos de produto (indicadores de produto) pode ser suficiente para a avaliação da eficácia pública. Porém, nas ações empresariais com proposta mais profunda de mudança na realidade social, os objetivos de resultados, ou de impactos, devem ser aferidos.

O critério da eficácia privada

Em se tratando da aplicação do critério da eficácia privada para avaliar a ação social das empresas (ASE), a revisão da literatura mostrou que só agora a avaliação dos resultados da ASE para a empresa começa a adquirir *status* de tema de estudo. Até bem recentemente, prevalecia o julgamento ético de que as empresas não deveriam auferir benefícios em função da boa ação que realizavam.

Partimos do pressuposto de que a avaliação da eficácia privada da ação social empresarial deve tomar por base a teoria dos *stakeholders*. Porque, como vimos, o novo modelo de ação social corporativa está associado à concepção de responsabilidade social empresarial (RSE) que traz, para o centro das atenções da empresa, os vários grupos de *stakeholders* relevantes.

A aplicação do critério da eficácia privada não é complicada, mas exige que sejam seguidos alguns passos básicos: há que se ter clareza de quais são os *stakeholders* relevantes da empresa que se pretende atingir indiretamente por meio da ação social; há que se ter clareza dos efeitos indiretos relevantes a serem alcançados junto àqueles *stakeholders*; os efeitos indiretos identificados devem ser conceptualizados (em conceitos como motivação, imagem, lealdade, desempenho etc.), operacionalizados (formulação de questões) e mensurados (dados quantitativos ou qualitativos).

4. Ação social das empresas (ASE) do tipo "duplamente" concentrada e de longo prazo: como aplicar a metodologia EP²ASE?

No caso da aplicação do critério da eficácia pública para avaliar a ação social empresarial, embora seja um tema em construção e com muitos desafios pela frente, já se avançou bastante nessa área no setor público. O nosso desafio em relação a esse primeiro critério será adaptá-lo ao setor empresarial. Em se tratando da aplicação do critério da eficácia privada para avaliar a ação, trata-se de uma questão ainda muito pouco estudada no campo da gestão organizacional. Portanto, o nosso desafio aqui em relação a esse segundo critério será buscar introduzi-lo na prática gerencial das empresas.

A seguir, apresentamos uma proposta para aplicação da metodologia EP²ASE. É importante deixar claro que essa proposta aplica-se a um determinado tipo de ação social corporativa: estruturada, concentrada (em termos de número de projetos e número de locais), de longo prazo, podendo ser conduzida pela própria empresa ou em parceria com organizações sociais sem fins lucrativos. Como vimos, para este tipo específico de ação social corporativa o critério da eficácia pública tende a ser utilizado com o sentido de impacto.

Eficácia pública: inferência causal — lógica experimental com dados qualitativos

O desafio que se coloca é o de como adaptar os complexos procedimentos metodológicos quantitativos de avaliação social de impacto, que já vêm sendo utilizados na esfera pública, para o setor empresarial, tendo em vista as especificidades dos programas sociais desenvolvidos pelo setor privado. Em geral, são projetos de pequena escala *vis-à-vis* aos projetos de grande escala do setor público. E não foram concebidos, na maior parte das vezes, para ter os resultados avaliados e, portanto, não dispõem de bases de dados necessárias para *alimentar* os modelos estatísticos, normalmente utilizados nas avaliações de impacto do setor público. Sem falar que os gestores de empresas tendem a não ser familiarizados com as *saídas* desses modelos estatísticos e econométricos, minimizando o poder de contribuição desses modelos para orientar o processo de decisão na condução da ação social.

Mas, o que é avaliação social de impacto? De acordo com a revisão da literatura (Cohen e Franco, 1998; Mokate, 2000; Weiss, 1998; Rossi, Freeman e Lipsey, 1999; Cano, 2002), podemos afirmar que a avaliação de impacto está associada à noção de causalidade ou de inferência causal, à medida que se busca estimar até que ponto um dado programa social vem sendo a causa das mudanças observadas na realidade social. Em outras palavras, o que se busca aqui é *isolar efeitos*, no sentido de captar os efeitos líquidos de uma dada intervenção, não contaminados pela influência de outros processos e eventos ocorrendo simultaneamente ao programa e que possam também estar afetando as condições sociais que o programa se propõe a mudar.

É importante ter clareza quanto à distinção entre avaliação de impacto e avaliação de satisfação dos clientes atendidos pelos programas, o que muitas vezes se confunde. Na avaliação de impacto, o que se pretende é identificar até que ponto os resultados observados foram causados pelo programa, e não por outros fatores simultâneos. Já na avaliação de satisfação do cliente, que faz parte da avaliação de processo, o que está em jogo é a percepção do usuário quanto à qualidade dos serviços prestados pelo programa (Zeithaml, Parasuraman e Berry, 1990). E, por sua própria natureza, vemos que a avaliação de impacto tende a envolver procedimentos metodológicos bem mais complexos do que a avaliação de satisfação dos beneficiários dos programas sociais.

Na avaliação de impacto, a lógica experimental vem sendo a estratégia por excelência, em que se busca comparar dois grupos de pessoas, o do experimento e o de controle, iguais em todas as suas características (condição *ceteris paribus*), salvo na condição de participação no programa social em questão: as pessoas do primeiro grupo participaram do programa, as do segundo grupo, não. Um programa pode ser tido como bem-sucedido se, após o programa, os resultados auferidos pelos seus participantes (grupo do experimento) forem significativamente melhores do que os resultados alcançados pelos não-participantes (grupo de controle).

No mundo ideal das pesquisas de laboratório, a lógica experimental parece bastante linear e compreensível. Porém, no mundo real da prática avaliativa, as complexidades são muito grandes para se conseguir isolar os "efeitos líquidos do programa" dos efeitos dos demais fatores atuando simultaneamente. É preciso entender que, no âmbito da pesquisa experimental, quando se comparam dois grupos — o do experimento e o de controle — as "diferenças brutas de resultados" entre eles podem ser atribuídas aos efeitos de fatores relacionados ao desenho da pesquisa, aos efeitos dos "fatores estranhos e confundidores do impacto e aos efeitos do programa propriamente, os chamados *efeitos líquidos*. (Quadro 5).

Até hoje, estes desafios, sobretudo os relacionados aos efeitos de desenho da pesquisa, vêm sendo basicamente enfrentados no campo quantitativo, graças aos avanços nas áreas dos modelos estatísticos, matemáticos e de informática (Rossi, Freeman e Lipsey, 1999; Pearl, 2000). Ou seja, a avaliação de impacto vem sendo, até o momento, campo por excelência das pesquisas quantitativas. Muito embora há que se reconhecer que o ajuste pelos fatores estranhos e confundidores segue sendo problemático ainda hoje, mesmo neste campo (Rossi, Freeman e Lipsey, 1999).

Cabe aqui um aparte no que diz respeito ao relacionamento entre as pesquisas quantitativas e qualitativas em avaliação social. Até o início da década passada, a situação era de guerra explícita entre elas e predominava a "tese da incompatibilidade". O argumento principal era o de que, como a pesquisa quantitativa estava baseada no paradigma positivista e a pesquisa qualitativa no paradigma fenomenológico, e dada a incompatibilidade *profunda* entre estes paradigmas, resultava, daí, a impossibilidade de se combinar responsavelmente estas duas abordagens (Parlett e Hamilton, 1972; Smith e Heshusius, 1986; Guba, 1987, segundo Mokate, 2000; Guba e Lincoln, 1989, segundo Lincoln em Donaldson e Scriven, 2003).

> Quadro 5
> **Lógica experimental: diferenças de resultado observadas entre o grupo do experimento e o grupo de controle, no intervalo antes (t_0) e depois (t_1) do experimento**
>
> | Diferenças nos resultados brutos entre os dois grupos ($t_1 - t_0$) | = | Efeitos do programa (Efeitos líquidos) | + | Efeitos de outros processos (Efeitos estranhos e confundidores) | + | Efeitos de desenho da pesquisa |
> |---|---|---|---|---|---|---|
>
> **Efeitos líquidos do programa** – equivalem ao impacto propriamente do programa.
>
> **Efeitos dos fatores estranhos e confundidores** – são os mais problemáticos e envolvem (1) a seleção não controlada dos indivíduos que decidem participar, ou não, dos programas sociais, podendo induzir ao viés de seleção dos casos. Pois, na maior parte das vezes, a participação nos programas é voluntária. Daí, torna-se complicado identificar até que ponto as diferenças de resultados entre esses dois grupos podem ser atribuídas ao programa ou às diferenças preexistentes entre os membros dos dois grupos; (2) as mudanças endógenas decorrentes de eventos ocorrendo simultaneamente no ambiente do programa, tais como as tendências de longo prazo e as tendências naturais de *amadurecimento* das pessoas.
>
> **Efeitos de desenho da pesquisa** – resultam de cinco tipos de efeitos: estocásticos, relacionados às diferenças de resultados provenientes de flutuações aleatórias da amostra; de confiabilidade das medidas; de validade dos constructos; dos dados *missing*; e do desenho da amostra.
>
> Fonte: Adaptado de Rossi, Freeman e Lipsey (1999).

Só a partir da década passada é que começou a ganhar força a idéia da complementaridade entre essas duas abordagens. Weiss (1998), da Universidade de Harvard, consegue explicitar com clareza como isto ocorre em avaliação de programas sociais. Assim, quando se trata da avaliação de processo, os métodos qualitativos normalmente são os mais indicados, porque eles conseguem incorporar evidências sob múltiplas perspectivas, não se baseiam apenas em categorias predefinidas do avaliador, propiciando uma riqueza de detalhes. Já quando se trata da avaliação de resultados, os métodos quantitativos ganham preferência. Além de permitir respostas precisas, normalmente acompanhadas das respectivas estimativas do grau de confiança, eles apresentam vantagens na identificação de relação entre as estratégias e os resultados do programa, por meio dos procedimentos multivariados.

Esta noção de complementaridade, com espaços delimitados para a aplicação de métodos quantitativos e qualitativos em avaliação social, vem sendo tão predominante, hoje em dia, a ponto de Weiss (1998) afirmar que nunca viu um estudo que combinasse lógica experimental com dados qualitativos. Ela diz:

> Eu posso imaginar um desenho experimental clássico, em que o avaliador tenha designado aleatoriamente clientes potenciais ao grupo do programa e ao grupo de controle, e que se baseie apenas em dados qualitativos. Eu nunca vi um estudo como este, mas posso imaginá-lo.

É nesse sentido que podemos dizer que a nossa proposta metodológica vem justamente ao encontro dos anseios de Weiss. Dadas as especificidades dos programas sociais conduzidos na esfera privada, propomos justamente que a avaliação de impacto da ação social corporativa seja feita com base na lógica experimental, só que utilizando-se de dados qualitativos, ou seja as falas dos entrevistados. Os resultados gerados dessa forma são mais facilmente compreensíveis para os gestores das empresas, prescindem de bases de dados exaustivas, além da vantagem de propiciar maior interação do avaliador com o público-alvo. Importante destacar que, para Weiss, a principal distinção entre o "quantitativo" e o "qualitativo" diz respeito apenas à forma de entrada dos dados. Enquanto o primeiro lida com os números, o segundo lida com as palavras.

Mas, como tratar a questão da causalidade com dados qualitativos? Fomos buscar em King, Keohane e Verba (1994), especialistas em inferência em pesquisa qualitativa, a orientação neste sentido. De modo a raciocinar sobre a questão da causalidade, estes autores trabalham com um modelo de regressão simples, para mostrar que o efeito causal médio ß$_i$ deve ser entendido como a diferença entre o componente sistemático na variável dependente Y_i quando a variável causal X_i (ou variável explicativa-chave) assume dois valores diferentes.

$$E(Y_i) = ß_i X_i$$

Sabemos das limitações da utilização da regressão com o sentido de causalidade, pois nem sempre, ou raramente, os coeficientes de regressão coincidem com as estimativas dos efeitos causais. Ao adotarem o modelo de regressão, estes autores não tiveram a pretensão de se aprofundar nos complexos meandros da cadeia hierárquica das causalidades, como vem fazendo Pearl (2000), que desenvolve uma abordagem eminentemente quantitativa (gráfica e matemática) da causalidade, buscando avançar na linha dos modelos de equações estruturais.

Porém, é importante deixar claro que, ao adotarmos, em nosso modelo de avaliação de impacto, a regressão para traduzir a hipótese causal a ser testada, o nosso objetivo não foi nem de longe estimar coeficientes de causalidade, mas sim facilitar a reflexão sobre a questão da causalidade dos projetos sociais, de modo a iluminar o processo de tomada de decisão nas empresas.

Resumimos, no quadro a seguir, a contribuição de King, Keohane e Verba (1994) em prol do rigor metodológico nas análises qualitativas, de modo a se obter inferências válidas. No que diz respeito especificamente à inferência causal com dados qualitativos, esses autores chamam a atenção, sobretudo, para os seguintes cuidados metodológicos, que normalmente tendem a ser seguidos nas pesquisas quantitativas de avaliação de impacto: no desenho da amostra, ter sempre presente os pressupostos da "unidade homogênea de análise" e da "independência condicional"; estar atento e procurar evitar o viés de seleção de casos e de seleção de variáveis, e a endogeneidade; e a necessidade de elucidação das estimativas de erro.

Quadro 6
Avaliação de impacto com dados qualitativos: os cuidados metodológicos necessários

Pressuposto básico a ser seguido: unidade homogênea de análise. Considera que, para a inferência causal, as unidades de observação devem ser idênticas em todos os seus aspectos relevantes, com exceção dos valores assumidos para a variável causal (participação e não-participação dos projetos sociais).

Na prática, este princípio não é plenamente atingido, mas para o avaliador é de extrema importância ter consciência e saber lidar com o grau de heterogeneidade dos casos de sua amostra. Apesar das dificuldades e limitações para o uso das amostras aleatórias na pesquisa qualitativa, a aleatoriedade tende a ser a melhor forma para se evitar a tendenciosidade na seleção dos casos para a amostra. Assim, a seleção aleatória dos casos baseada na variável causal representa, sem dúvida alguma, o melhor desenho para compor as amostras – e, por isto, o avaliador deve envidar esforços para viabilizá-lo nas pesquisas qualitativas. Quando este tipo de desenho não for possível, dado o número muito pequeno de casos, não se deve forçar soluções. E aí a amostra intencional deve ser utilizada com os devidos cuidados.

Pressuposto básico a ser seguido: independência condicional. Estabelece que os valores atribuídos às variáveis explicativas devem ser independentes dos valores assumidos pelas variáveis dependentes. Na prática, porém, o avaliador não tem como manipular as variáveis explicativas; ele simplesmente as observa. Por exemplo, no caso da avaliação de impacto, a alocação das pessoas para os grupos do experimento e de controle nem sempre depende do crivo do avaliador; e, quando isto acontece, surge o problema do viés de seleção dos casos.

Evitar o viés de seleção dos casos da amostra, que pode gerar graves distorções, invalidando os resultados da avaliação, como mostra o exemplo, retirado de King, Keohane e Verba (1994):

> O exemplo mais óbvio é quando, conhecendo os resultados da pesquisa que gostaríamos de encontrar (confirmação da hipótese favorita), sutilmente ou às vezes nem tão sutilmente, selecionamos os casos que representam uma combinação de resultados para as variáveis independente e dependente, que dão suporte à nossa conclusão favorita. Suponha, por exemplo, que acreditemos que os investimentos dos norte-americanos nos países do terceiro mundo sejam a principal causa de violência interna. Então, selecionamos um grupo de países com investimentos significativos dos Estados Unidos e nos quais a violência interna seja alta; e um outro grupo de países onde não existam tais investimentos e nem violência. Existem outros países que ilustram outras combinações (como altos investimentos e nenhuma violência; ou baixos investimentos e muita violência), mas estes casos foram "convenientemente" deixados de fora da amostra.

Evitar o viés de seleção das variáveis. Se são excluídas variáveis relevantes, há risco de se incorrer em viés. Porém, se forem incluídas variáveis irrelevantes, corre-se o risco da ineficiência das estimativas. Ou seja, na seleção das variáveis de controle, o avaliador fica frente ao dilema: viés *versus* ineficiência e, *a priori*, o pesquisador, muitas vezes, não consegue identificar quais as variáveis candidatas a relevantes e a irrelevantes. E aqui surge o papel da teoria para iluminar na escolha das variáveis para o modelo, com seus conceitos e relações.

Evitar endogeneidade. A endogeneidade ocorre quando os valores assumidos pelas variáveis explicativas são conseqüência, ao invés de causa da variável dependente. Ou seja, são endógenas ou têm, pelo menos, um componente endógeno; ao invés de serem exógenas em sua totalidade, como seria de se esperar.

Elucidar as estimativas de erro. Na inferência causal, nunca podemos ter certeza, apenas indicação de probabilidade, caracterizando o chamado *Problema Fundamental da Inferência Causal*. A idéia subjacente é a de que, para termos certeza quanto aos efeitos de um dado programa social, seria preciso que o mesmo grupo de pessoas pudesse participar do programa e, ao mesmo tempo, pudesse não participar. Obviamente, isto não é possível. Apenas sob estas condições é que se poderia ter certeza quanto aos resultados do programa, pois dessa forma existiria garantia quanto à não-influência dos chamados fatores confundidores, relacionados ao viés de seleção e às mudanças endógenas.

Fonte: King, Keohane e Verba (1994).

Além desses cuidados metodológicos necessários, outro aspecto central na inferência causal com dados qualitativos diz respeito ao desenho e tamanho da amostra. Na pesquisa quantitativa, as amostras são, em geral, grandes e baseadas no critério da aleatoriedade, que é um recurso poderoso que possibilita um procedimento de seleção dos casos automaticamente não-correlacionado com as variáveis envolvidas na inferência causal. Ou seja, a seleção aleatória praticamente elimina o problema do viés de seleção dos dados.

Já na pesquisa qualitativa, as amostras são, em geral, pequenas e nem sempre a seleção aleatória é a estratégia mais apropriada (King, Keohane e Verba, 1994). Ou porque a seleção aleatória não é viável, pois não se tem claramente especificado o universo dos casos. Ou porque os avaliadores se recusam a correr o risco de deixar de fora da amostra casos relevantes, o que ocorreria se a seleção fosse aleatória. Assim, segundo estes avaliadores qualitativos, haveria um empobrecimento da análise se, no estudo das revoluções, não fosse incluída a Revolução Francesa. As amostras tendem a ser, pois, intencionais, baseadas no conhecimento *a priori* do avaliador sobre algumas variáveis relevantes, sejam elas dependentes ou independentes (explicativas).

Após estudar as várias possibilidades de desenho da amostra em inferência causal com dados qualitativos, King, Keohane e Verba (1994) concluíram que a melhor alternativa é a seleção aleatória com base na variável explicativa-chave (ou causal) sugerida pela teoria, deixando livre a variável dependente. Assim, somente durante a pesquisa, os valores para a variável dependente vão sendo encontrados, e aí a inferência causal vai sendo feita, a partir da distribuição dos resultados da variável dependente para cada uma das categorias da variável causal.

No que se refere ao tamanho da amostra, o critério da saturação teórica (Bauer e Aarts, 2002; Gaskell, 2002) tende a ser o mais indicado neste caso de inferência causal com dados qualitativos. Este critério pressupõe investigar as diversas representações sobre o objeto em questão a partir da segmentação conhecida do universo estudado, baseada nas variáveis sociodemográficas ou estratos sociais. Conforme a pesquisa de campo for avançando, o avaliador pode ir identificando novos ambientes sociais que devam ser investigados e/ou a necessidade de entrevistas adicionais. Vai chegar um momento em que a adição de novos estratos ou entrevistas passa a acrescentar muito pouco, ou quase nada, em termos de diferentes representações. Quando isso ocorre, diz-se que o *corpus* de análise está saturado, ou seja, o tamanho da amostra já está suficiente para entender a realidade social estudada e as relações de causalidade aí envolvidas.

Eficácia privada: inferência descritiva com dados qualitativos

Na avaliação da eficácia privada da ASE, busca-se identificar como o relacionamento da empresa com o *stakeholder* "comunidade" vem sendo percebido pelos demais *stakeholders* relevantes da empresa, e se essas percepções vêm correspondendo às expectativas descritas na literatura e/ou apresentadas pela empresa.

Como vimos, alguns autores e instituições acreditam que essas percepções sejam positivas, à medida que a ação social da empresa contribui para: aumentar o reconhecimento da empresa entre os seus consumidores; promover a imagem da empresa na sociedade como um todo; elevar a motivação e a produtividade dos empregados; promover sinergia entre as diversas áreas da empresa; tornar mais favoráveis as condições do contexto competitivo da empresa; superar obstáculos regulatórios; atrair o apoio dos governos; garantir o pertencimento da empresa à rede das empresas-pares que comungam da chamada "cultura da filantropia corporativa"; e garantir o fortalecimento do poder político da empresa (Wood, 1990; Smith, 1994; Himmelstein, 1997; Porter e Kramer, 2002; Peliano, 2000, 2001 e 2002; WBI, 2003).

É importante saber que essas percepções envolvem associações em níveis distintos. Por exemplo, o funcionário pode se sentir sensibilizado pela ação social da empresa, mas essa sensibilização pode não ser motivação suficiente para o trabalho na empresa, em face de outros fatores tidos como mais relevantes: salário, realização profissional, condições de trabalho etc. Por outro lado, há também a questão do fato e a versão do fato. Assim, o funcionário pode estar sendo sensibilizado pelo que é divulgado pela empresa sobre a ação social e não pelo que a ação social é de fato. Há que se discernir essas várias nuances da questão.

Para avaliar a eficácia privada da ação social empresarial, propomos a utilização da pesquisa qualitativa para, em caráter exploratório, proceder à inferência descritiva acerca das percepções dos demais stakeholders quanto ao relacionamento empresa/comunidade. A pesquisa qualitativa é a indicada, pois visamos explorar o espectro de pontos de vista entre os stakeholders acerca dessa questão; não se trata ainda de um tema suficientemente amadurecido para submetê-lo exclusivamente a um questionário com perguntas fechadas (Gaskell, 2002). Na inferência descritiva, utilizamos as informações que conhecemos para entender os fatos que não conhecemos, com o objetivo de distinguir o componente sistemático do não-sistemático ou aleatório (King, Keohane e Verba, 1994).

No caso da ASE, o importante é, a partir das falas dos entrevistados, identificar a percepção sistemática de cada grupo de stakeholder relevante acerca dos efeitos "indiretos" do relacionamento da empresa com o grupo em questão, isto é, a comunidade.

A percepção sistemática de cada grupo de stakeholder relevante em relação à ASE deverá ser decomposta nas categorias e subcategorias de análise da eficácia privada, relevantes para serem investigadas.

Propomos duas categorias de análise. A primeira busca identificar o nível de conhecimento que o grupo de stakeholder investigado tem acerca da ação social desenvolvida pela empresa. Na medida do possível, é desejável que se busque distinguir entre o fato em si (a ASE propriamente), e a percepção do fato (como a ASE é percebida pelos grupos de stakeholders).

A segunda categoria busca captar a percepção dos resultados dessa ação social. Isto deverá ser feito em três níveis (ou subcategorias) de análise: resultados para a comunidade, ou stakeholder-alvo; resultados para o relacionamento do próprio grupo de stakeholder com a empresa; e resultados percebidos para a empresa como um todo.

Propomos que essa segunda categoria seja trabalhada de duas maneiras: inicialmente, de modo totalmente livre, sem que o avaliador exerça qualquer tipo de direcionamento junto ao entrevistado. Em seguida, o avaliador deve fazer algumas perguntas direcionadas, para detectar suas percepções quanto aos benefícios gerados, conforme anunciado pela empresa e/ou previsto na literatura.

A seguir, apresentamos os principais passos a serem obedecidos para identificar as percepções dominantes de cada grupo de stakeholder da empresa acerca da ação social desenvolvida pela companhia. Estes passos deverão ser seguidos para cada grupo de *stakeholder* relevante identificado. A idéia é ouvir integrantes de cada grupo, sem interlocutores que falem por eles — como fizeram Maignan e Ferrell (2001) e Pinto e Lara (2003), que analisaram a relação entre cidadania corporativa e lealdade dos clientes/comprometimento dos funcionários, a partir de entrevistas com os dirigentes das empresas.

▼ **Etapa 1:** identificar, a partir dos critérios da empresa, quais são os grupos de *stakeholders* considerados relevantes para serem pesquisados.

▼ **Etapa 2:** em cada grupo, selecionar uma amostra dos seus membros para ser entrevistada.

   ▼ Segmentação do universo a ser pesquisado — por se tratar de um tema novo e não termos, de antemão, conhecimento dos ambientes sociais relevantes para a segmentação do universo a ser pesquisado (isto é, como segmentar cada grupo de *stakeholders* da empresa, em função das diferenças de percepção acerca da ação social empresarial), a opção tradicional é usar as variáveis-padrão sociodemográficas conhecidas: sexo, idade, atividade ocupacional, nível de renda, religião etc. (Gaskell, 2002; Bauer e Aarts, 2002).

   ▼ Critério de seleção dos componentes em cada segmento do universo pesquisado — como o objeto de investigação é o exame do critério da eficácia, pressupõe-se que estejam em julgamento situações de sucesso/não-sucesso. Daí por que voltamos a enfatizar o critério da aleatoriedade, mesmo tratando-se de pesquisa qualitativa, como pré-requisito fundamental para a seleção dos componentes da amostra, para evitar o *viés* de seleção dos casos (*bias selection*) e garantir a validade dos resultados encontrados. É importante deixar claro que a amostra será aleatória, porém não representativa. A esse respeito, vale o alerta de Bauer e Aarts (2002) de que "apenas uma amostragem representativa de opiniões permitirá descrever conclusivamente a distribuição de opiniões. Neste sentido, a construção do 'corpus' ajuda a tipificar representações desconhecidas, enquanto em contrapartida a amostragem representativa descreve a distribuição de representações já conhecidas na sociedade. Ambos os racionais devem ser distinguidos com cuidado a fim de evitar confusão e conclusões falsas".

   ▼ Tamanho da amostra — em pesquisa qualitativa, o tamanho da amostra é definido, na maior parte das vezes, pelo critério da saturação teórica. O tamanho da amostra deve levar em conta também a limitação de recursos financeiros e de tempo envolvidos na pesquisa, além, é claro, da capacidade de análise do avaliador, sob pena de gerar "porões de dados" — isto é, materiais interessantes coletados mas nunca de fato analisados (Bauer e Aarts, 2002; Gaskell, 2002).

▼ **Etapa 3:** coleta dos dados. A análise dos resultados deverá ser feita segundo as grandes categorias (conhecimento da ASE e resultados da ASE) e as subcategorias consideradas para cada grupo de *stakeholder* da empresa.

Parte III

Estudo de caso: avaliação da eficácia pública (EP) da ação social da Xerox

5. Identificação do campo: o programa social da Xerox

Por que a Xerox foi selecionada para ser o estudo de caso?

A Xerox foi selecionada para ser o nosso estudo de caso por vários motivos. Primeiro, o tipo de ação social que a empresa desenvolve é um dos mais completos na tipologia da ação social corporativa. Segundo, a Xerox atendeu a todos os requisitos definidos *a priori* para a seleção da empresa do estudo de caso. E, terceiro, um dos mais importantes projetos sociais da Xerox, a Vila Olímpica da Mangueira, conquistou notoriedade nacional e internacional e, daí, o nosso interesse em poder avaliar um caso tido como de sucesso.

A partir da tipologia que propusemos no capítulo 3, podemos classificar a ação social da Xerox como um dos tipos mais completos de ação social corporativa. Ela é uma ação programática estruturada; coordenada por um instituto especialmente criado para conduzir a ação social da empresa; que é de longo prazo e em parceria com o governo/outras empresas/entidades do terceiro setor; e está concentrada, segundo o número de projetos e o número de locais de sua atuação. Ao considerarmos a ação social da Xerox como nosso estudo de caso, poderemos estar contribuindo também para iluminar muitos outros casos de empresa com ação social, cujos modelos de avaliação sejam mais parcimoniosos.

Passando ao segundo motivo que nos levou à seleção da Xerox, devemos lembrar que, ainda em fase de projeto de tese, havíamos definido alguns pré-requisitos para a seleção da empresa para o nosso estudo de caso único: ter ação social estruturada, isto é, com objetivos claramente definidos para todos os seus projetos — caso contrário, não haveria parâmetros para julgar o sucesso, ou não, dessa ação; desenvolver ação social estruturada há pelo menos quatro anos — caso contrário, os resultados dessa ação ainda se encontrariam em fase muito incipiente para serem julgados; tanto a sede da empresa, quanto a principal região-objeto de sua ação social deveriam estar localizadas no estado do Rio de Janeiro, de preferência no município do Rio de Janeiro — caso contrário, dificultaria a realização da pesquisa de campo; ter interesse nos resultados da pesquisa e contribuir para o desenvolvimento desta metodologia — caso contrário, não permitiria nem facilitaria o acesso aos atores relacionados à sua ação social.

Antes de visitar a Xerox, analisamos a possibilidade de seleção de duas outras empresas para o estudo de caso. Na primeira, de capital nacional, o presidente mostrou ter muito interesse em nossa proposta de pesquisa pois era um entusiasta da ação social, vista como um desdobramento natural da estratégia de responsabilidade social da empresa. Porém, a ação social estava em fase muito inicial — de implementação — e partir para um processo de avaliação de resultados, naquele momento, seria prematuro e pouco consistente.

Na segunda empresa, de capital estrangeiro, a equipe do Departamento de Relações Comunitárias, responsável pela condução da ação social corporativa, demonstrou interesse em ser o nosso estudo de caso. Aí, ao contrário, a prática da ação social já estava incorporada à cultura da empresa há muitos anos, desde que veio para o Brasil. Ou seja, o tempo para maturação da ação social não foi problema. O principal empecilho encontrado foi a não-permissão para disponibilização de qualquer tipo de valor financeiro relacionado à ação social e à empresa por tratar-se de "questão de política da organização como um todo, de orientação geral". Com isto, não teríamos acesso a dados fundamentais para a pesquisa, como valores despendidos pela empresa na ação social em geral e em cada projeto em particular.

A Xerox foi, portanto, a terceira empresa contatada. A partir da primeira entrevista, identificamos que a Xerox se adequava aos pré-requisitos que havíamos estabelecido para a seleção do estudo de caso, e também que estaria de *portas abertas* para *incubar* este tipo de pesquisa.

Por último, o que nos atraía para o estudo da Xerox era o tão propalado sucesso da Vila Olímpica da Mangueira. O projeto esportivo vem sendo patrocinado, desde o princípio, exclusivamente pela Xerox. O programa social da Mangueira é considerado internacionalmente como o melhor programa social implementado em países do Terceiro Mundo (Prêmio BBC — British Broadcasting de Londres, 1993 e 1997). Até o então presidente dos Estados Unidos, Bill Clinton, quis conhecê-lo, em sua visita ao Brasil em 1997.

Será que a ação social da Xerox poderia ser considerada este caso de sucesso junto à comunidade? E quais os efeitos que ela vinha tendo junto à própria empresa? Foi com essa proposta de aplicação desafiante para a nossa metodologia de avaliação, que iniciamos o estudo da ação social da Xerox.

Para orientar o leitor a situar a ação social da Xerox no contexto da empresa e do programa social da Mangueira, apresentamos na figura, de modo esquemático, os principais atores dessa "história Xerox". A empresa Xerox do Brasil cria, em 1996, o Instituto Xerox, que passa, a partir de então, a coordenar o programa social da Xerox, ou a ação social da Xerox, que já existia desde 1987. Por sua vez, também em 1987, a escola de samba da Mangueira dá início ao programa social da Mangueira, contando, desde o princípio, com a parceria da Xerox.

Importante ressaltar que o foco da nossa análise para a avaliação da eficácia pública (EP) da ação social da Xerox foram dois projetos: o Projeto Olímpico e o Projeto Camp, que, em sentido figurado, podemos dizer que estão situados na interseção entre o programa social da Xerox e o programa social da Mangueira. Obviamente que, para fins da avaliação da eficácia pública da ação social da Xerox no Brasil, o ideal seria termos trabalhado com todos os projetos que compõem o programa social da empresa. No entanto, ou porque uns estão fora do Rio de Janeiro ou porque outros são bem recentes, tivemos que restringir a nossa análise a estes dois projetos, tidos como os mais importantes e antigos apoiados pela empresa.

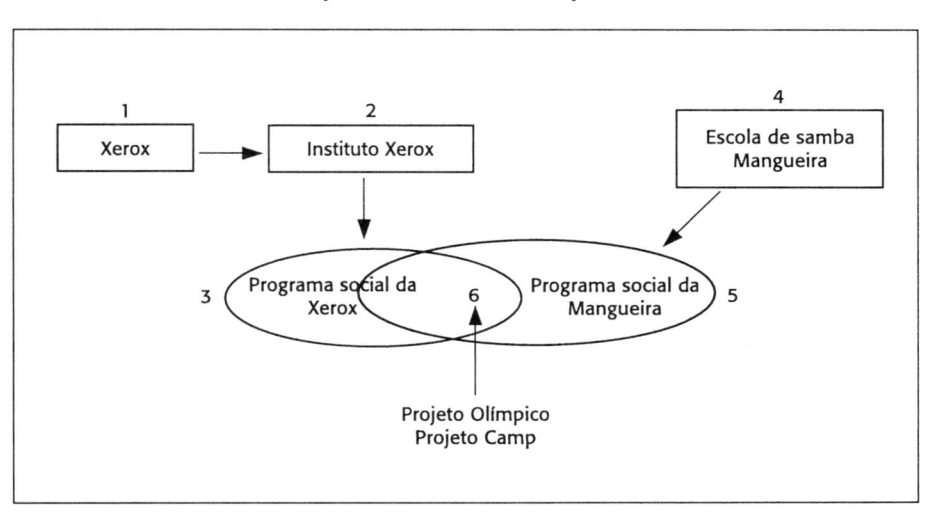

Ação social da Xerox: principais atores do estudo de caso no que se refere à eficácia pública

```
    1                    2                                    4
  Xerox  ──────▶  Instituto Xerox                     Escola de samba
                         │                                Mangueira
                         ▼                                    │
         ┌───────────────────────────────────────────────┐   │
         │      ╭─────────────────╮  ╭─────────────────╮ │◀──┘
       3 │     ( Programa social    6  Programa social  ) 5
         │     (    da Xerox    )  (   da Mangueira  ) │
         │      ╰─────────────────╯  ╰─────────────────╯ │
         └───────────────────────────────────────────────┘
                              │
                       Projeto Olímpico
                        Projeto Camp
```

Como surgiu a ação social na Xerox?

A Xerox foi fundada no Brasil em 1965. Até 1986, a ação institucional da empresa em prol da comunidade estava baseada em patrocínios. Patrocinava eventos esportivos voltados para a competição, como a Copa Sul-América de Golfe, a Copa Xerox de Hipismo e as regatas internacionais, como a Sydney/Rio em 1982. Como podemos ver, "comunidade" não tinha aqui o conteúdo social que tem hoje e estava relacionada sobretudo a potenciais clientes para a empresa.

Foi a partir de 1982 que a Xerox começou a desenvolver suas primeiras ações sociais, atuando junto a comunidades carentes. Esta prática solidária teve início na Mangueira, de maneira bastante informal, a partir de iniciativa surgida entre os próprios funcionários da empresa. Como explicou João Carlos Quintanilha, ex-funcionário da Xerox e atualmente presidente do Camp Mangueira:

> Por volta de 1982, eu era gerente de recursos humanos e o Monteiro era gerente de marketing. Desfilávamos em uma ala da escola de samba da Mangueira. Vendo a dificuldade da Inalda, que era a presidente da nossa ala no desfile, para terminar a construção do seu barraco, passamos uma rifa junto aos funcionários das nossas equipes na Xerox. Conseguimos vender em torno de 300 rifas. Fomos transferindo para ela, aos poucos, o dinheiro arrecadado, e, dessa forma, conseguimos financiar a construção do barraco dela.

Já em 1987, os então gerentes da Xerox, Monteiro (de marketing) e Quintanilha (de recursos humanos), que já vinham contribuindo individual e voluntariamente na comunidade por meio de doação de cestas de alimentos e uniformes de futebol para os torneios das crianças, solicitaram à direção da empresa o apoio financeiro para o projeto esportivo da Mangueira, ora em fase de gestação. Foram atendidos. Nascia, então, a parceria entre a empresa Xerox e a comunidade da Mangueira, por meio de sua escola de samba.

Os mentores deste projeto foram, naquela época, o presidente da escola de samba, Carlos Alberto Dória, e o então professor de educação física, Francisco de Carvalho, conhecido como Chiquinho da Mangueira. Foram eles os responsáveis pela *costura* das parcerias que deram origem à Vila Olímpica da Mangueira e ao programa social da Mangueira no seu todo. Como lembra o Chiquinho da Mangueira (*Revista Mangueira*, 2002):

> Um dia, eu e o Carlos Dória estávamos na quadra e ficamos olhando aquele terreno abandonado, do outro lado da linha férrea, que servia como depósito de lixo. Já tínhamos muitas crianças praticando futebol, futebol de salão, vôlei e atletismo numa área pequena, embaixo do Viaduto Cartola. Precisávamos de mais espaço para expandir os cursos e aceitar mais alunos. Aí, as coisas começaram a andar rápido. Pedimos o tal terreno à Rede Ferroviária Federal; um grupo de funcionários da Xerox que saía numa ala nos desfiles da Mangueira se empolgou com o projeto e, quase ao mesmo tempo a Vila Olímpica saía do papel.

Podemos dizer que o projeto da Vila Olímpica da Mangueira surgiu como fruto da parceria entre o governo federal (governo Sarney), que cedeu o terreno; o governo estadual (governo Moreira Franco), que construiu toda a infra-estrutura do pólo esportivo em seus 30 mil metros quadrados; e a Xerox, responsável pelo funcionamento propriamente da Vila Olímpica, isto é, pela aquisição dos materiais esportivos, conservação do espaço, alimentação dos participantes e o pagamento dos técnicos e professores.

Não há dúvidas quanto ao papel social de uma "vila olímpica" em uma comunidade de baixa renda. Ela representa uma opção de lazer, de desenvolvimento físico e saudável, e sobretudo de ocupação prazerosa do tempo livre para as crianças e jovens da comunidade. Por outro lado, é importante ter claro também os limites dessa estratégia de política social, conforme reconhece João Carlos Quintanilha, um dos mentores da parceria Xerox-Mangueira:

> Muitas vezes se diz que o esporte é a solução para o problema social. Não é. Ou melhor, nem sempre. O esporte de competição é, por si, elitista. Os projetos olímpicos têm que buscar talentos para competir. Só assim, eles ganham visibilidade. No caso da Vila Olímpica da Mangueira, que é federada, ela tem que ter atletas para competir com times como Vasco, Flamengo e outros times do Brasil e do mundo nas várias modalidades.

Depois do Projeto Olímpico, a parceria da Xerox com o Grêmio Recreativo Escola de Samba Estação Primeira de Mangueira continuou crescendo. Desde 1988, a Xerox se colocou ao lado da *Tia Alice*, figura legendária da Mangueira e idealizadora do projeto

Círculo dos Amigos do Menino Patrulheiro, o Camp Mangueira. O objetivo do projeto é gerar oportunidades de educação para o mercado de trabalho para adolescentes entre 14 e 17 anos de idade, por meio de cursos de treinamento e de estágios nas empresas conveniadas. Além de ser uma das muitas empresas conveniadas que oferecem estágios aos jovens patrulheiros, a Xerox tem estado sempre à frente na coordenação dessa iniciativa. Tanto que, desde o início, Quintanilha (funcionário da Xerox até 1999) ocupou a vice-presidência do Camp e agora, por motivos de doença da Tia Alice, assumiu a presidência.

Em 2001, a Xerox assumiu o patrocínio de um projeto cultural na comunidade, a Casa das Artes da Mangueira. Em parceria com a Prefeitura do Rio de Janeiro, através da Lei de Incentivo à Cultura,[10] este projeto está voltado para a expressão artística dos jovens da Mangueira, "buscando desenvolver todo o potencial de abrangência da ação cultural naquela comunidade. A Casa das Artes consolida a iniciativa da Xerox em investir em ações culturais com propósitos de desenvolvimento social" (Casa das Artes da Mangueira, 2001).

Em 2002, o Instituto Xerox iniciou uma nova parceria com o morro da Mangueira, ao apoiar o Projeto Cultural Cartola, ora em fase de implantação. Inspirado na memória do compositor Cartola, tão querido na comunidade, o projeto visa dar opções de atividades artísticas na comunidade, sobretudo música e dança.

O Instituto Xerox

O Instituto Xerox foi criado em 1996, com o objetivo de concentrar e promover as várias iniciativas de ação social da empresa no Brasil.

Interessante observarmos que o estatuto social do instituto não faz referência a essa vinculação direta entre o instituto e a empresa. Um leitor desavisado do referido estatuto seria levado a concluir que, de comum entre a empresa e o instituto, haveria apenas o nome e o endereço, já que ele está localizado no edifício-sede da empresa. Mencionaremos, no quadro 7, alguns artigos do estatuto, que corroboram essa constatação.

Esses artigos do estatuto mostram que, de fato, o Instituto Xerox é uma associação sem fins lucrativos, com objetivos e fontes de receita definidos de modo amplo e genérico, e aberta a receber novos sócios, na condição de titulares. Mas evidencia também uma particularidade dessa associação, que é a distinção feita entre os sócios — as categorias de fundadores e de titulares, sendo que apenas aos primeiros é concedido o poder de decisão.

---

[10] Na cidade do Rio de Janeiro, por força da Lei Municipal nº 1.940, de 31 de dezembro de 1992, regulamentada pelo Decreto nº 12.077, de 27 de maio de 1993, o contribuinte (pessoa jurídica) foi autorizado a abater, diretamente do imposto sobre serviços (ISS) a pagar, os recursos que aplicar em projetos culturais, até o limite de 20% do imposto devido (Szazi, 2001).

Quadro 7
Estatuto Social do Instituto Xerox

Art. 1º — Sob a denominação de Instituto Xerox reger-se-á esta associação civil, sem finalidades lucrativas.

(...)

Art. 3º — Os objetivos do Instituto são exclusivamente culturais, científicos, artísticos, educacionais, sociais, esportivos, beneficentes, de pesquisas e assistenciais, podendo, ainda, o Instituto promover e praticar todos os atos inerentes e conducentes a esses fins, bem como realizar qualquer atividade a eles relacionada, angariando e administrando os seus fundos com o intuito de atingir seus objetivos.

(...)

Art. 5º — A manutenção do Instituto e seu patrimônio se farão por receitas constituídas de:

a) contribuição de sócios;

b) doações, legados, auxílios, direitos ou créditos e outras aquisições proporcionadas por quaisquer pessoas físicas ou jurídicas, públicas e privadas, nacionais ou estrangeiras;

c) eventuais rendas provenientes de bens ou contratos de serviços e de licenciamentos;

d) subvenção dos poderes públicos federal, estadual e municipal;

e) contribuições de bens móveis e imóveis;

f) receitas de patrocinadores de eventos promovidos pelo Instituto, de que este faça parte ou não;

g) quaisquer outras receitas decorrentes de atos lícitos e compatíveis com a finalidade do Instituto e com este Estatuto Social.

Art. 6º — Serão sócios do Instituto, qualquer pessoa, física ou jurídica, nacional ou estrangeira, que se propuser a contribuir para a consecução de seus objetivos, satisfeitas as condições de admissão, de competência da Assembléia Geral, à sua discrição.

Art. 7º — O quadro social é dividido em duas categorias:

(1) Sócios Fundadores, aqueles que participaram dos atos de constituição do Instituto;

(2) Sócios Titulares, que forem posteriormente admitidos, nos termos deste Estatuto.

(...)

Art. 14º — O Instituto será administrado por uma Diretoria constituída de no mínimo duas ou mais pessoas físicas, todos residentes no país, eleitos pelos Sócios Fundadores em Assembléia Geral. Um Diretor será designado Diretor-Presidente e os demais não terão designação específica.

Art. 15º — O mandato da Diretoria será exercido por delegação dos fundadores da sociedade e será exercido até que sejam reeleitos novos diretores através de Assembléia Geral, podendo qualquer de seus membros ser reeleito.

(...)

Art. 23º — A Assembléia Geral dos Sócios Fundadores, legalmente constituída e instalada, é o órgão supremo do Instituto, podendo resolver todos os negócios e tomar quaisquer deliberações, inclusive a de modificar o presente Estatuto.

Parágrafo único — Somente terão direito a voto nas Assembléias Gerais os Sócios Fundadores, sendo assegurado aos Sócios Titulares o direito de delas participar, mas sem direito a voto.

Fonte: <www.gkls.xerox.com/instituto/organizacao_est.htm> (acesso em 3 out. 2002).

Como está constituído o quadro de sócios do Instituto Xerox? Em outras palavras: quem são os seus sócios fundadores? E os seus sócios titulares?

Conforme nos foi explicado, na realidade esta distinção não existe. Na história do Instituto Xerox, o quadro da diretoria tem sido sempre preenchido exclusivamente por diretores da empresa.

Embora o estatuto não mencione qualquer vinculação entre o Instituto Xerox e a Empresa Xerox, eles mantêm entre si um relacionamento muito próximo e imbricado. As definições para a visão e a missão do Instituto Xerox confirmam o relacionamento tão estreito. A impressão que temos é a de que são dois entes jurídicos, porém apenas um ente organizacional.

> **Visão:** O Instituto Xerox pretende que a Xerox seja percebida pelos diferentes segmentos da sociedade brasileira como uma empresa padrão quanto ao cumprimento das suas responsabilidades sociais, notadamente aquelas ligadas à educação em comunidades menos favorecidas.
>
> **Missão:** Consolidar e sustentar a imagem da Xerox como empresa cidadã e responsável, através de projetos próprios ou de apoio a projetos de terceiros, nas áreas de educação complementar e de preservação do meio ambiente, desde que tais projetos demonstrem total comprometimento com os valores culturais e as aspirações maiores da sociedade brasileira.
>
> (<www.gkls.xerox.com/instituto/missao.htm>, acesso em 3 out. 2002)

Como podemos perceber, há uma vinculação explícita entre a ação social conduzida pelo instituto e a imagem da empresa Xerox. Ou seja, em sentido figurado, o instituto funciona como o *braço social* da empresa. Além do mais, a ação social conduzida pelo instituto é vista como uma das dimensões da responsabilidade social corporativa, aquela voltada para o atendimento das comunidades menos favorecidas.

Fica claro que o Instituto Xerox verbaliza duplo compromisso: com a empresa, na promoção de sua imagem como empresa cidadã junto aos "diferentes segmentos da sociedade brasileira"; e com as comunidades menos favorecidas, na promoção do desenvolvimento social. Essa constatação só reforça a adequação da nossa proposta metodológica de avaliação da ação social empresarial, que adota o critério da eficácia sob estas duas óticas, a privada e a pública.

O programa social da Xerox

No que diz respeito ao programa social da Xerox, podemos identificar duas grandes linhas de atuação: a do apoio institucional a projetos sociais; e a do estímulo ao trabalho voluntário entre os funcionários da empresa.

O foco do programa é o atendimento às comunidades de baixa renda, na área de educação complementar, com ênfase em esporte e cultura. Portanto, um enfoque de "comunidade" bastante distinto daquele que foi adotado na Xerox até 1986, baseado no patrocínio de esportes sofisticados. Para o diretor do Instituto Xerox e diretor de Assuntos

Corporativos da Xerox, José Pinto Monteiro, esta ênfase em esportes e cultura pode ser justificada pelo fato de que

> a prática esportiva e as atividades culturais atraem demais as crianças e os adolescentes, influenciando em seu desempenho na escola. Praticar esportes é saudável e o acesso à cultura estimula a vontade de estudar, a busca por informação e a multiplicação do conhecimento. Acreditamos que esse tipo de projeto é capaz de transformar as pessoas e a nossa sociedade.

O quadro 8 sintetiza os principais aspectos relacionados a estas duas dimensões do programa social da Xerox, em sua configuração de 2002. A dimensão "projetos sociais apoiados institucionalmente" foi dividida em quatro áreas-fim: comunidade (quatro projetos), cultura (quatro projetos), educação (quatro projetos) e meio ambiente (dois projetos). Já a dimensão "apoio ao trabalho voluntário dos seus funcionários" engloba dois tipos de iniciativas, o "Programa de Envolvimento com a Comunidade — PEC" e as Células de Solidariedade.

Quadro 8
Programa social da Xerox: sua configuração em 2002

Projeto	Objetivo/Parcerias	Local de abrangência	Início	Público atendido no ano
Projetos sociais apoiados institucionalmente				
Área: comunidade				
▼ Projeto Olímpico Mangueira/ Xerox	Promover o desenvolvimento físico, psicossocial e recreativo da comunidade infanto-juvenil da Mangueira, através do esporte.[1] Em parceria com o GRES Estação Primeira de Mangueira.	Rio de Janeiro Mangueira	1987	1.500 crianças e jovens (8 a 17 anos de idade)
▼ Espaço de Cultura Digital (no Camp Mangueira)	Proporcionar aos professores, estudantes, atletas da Vila Olímpica, moradores e comerciantes da comunidade da Mangueira a oportunidade de acessarem gratuitamente a Internet e realizarem pesquisas na rede. Em parceria com o GRES Estação Primeira de Mangueira.	Rio de Janeiro Mangueira	2000	2.200 pessoas por mês
▼ Projeto Olímpico Crianças do Parque	Promover o desenvolvimento físico, psicossocial e recreativo de crianças e adolescentes dos morros do Pau da Bandeira e dos Macacos. Isso se dá através de "escolinhas" de esporte e de reforço escolar. Em parceria com a ONG Crianças do Parque.	Rio de Janeiro Morros do Pau da Bandeira e dos Macacos (Vila Isabel)	2000	220 crianças e adolescentes (6 a 14 anos de idade)

continua

Projeto	Objetivo/Parcerias	Local de abrangência	Início	Público atendido no ano
▼ Projeto Olímpico Manaus	Desenvolver física e psicossocialmente jovens com idade de 13 a 19 anos, da comunidade de Manaus e adjacências, através do atletismo. Em parceria com a Confederação Brasileira de Atletismo — CBAT/Manaus.	Manaus	1996	n.d.

Área: cultura

Projeto	Objetivo/Parcerias	Local de abrangência	Início	Público atendido no ano
▼ Casa das Artes da Mangueira	Desenvolver projetos pedagógicos para a formação artística dos jovens moradores da Mangueira, capazes de valorizar a produção cultural local e situá-la no debate cultural da sociedade brasileira como um todo. Não é em parceria com o GRES Estação Primeira de Mangueira, e sim com a Moledo Produções e Consultoria, empresa de arte e cultura com enfoque social. Tem apoio da Prefeitura do Rio de Janeiro, através da Lei de Incentivo à Cultura (abatimento do valor doado em até 20% do ISS devido).	Rio de Janeiro Mangueira	2000	300 jovens
▼ Centro Cultural Cartola	Promover a construção da cidadania pela arte, tendo como referência o exemplo de Cartola. Não é em parceria com o GRES Estação Primeira de Mangueira. Coordenado pelos netos do compositor Cartola. Tem apoio da Prefeitura do Rio de Janeiro, através da Lei de Incentivo à Cultura (abatimento do valor doado em até 20% do ISS devido).	Rio de Janeiro Mangueira	2001	Não iniciou as atividades. Fase de implantação.
▼ Biblioteca Reprográfica da Xerox (A evolução tecnológica permitiu a migração do conteúdo da Biblioteca Reprográfica para o suporte digital — Biblioteca Digital)	Apoiar trabalhos que, apesar do mérito, não despertam o interesse das editoras convencionais. Dessa forma, reedita títulos esgotados, publica obras inéditas e valiosos trabalhos de pesquisa. As publicações são distribuídas gratuitamente para bibliotecas, pesquisadores e universidades. Sem parceria.	Rio de Janeiro	n.d.	n.d.

continua

Projeto	Objetivo/Parcerias	Local de abrangência	Início	Público atendido no ano
▼ Oficinas Culturais da Casa do Zezinho	Propiciar, a crianças e adolescentes carentes da comunidade do Parque Maria Helena na Zona Sul da cidade de São Paulo, a vivência de atividades artísticas de grande força motivadora e regeneradora, estimulando a capacitação e a formação de cidadãos produtivos. Em parceria com a Cooperativa Educacional e Assistencial Casa do Zezinho. Tem apoio da Prefeitura de São Paulo, através da Lei de Incentivo à Cultura (abatimento do valor doado em até 20% do ISS devido).	São Paulo Comunidade do Parque Maria Helena	1999	400 crianças e jovens (de 6 a 18 anos de idade)
Área: educação				
▼ Camp Mangueira (Círculo dos Amigos do Menino Patrulheiro da Mangueira)	Dar, aos adolescentes moradores da Mangueira e adjacências, a oportunidade de conquistarem sua cidadania através da educação profissional. Os adolescentes recebem cursos de treinamento durante quatro meses e, depois, são encaminhados para estágio nas empresas conveniadas. Em parceria com o GRES Estação Primeira de Mangueira. O projeto, no seu todo, é auto-suficiente.[2] O Camp Mangueira é um dos 17 Camps do estado do Rio de Janeiro que, juntos, formam a Aperj — Associação de Patrulheirismo do Estado do Rio de Janeiro.[3]	Rio de Janeiro Mangueira	1988	1.050 adolescentes (de 14 a 17 anos de idade)
▼ Comitê para Democratização da Informática	Promover a inclusão social de populações menos favorecidas, utilizando a tecnologia da informação como um instrumento para a construção e o exercício da cidadania.[4] Em parceria com o CDI. A Xerox é uma das empresas mantenedoras.	RJ	2000	3.500 alunos do CDI no Rio de Janeiro
▼ Junior Achievement	Despertar o espírito empreendedor nas crianças e adolescentes atendidos por seus programas (em escolas privadas, públicas e projetos especiais, da 5ª série do ensino fundamental ao 1º ano do ensino universitário).[5] Em parceria com a Junior Achievement, ONG de origem norte-americana — a Xerox está classificada, no projeto, entre as "empresas que enxergam longe".	RJ	2001	6 mil crianças e adolescentes apoiados pelo projeto no estado do Rio de Janeiro

continua

Projeto	Objetivo/Parcerias	Local de abrangência	Início	Público atendido no ano
▼ Vestibular Social	Objetivo: n.d. Em parceria com a UFF.	RJ	2001	n.d.

Área: meio ambiente

Projeto	Objetivo/Parcerias	Local de abrangência	Início	Público atendido no ano
▼ Projeto Recicla	Separar o lixo em todas as operações da Xerox no Brasil (alumínio, ferro, papel, plástico e vidro), encaminhá-lo para as empresas recicladoras e aplicar o dinheiro arrecadado em projetos de educação ambiental. Sem parceria.	Brasil	n.d.	n.d.
▼ Projeto Envolvimento com a Comunidade	Conscientizar a comunidade do entorno da fábrica da Xerox em Manaus para os cuidados necessários com o lixo, informando sobre os danos causados à saúde e ao meio ambiente, incentivando a coleta seletiva do lixo, de modo a possibilitar atividades terapêuticas, e proporcionando alternativa de melhoria da renda familiar. O lixo reciclado é cedido para 47 instituições que desenvolvem oficinas de artesanato. Sem parceria.	Manaus (entorno da fábrica)	n.d.	n.d.

Apoio ao trabalho voluntário dos seus funcionários

Projeto	Objetivo/Parcerias	Local de abrangência	Início	Público atendido no ano
▼ Programa de Envolvimento com a Comunidade — PEC	Orientar e apoiar os empregados que "queiram" atuar em ações comunitárias. A partir de iniciativas dos funcionários, que apresentam projetos sociais à Xerox, a empresa entra como parceira do governo e de entidades sem fins lucrativos nestes projetos, em que seus funcionários já trabalham como voluntários. Atualmente, em fase de declínio, sendo substituído pelas Células de Solidariedade.	Brasil	1994 Em fase de declínio.	n.d.
▼ Células de Solidariedade	Coordenar e promover atividades de apoio comunitário, despertando nos empregados da Xerox o sentimento de humanidade e a consciência do direito de todos à cidadania, incentivando a participação das pessoas para a contribuição social.	Brasil	1996	n.d.

Fontes: <www.gkls.xerox.com/instituto>, acesso em 3 out. 2002; Xerox (2002).
Obs.: n.d. = não disponível. [1] Objetivo extraído do projeto apresentado ao Prêmio da Câmara Árabe de Comércio, 2001 (a Xerox ganhou o prêmio); [2] As empresas conveniadas ao Camp Mangueira (em torno de 200 atualmente), ao contratar os serviços dos jovens aprendizes, pagam uma taxa percentual (de 25% sobre o salário deles) para a manutenção das atividades do Camp; [3] Monteiro é atualmente presidente da Aperj; [4] <www.cdi.org.br>; [5] <www.jarj.org.br> (o Ciep – Nação Mangueirense e o Camp Mangueira estão respectivamente entre uma das escolas públicas e um dos projetos especiais atendidos pelo Junior Achievement).

No que se refere à primeira dimensão do programa, o papel da Xerox está relacionado sobretudo ao apoio financeiro, que é concedido às organizações sociais do terceiro setor, que concebem e gerenciam os projetos. A formalização da parceria entre a Xerox e as instituições responsáveis pelos projetos (que estão mencionadas na coluna 2) viabiliza o repasse dos recursos.

Exceção ao esquema das parcerias, nessa primeira linha de ação, são os dois projetos de meio ambiente e o projeto "Biblioteca Reprográfica/Digital", da área de cultura. Além do apoio financeiro, foi a própria Xerox que os idealizou e segue gerenciando. Também no caso do projeto Camp Mangueira, a Xerox exerce, desde o início, importante papel de coordenação, sendo chamada de "empresa-madrinha".

Em 2002, a dotação orçamentária total do Instituto Xerox para a dimensão "projetos sociais apoiados institucionalmente" foi de R$ 2,5 milhões, tendo sido R$ 1,9 milhão com recursos próprios e R$ 600 mil com recursos incentivados. Basicamente, foi na área da cultura que a Xerox fez uso de incentivos fiscais, em âmbito municipal, para financiar os seus projetos sociais — as leis municipais, tanto do Rio de Janeiro quanto de São Paulo, permitem abater até 20% do ISS (imposto sobre serviços) e do IPTU (imposto predial e territorial urbano) devidos aos recursos aplicados em projetos culturais.

O Projeto Olímpico Mangueira/Xerox foi até hoje, sem dúvida alguma, o projeto-âncora entre os projetos sociais apoiados institucionalmente pela Xerox. Em 2002, o Instituto Xerox aplicou R$ 1,2 milhão no projeto, o que representou 63% dos recursos próprios aplicados pela companhia em seus projetos sociais.

Depois do Projeto Olímpico da Mangueira, o Projeto do Círculo dos Amigos do Menino Patrulheiro da Mangueira ocupa a segunda posição como *menina dos olhos* dos projetos apoiados institucionalmente pela Xerox. No entanto, o montante investido pelo Instituto Xerox neste projeto — R$ 24 mil em 2002 — não faz jus a essa posição, porque este é um projeto *inteligentemente* auto-sustentável: são as próprias empresas conveniadas que, ao contratar estagiários treinados pelo Camp Mangueira, pagam uma taxa para a sua manutenção, em torno de 25% do salário pago aos adolescentes.

Além dos 14 projetos sociais apoiados institucionalmente pela Xerox, existem também os que já *perderam* o apoio da Xerox. Um deles é o Projeto Olímpico USP (Universidade de São Paulo)/Xerox iniciado em 1992, com a parceria da Xerox descontinuada em 1998. A principal razão para essa interrupção foi o desvirtuamento da clientela atendida. Concebido para atender aos jovens da rede de escolas públicas próximas ao *campus* da USP, acabou voltado para os alunos da USP e os filhos dos seus funcionários. O foco social do projeto foi perdido, em favor dos jovens de classe média.

Como bem colocou Heitor Chagas, que antecedeu Monteiro na Diretoria de Assuntos Corporativos da Xerox, o caso do Projeto Olímpico USP/Xerox ilustra o fato "da Xerox ter conseguido não se tornar refém do projeto social que patrocinava". Ele foi além na argumentação ao alertar que,

> para que qualquer empresa possa sempre se precaver de risco, o contrato é instrumento fundamental. E tem que ser muito bem feito; todos os objetivos da empresa, ao financiar um projeto, têm que estar lá previstos. E depois, há sempre que se vincular a metodologia de avaliação às cláusulas do contrato.

Outro projeto social que teve descontinuada sua parceria com a Xerox foi a Fábrica de Esperança de Acari (RJ), voltado para a oferta de cursos profissionalizantes a jovens daquela comunidade, uma das mais carentes do subúrbio carioca. As razões para a interrupção da parceria foram "as ameaças do tráfico, que inviabilizaram o projeto".

No que se refere à segunda dimensão do programa social da Xerox, o papel da Xerox está voltado para estimular e coordenar iniciativas do trabalho voluntário entre seus funcionários. Em 1994, teve início o Programa de Envolvimento com a Comunidade (PEC), dotado de uma orientação fortemente institucional. E, em 1996, surgiram as primeiras Células de Solidariedade, como iniciativas voluntárias e espontâneas que foram brotando entre grupos de funcionários da empresa, espalhados por todo o país.

Atualmente, ambas as iniciativas de trabalho voluntário convivem na empresa, com a diferença de que a primeira (PEC) encontra-se em fase de declínio, e a segunda em fase de expansão. Quanto à distinção entre PEC e Células de Solidariedade, Quintanilha, funcionário da Xerox até 1999, dá a seguinte explicação:

> O PEC é institucional: o funcionário "traz" o projeto social para a empresa, que avalia a possibilidade de investir nele ou não. Ou seja, o funcionário é como se fosse um agenciador do projeto. A Xerox decide se patrocina ou não o projeto, tendo por base, em grande medida, o critério da sustentabilidade. Já nas Células de Solidariedade, o que conta é o envolvimento direto do funcionário da Xerox com os projetos sociais. A concepção das células é a de que, se existem problemas identificados, os funcionários da Xerox devem, em grupo, buscar soluções para eles. A primeira "Célula" na Xerox surgiu em 1994 na área de finanças, quando foram lá criadas diversas células como: a Célula de Treinamento e Desenvolvimento; a Célula de Comunicação; a Célula de Satisfação do Empregado; a Célula de Melhoria do Layout etc... Foi extrapolando esta idéia que começaram também a ser criadas, a partir de 1996, as Células de Solidariedade no âmbito da empresa.

Em 2003, havia ao todo 16 Células de Solidariedade, espalhadas na matriz e nas filiais da Xerox no Brasil.

Programa social da Xerox: como vem sendo feita a avaliação?

O Instituto Xerox ainda não desenvolve um sistema formal de avaliação dos resultados de seus projetos sociais junto à comunidade — estamos nos referindo aqui à primeira dimensão do programa social da Xerox, a dos projetos apoiados institucionalmente. O que é feito de forma sistematizada é o monitoramento dos projetos sob a ótica financeira, por meio do encaminhamento periódico de relatórios financeiros ao instituto pelas respectivas instituições gestoras, especificando a aplicação dos recursos.

Para ilustrar como é feita a avaliação desses projetos, descrevemos a seguir, para o Projeto Olímpico da Mangueira, como é a estratégia de avaliação adotada pelo Instituto Xerox e como os resultados são apresentados. Mencionamos cinco indicadores de avaliação normalmente utilizados.

De acordo com o Instituto Xerox, o projeto vem sendo avaliado, primeiro, através das reuniões feitas entre a diretoria da Xerox e a diretoria do projeto, e entre a diretoria da Xerox e os professores, além de conversas com atletas e administradores. Segundo, por meio da prestação de contas realizada pela equipe gestora do projeto à Xerox, sendo o controle financeiro feito a partir dos relatórios enviados mensalmente.

Devemos notar que, no parágrafo anterior, a menção foi feita à diretoria da Xerox e não à diretoria do Instituto Xerox, à qual deveria caber a competência para este tipo de julgamento, muito embora esta atribuição não esteja explicitada no estatuto social do instituto. Isto vem confirmar a relação muito próxima entre o instituto e a empresa, como havíamos observado anteriormente.

Terceiro, o Projeto Olímpico da Mangueira é avaliado também por sua capacidade em colocar atletas em campeonatos e competições, e pelas premiações alcançadas nestes eventos. Regularmente, a equipe do projeto envia, ao Instituto Xerox, relatórios das competições com os resultados obtidos pelos atletas da Vila Olímpica da Mangueira.

As conquistas dos atletas da Mangueira são mencionadas como indicadores de sucesso do projeto.

> Até hoje, a Mangueira já conquistou em atletismo: hexacampeonato estadual feminino e masculino infanto-juvenil, o heptacampeonato feminino juvenil, o octacampeonato estadual masculino, o hexacampeonato do Troféu Brasil de juvenis no RS, assim como o octacampeonato do Troféu Brasil de MG. No basquete, conquistou o bicampeonato da Copa Eugênia Borer de mirim feminino, o bicampeonato estadual de mirim feminino (98/99), o tricampeonato estadual do circuito pré-mirim (97/98/99) assim como dois vice-campeonatos estaduais infantis femininos. Nesta modalidade, a Mangueira fornece atletas para as seleções estaduais e também para a seleção brasileira. Na ginástica rítmica desportiva, a equipe da Mangueira, quando convidada, faz apresentações e participa de competições organizadas pela Federação, tendo sido classificada para disputar o II World Gymnaestrada em Gottemburgo. O futebol de salão da Mangueira é uma das mais antigas modalidades do projeto e tem a sua força maior na categoria fraldinha, que vem se classificando todos os anos para as finais da competição. Na natação, participa de diversas competições e tem conquistado o terceiro lugar no circuito não-federado da Federação de Desportos Aquáticos.
>
> Descrição do Projeto Olímpico Mangueira/Xerox, para o
> Prêmio da Câmara Árabe de Comércio, 2001)

O quarto indicador de avaliação do projeto é a sua capacidade de atendimento: beneficia anualmente cerca de 1.500 crianças e jovens, e gera mais de 120 empregos na Vila Olímpica, que são preenchidos, em sua maioria, por moradores da Mangueira.

Finalmente, em quinto lugar, o projeto é avaliado pelo impacto que tem na comunidade da Mangueira.

> Após a implementação do projeto, constatou-se a clara diminuição da criminalidade na área, segundo o IV Batalhão da Polícia Militar, baseado em São Cristóvão e responsável pela segurança das áreas adjacentes ao morro da Mangueira. Atualmente, o índice de ocupação das escolas da comunidade é de 100%; antes do projeto era de cerca de 40%. O Juiz da 1ª Vara da Infância e Adolescência do Rio de Janeiro, Siro Darlan, declarou que não há registros significativos de adolescentes da Mangueira envolvidos em atos infracionais.
>
> (Descrição do Projeto Olímpico Mangueira/Xerox para o
> Prêmio da Câmara Árabe de Comércio, 2001)

Dos "indicadores" mencionados, podemos dizer que o primeiro e o segundo podem ser tidos como indicadores de processo, pois estão relacionados a reuniões de acompanhamento e à descrição da aplicação dos recursos. Os indicadores terceiro e quarto são basicamente indicadores de produto. Já o quinto indicador é considerado de impacto.

Porém, a indagação que fazemos, e que será objeto da pesquisa de campo mais à frente, é a seguinte: como identificar evidências de causalidade entre a ação do Projeto Olímpico e estes resultados de impacto na comunidade da Mangueira (redução da criminalidade e aumento da freqüência à escola)? Constatamos que esta relação de causalidade é dada como certa e linear pelas equipes do Instituto Xerox e do GRES Estação Primeira de Mangueira.

O programa social da Mangueira

A comunidade da Mangueira era, em 1991, a nona maior favela da cidade do Rio de Janeiro, com 14.733 pessoas; em 1995, estima-se que o número total de pessoas tenha passado para 21.500 (Costa, 2002). O morro da Mangueira está situado na zona central da cidade e encontra-se dividido em quatro grandes *"partes"*: Candelária, Chalé, Buraco Quente e Telégrafos, sendo que cada uma destas áreas tem a sua própria associação de moradores.

Os dois projetos sociais da Xerox (o Projeto Olímpico e o Projeto Camp) são desenvolvidos no contexto do programa social da Mangueira. Procuramos, a seguir, contextualizar este programa.

Embora o marco inicial do programa social da Mangueira seja oficialmente comemorado em 1987, na realidade o trabalho social na Mangueira começou bem antes, como descreve Celso Peres, morador da Mangueira e atual coordenador social-comunitário do programa:

> Quem começou o trabalho social, de fato, na comunidade não foi a escola de samba; foram as associações de moradores. A escola de samba se incorporou ao trabalho para dar um avanço maior.
>
> (...)
>
> Até 1980, tínhamos uma certa revolta com a escola de samba. Ela estava muito voltada para o folclore; não ajudava a comunidade. Tá batucando, tá feliz! Essa era a idéia que dominava, e acabaria reproduzindo a mesmice do que havia acontecido com nossos pais. No carnaval vivia-se um mundo de fantasia, de reis e princesas; quando acabava, a realidade da comunidade era de muita pobreza.
>
> (...)
>
> Por volta de 1975, um grupo de jovens da comunidade fundou o Grupo de Cultura Negra, com o objetivo de mudar o aspecto físico e social da comunidade, através da conscientização popular local, tendo como base a história do negro no Brasil pela emancipação da raça. Eu era um dos diretores do grupo. Nós queríamos ser revolucionários de uma causa social: a luta pela igualdade entre as raças! Com a abolição da escravatura em 1888, tivemos a liberdade, mas não a emancipação. A comunidade da Mangueira continuava ainda como um quilombo, à semelhança de Palmares. Por intermédio do Grupo

de Cultura Negra, começamos a desenvolver trabalhos culturais, visando a conscientização da comunidade e a participação em massa dos moradores.

(...)

Depois, o Grupo de Cultura Negra acabou. Foi quando resolvi ter uma participação diferente no movimento popular. Em 1980, associei-me ao PT e entrei para a direção da Associação de Moradores do Buraco Quente.

(...)

Em minha primeira gestão na associação de moradores, trabalhei como diretor social. Depois, como diretor de obras e presidente. Consegui, junto aos governos estadual e municipal, desenvolver um trabalho com as crianças. Conseguimos trazer para a Mangueira o Projeto Mutirão, que é o projeto de urbanização das comunidades. O governo dava o material e a comunidade se organizava para tocar as obras de infra-estrutura e saneamento básico. (...) Assim, quando veio o Programa Favela-Bairro para cá, o grosso da infra-estrutura já estava feito.

(...)

Vou te contar como surgiu o mutirão. O prefeito Marcelo Alencar pediu que fizéssemos um levantamento das necessidades urbanísticas, que eram muitas: o lixo era jogado embaixo, no asfalto, até que a Comlurb viesse e o queimasse; a água de bica era apanhada, em latões, também aqui embaixo; a luz era de transformador ou de lamparina. (...) O morro era como um gueto em termos de urbanização: comia-se à beira da vala, as crianças brincavam no lixão. (...) Esse documento, que preparamos, serviu de base para os encontros com os governantes — Marcelo Alencar (prefeito) e Brizola (governador), de 1983-86. No governo seguinte, de Moreira Franco, o Projeto Mutirão foi interrompido. (...) O período do mutirão foi a época em que a comunidade foi mais articulada e politizada socialmente. O morador passou a ter consciência de que, para mudar, tinha que participar. (...) A comunidade começou a se fazer enxergar por sua própria força de vontade. Nós passamos a não mais depender do governo para satisfazer as necessidades da comunidade: quando o governo não dava, a gente inteirava, a gente fazia.

O posicionamento de Celso Peres é importante para elucidar que a atuação do capital social na comunidade da Mangueira, apontado por Costa (2002) como um dos fatores relevantes para o êxito do programa social da Mangueira, é anterior ao surgimento do programa.

Hoje em dia, o sucesso do programa social da Mangueira é amplamente reconhecido e festejado. Tanto internamente, por sua equipe, quanto externamente. Vejamos algumas demonstrações e evidências disto.

O professor Francisco de Carvalho, conhecido como Chiquinho da Mangueira, que segue como coordenador-geral do programa, desde o seu início, é incisivo em afirmar que

nenhuma entidade, governamental ou não, tem atualmente um programa social tão abrangente como o nosso. Atuamos em várias frentes: educação, saúde, esporte, cultura, cursos profissionalizantes, geração de emprego, educação ambiental, atendimento à terceira idade, à criança e adolescente portador de deficiência, e damos ensino gratuito do CA (classe de alfabetização) à faculdade.

Também Celso Peres, coordenador social-comunitário do programa, mostra-se empolgado:

> Na questão do trabalho social na comunidade (referindo-se ao programa social da Mangueira), nós temos o melhor do mundo; mas no trabalho relacionado à urbanização, ainda falta muito. (...) O Programa Social dá conta das necessidades educacionais e da formação social da comunidade. Isto é mil. É tão bom que a oferta não cobre a procura. A gente precisa criar isto (atrair) com mais empresas.

Chiquinho da Mangueira enumera com orgulho as premiações e homenagens já auferidas pelo programa como reconhecimento por seu alcance social:

> Em 1993, recebemos da BBC de Londres o prêmio pelo melhor programa social da América do Sul.
>
> Em 1997, tivemos o reconhecimento (nacional) do nosso trabalho. Fomos recebidos pelo presidente do Brasil, Fernando Henrique Cardoso, e pela primeira-dama, Dª Ruth Cardoso. Eles chancelaram o Programa Social como exemplo para o país.
>
> A coroação dos esforços foi um segundo prêmio outorgado pela BBC de Londres à Mangueira, desta vez como modelo de desenvolvimento social para o Terceiro Mundo.
>
> Tudo isto acabou motivando que o presidente dos Estados Unidos, Bill Clinton, quisesse visitar a Vila Olímpica (1997). Entusiasmado com o que viu, Clinton disse: "levo no meu coração a lembrança de um grande projeto que marca o início de um grande país".
>
> A Unesco nos apresenta como o melhor programa social da América Latina.
>
> (Revistas *Mangueira 13 Anos Campeã*, 2000, e *Mangueira — Carnaval*, 2002)

Também os resultados divulgados pelo próprio programa resumem, ainda que de modo bastante genérico e vago, os números deste sucesso:[11]

- atendimento a cerca de 60 mil pessoas;
- aumento do índice de escolaridade de 40 para 98%;
- índice de menores infratores — zero;
- índice de mortalidade infantil — zero;
- dois prêmios da BBC de Londres;
- certificado de excelência concedido pela Casa Branca.

Mas nem tudo é aplauso. Tratando-se dos benefícios sociais voltados para a comunidade da Mangueira, há vozes de lideranças locais que chamam a atenção para aspectos negativos do programa que deveriam ser corrigidos e melhorados. Estes pontos destacados sugerem que, ao ganhar dimensão e visibilidade, o programa social da Man-

---

[11] <www.programasocialmangueira.com.br/historia.html> (acesso em 10 jul. 2003).

gueira corre o risco de perder o foco inicial de atendimento, que é a comunidade. A seguir mencionamos alguns destes alertas feitos por líderes locais, ao longo das nossas entrevistas e andanças pelo morro.

> As ações do programa não obedecem a um planejamento social. Vão acontecendo. (...) Os projetos vão sendo criados à medida que os contatos vão sendo feitos.(...) É como um balcão de negócios. As pessoas vêem a Mangueira como um negócio.
>
> A gente que trabalha com programa social sabe que, antes de iniciar qualquer programa, tem que ser feito um diagnóstico para identificar as necessidades da comunidade a que o programa se destina. No caso do programa social da Mangueira não houve este diagnóstico. Os projetos foram surgindo a partir das necessidades de marketing, e não das reais necessidades da comunidade. Estes projetos atendem às necessidades da comunidade? Sim, atendem, mas porque a comunidade é muito carente.
>
> Os projetos vêm de cima, não atendem às prioridades da comunidade.
>
> (Líder 1)

> Muitas crianças e jovens do morro não vão à Vila Olímpica porque se sentem discriminados, não têm um tênis bonito. E se vão, são deixados de lado durante os treinos.(...) O problema é que o programa social da Mangueira foi feito para atender à elite da Mangueira. Ele não atinge a quem mais precisaria dele — as crianças e os jovens do morro que efetivamente não têm outra oportunidade. Aí, sim, precisaria buscar estas pessoas, fazer um trabalho sério de convencimento (porque não adianta mesmo: eles vão um dia e depois não voltam mais). Mas, para isto, precisava sentar numa mesa e discutir quais as necessidades e prioridades do morro.
>
> (Líder 2)

6. Como a metodologia EP²ASE foi implementada para avaliar a eficácia pública da ação social da Xerox?

Neste capítulo, vamos descrever os passos seguidos e as dificuldades encontradas para a avaliação da Eficácia Pública (EP) da ação social da Xerox, critério aqui utilizado com o significado de impacto.

Primeiro passo: identificação da hipótese do modelo causal (versão inicial) — desenho geral da pesquisa

Na avaliação da eficácia pública (com o sentido de impacto) da ação social da Xerox na Mangueira, o que pretendemos foi identificar a relação de causalidade entre os projetos sociais apoiados pela empresa — o Projeto Olímpico e o Camp — e as transformações sociais daí advindas na comunidade da Mangueira.

Inicialmente, procuramos levantar os resultados esperados para os dois projetos sociais, ou seja, quais eram os objetivos de resultado previstos para eles. Usando a terminologia de Rossi, Freeman e Lipsey (1999), procuramos identificar qual era a *teoria do programa*. Para isto, entrevistamos os coordenadores do Instituto Xerox e do programa social da Mangueira, além de analisarmos os documentos (*folders*, site, livros e revistas) relativos aos projetos. No quadro 9, sintetizamos os objetivos previstos. Ter clareza quanto a eles é passo fundamental para a definição da hipótese do modelo causal.

Ainda que na explicitação destes projetos nem sempre haja clareza de definição quanto à população-alvo a ser atendida, adotaremos, para fins do estudo de caso, o foco da avaliação de impacto voltado para a comunidade da Mangueira. Uma razão forte para isto é que os dois projetos fazem parte de um programa maior que leva o nome da comunidade e, portanto, espera-se que os benefícios anunciados contemplem os moradores da comunidade.

A partir dos objetivos levantados, pudemos deduzir que a expectativa quanto a estes dois projetos sociais era a de que promovessem melhorias nas condições de vida das crianças/adolescentes da Mangueira quanto à saúde, lazer, freqüência à escola, rendimento escolar, educação complementar, inserção no mercado de trabalho, auto-estima, sociabilidade, construção da cidadania e redução da criminalidade.

> **Quadro 9**
> **Projeto Olímpico e Projeto Camp: objetivos de resultado explicitados pelo Instituto Xerox e pela coordenação do programa social da Mangueira**

Objetivo do programa social da Mangueira

"o seu maior objetivo é o destino das crianças, adolescentes, que perambulam pelo morro da Mangueira, presas fáceis da vida do crime, e dos idosos, abandonados à sorte" (Folheto *Sonho que transforma vidas* – Programa social da Mangueira, 2002).

Objetivos do Projeto Olímpico da Mangueira

▼ Book do programa social da Mangueira elaborado pela Xerox

"Educar a criança e o adolescente através do esporte, e através do mesmo fazer com que o menor tenha acesso à saúde, à educação e ao trabalho.
Resultados observados: melhora na auto-estima; melhora no rendimento escolar."

▼ Site da Xerox, acessado em 3 out. 2002

"Tem como objetivo gerar condições básicas para que as crianças e adolescentes, entre 8 e 17 anos, encontrem opções de cidadania que as afastem da criminalidade."

▼ Da entrevista com Chiquinho da Mangueira, coordenador-geral do programa social da Mangueira

"O principal objetivo do programa social da Mangueira é a busca de cidadania para o morador da Mangueira, a partir da melhoria da qualidade de vida."

▼ Da entrevista com Celso Peres, coordenador social-comunitário do programa social da Mangueira

"O grande objetivo do projeto é formar atletas profissionais, mas o maior objetivo é formar cidadãos."

▼ Da entrevista com Bárbara Gomes, coordenadora-técnica do Projeto Olímpico

"O principal objetivo do projeto é dar ocupação para as crianças, através do esporte. Evitar que fiquem ociosas. É também educar, socializar, dar limites. (...) Agora, aquelas crianças e adolescentes, que têm talento, são, então, direcionadas para a profissionalização."

▼ Da entrevista com Samuel Belarmino, coordenador administrativo do Projeto Olímpico

"Aquele que não tem chances de ser um atleta profissional, ou seja, que não tem aptidão, é incentivado, aqui no projeto, a estudar, a ter uma profissão que não o esporte. Neste caso, o esporte cumpre um importante papel de desenvolvimento físico, de promoção da saúde, de ensinar a conviver com regras, (...) enfim, torna-se um aprendizado de vida."

▼ Do documento enviado pela Xerox à Amcham-SP para concorrer ao Prêmio ECO (Empresa/Comunidade), 2002

"A violência e o tráfico de drogas são problemas que ainda assolam o Morro da Mangueira. (...) Existem crianças fora da escola, sem perspectivas de um futuro melhor. [Com o projeto,] queremos atingir essas crianças e incentivá-las a sonhar em fazer faculdade ou tornarem-se atletas profissionais, rompendo, definitivamente, o aspecto negativo da proximidade com a criminalidade."

"O Projeto Olímpico Mangueira/Xerox tem cunho social-comunitário, baseado no esporte. Seus principais objetivos são o desenvolvimento físico, psicossocial e recreativo da comunidade infanto-juvenil da Mangueira."

"O Projeto Olímpico Mangueira/Xerox tem como principal fundamento a melhoria da qualidade de vida e perspectivas de futuro das crianças e adolescentes da comunidade da Mangueira, através do incentivo aos jovens à prática de esportes."

continua

> **Objetivos do Projeto Camp Mangueira**
>
> ▼ Book do programa social da Mangueira elaborado pela Xerox
>
> "Tem como objetivo complementar a educação de adolescentes da comunidade da Mangueira, na faixa etária de 14 a 17 anos, através da integração destes ao mercado de trabalho."
>
> ▼ Site da Xerox, acessado em 3 out. 2002
>
> "O Camp Mangueira prepara adolescentes, através de um treinamento intensivo, para que possam ser encaminhados como estagiários a empresas conveniadas, sendo sua finalidade essencialmente educativa. Prevenção ao processo de criminalização, através da ocupação do chamado tempo ocioso dos adolescentes.
>
> Atende adolescentes de ambos os sexos na faixa etária de 14 a 18 anos, oriundos de famílias de baixa renda, que não encontram perspectiva de crescimento profissional e pessoal dentro da sociedade em que se encontram. Seu principal objetivo é a educação pelo trabalho, ou seja, acreditam que todo processo laborativo traz em si a possibilidade de desenvolvimento e engrandecimento do ser humano no aspecto psicossocial e cultural.
>
> Mediante o bom aproveitamento no curso, o adolescente se torna patrulheiro, participando da cerimônia de formatura. Está apto, então, a ser encaminhado como estagiário para as vagas disponíveis nas empresas conveniadas."
>
> ▼ Da entrevista com João Carlos Quintanilha, presidente do Camp Mangueira
>
> "O objetivo do Camp é gerar oportunidades de competição no mercado de trabalho para os jovens carentes desta oportunidade. (...) O que buscamos no Camp é a educação através do trabalho."
>
> ▼ Da entrevista com Antonio Carlos Ferreira, coordenador do projeto Camp Mangueira
>
> "O objetivo do Camp Mangueira é propiciar para estes jovens (de 14 a 17 anos de idade) da Mangueira e das comunidades adjacentes (Tuiuti, São Cristóvão etc.) oportunidades de construção da cidadania, de educação complementar, de acesso ao primeiro emprego e de inserção no mercado de trabalho. Tem o curso, com duração de 4 meses, e depois tem o estágio nas empresas conveniadas (até o adolescente completar 18 anos)."

No que se refere à avaliação do impacto desses projetos, as questões centrais poderiam ser sintetizadas da seguinte maneira: participar dos referidos projetos vem resultando mesmo em melhoria nas condições de vida sob todos estes aspectos mencionados? Como estas mudanças vêm acontecendo e com que intensidade?

A partir dessas questões centrais, e para sistematizar a lógica experimental aqui adotada, utilizamos o modelo de regressão do tipo múltipla (mais de uma variável independente) e multivariada (mais de uma variável dependente). Por meio deste modelo, o que se pretende é raciocinar sobre os efeitos causais médios ($\beta_{1.1}$, $\beta_{2.1}$ a $\beta_{10.1}$) da participação no programa (variável causal X_1) no que se refere às transformações observadas no ambiente social (variáveis dependentes Y_1 a Y_{10}), sendo para isto utilizadas as variáveis explicativas de controle (X_2, X_3 e X_4) para tentar aproximar a condição *ceteris paribus*. No quadro 10, apresentamos como o modelo foi inicialmente construído para traduzir a hipótese causal em questão.

Da explicitação do modelo, fica claro que a hipótese causal a ser testada era se estes dois projetos sociais (Olímpico e Camp) vinham conseguindo realmente promover as melhorias anunciadas nas condições de vida das crianças e adolescentes da comunidade da Mangueira. De acordo com esta hipótese, o que deveríamos identificar era se as **variações** positivas nos indicadores selecionados de condições de vida foram significativamente maiores nas crianças/adolescentes que participaram dos projetos *vis-à-vis* àqueles que não participaram; e se estes projetos estão realmente atendendo à grande maioria das crianças/adolescentes da comunidade da Mangueira, inclusive aquelas em situação de risco social.

Quadro 10
Modelo de inferência causal aplicado para avaliar o impacto dos projetos sociais da Xerox na Mangueira — Projeto Olímpico e Projeto Camp — versão inicial

$$E(Y_1, Y_2, \ldots Y_{10}) \cong f(\beta *_1 X_1, \beta *_2 X_2, \beta *_3 X_3, \beta *_4 X_4)$$

onde:

Variáveis dependentes

Y_1 = saúde (definida como grau de bem-estar físico)

Y_2 = lazer (definido como grau de satisfação com a ocupação do tempo livre)

Y_3 = freqüência à escola

Y_4 = rendimento escolar (definido como as notas obtidas nas provas)

Y_5 = educação complementar (definida como a sensação de estar sendo capacitado para o mercado de trabalho)

Y_6 = inserção no mercado de trabalho (definida como a situação do entrevistado de estar trabalhando e satisfeito com o seu trabalho)

Y_7 = auto-estima (definida como o grau de confiança em si mesmo)

Y_8 = sociabilidade (definida como o grau de relacionamento com as outras pessoas)

Y_9 = construção de cidadania (definida como a sensação de ser uma pessoa com o direito à educação);

Y_{10} = criminalidade (definida como a percepção de que o projeto social está contribuindo para reduzir a criminalidade — tráfico de drogas, furtos e roubos — no morro da Mangueira)

Variável explicativa-chave (ou variável causal)

X_1 = condição de participação nos projetos sociais da Xerox (Projeto Olímpico/Camp)

Categorias:

▼ participante

▼ não-participante

$\beta *_1$ = efeito causal médio de X_1 em respectivamente $Y_1, \ldots, Y_{10}$

onde * = 1,2,..., 10

Variáveis explicativas de controle

X_2 = idade

X_3 = sexo

X_4 = local de residência como *proxy* da situação socioeconômica

Para testar essa hipótese de causalidade, o nosso desafio consistiu justamente em aplicar a lógica experimental, que é típica das avaliações de impacto, só que utilizando dados qualitativos, e não quantitativos, como vem sendo usual até o momento.

Na lógica experimental, comparam-se os resultados observados para o grupo do experimento — que, no nosso caso, foi o grupo dos participantes dos projetos sociais — com os resultados obtidos para o grupo de controle — em nosso caso, o grupo de não-participantes, para identificar se aqueles primeiros resultados são significativamente melhores do que estes últimos. Quando se utilizam dados quantitativos, os testes estatísticos geram as possíveis soluções, com suas respectivas probabilidades, para este dilema. Mas quando os dados são qualitativos, estes testes não podem obviamente ser aplicados.

Como comentado no capítulo 4, mesmo que, na pesquisa qualitativa, os testes estatísticos não possam ser aplicados, ainda assim o rigor científico do método deve ser o mesmo daquele adotado na pesquisa quantitativa para a inferência causal. A seguir, descreveremos os cuidados metodológicos que foram tomados para o desenho da pesquisa de avaliação de impacto na comunidade da Mangueira, para garantir que os resultados encontrados pudessem ser considerados válidos. Assim, de imediato, procuramos obedecer aos pressupostos básicos de inferência causal e aos critérios para a definição da amostra.

Antes de passarmos a descrever os cuidados metodológicos aqui adotados, cabe um esclarecimento: que tipo de dado qualitativo utilizamos em nossa pesquisa?

Inicialmente, pensávamos em trabalhar as entrevistas feitas com os moradores da Mangueira (participantes e não-participantes dos projetos) de duas maneiras: a partir das falas dos entrevistados e de dados apurados segundo a métrica ordinal. E, com efeito, no tópico-guia que preparamos para as entrevistas, estava previsto que as mudanças ocorridas na vida das pessoas (as variações nas variáveis dependentes Y_{is}) seriam levantadas sob a forma de questões abertas e de questões estruturadas (mediante a utilização de uma escala do tipo Likert). Quanto às questões estruturadas, pensávamos em analisá-las com base em testes estatísticos não-paramétricos, geralmente indicados para amostras pequenas e não associadas a uma população com distribuição específica.

No entanto, no decorrer das entrevistas, percebemos que as marcações feitas nas questões estruturadas careciam de sentido relevante para os próprios entrevistados. Muito mais rica de sentido era a argumentação deles ao voltarem, por meio destas questões fechadas, a refletir sobre as mudanças recentes em suas vidas — o que já haviam feito anteriormente nas questões em aberto. Por essa razão, optamos por trabalhar as falas dos entrevistados, como se estivessem sob o formato de questões em aberto, que foram os dados qualitativos aqui considerados.

Voltando aos cuidados metodológicos necessários para uma inferência causal válida, comecemos por seus pressupostos básicos, o da unidade homogênea de análise e o da independência condicional.

Como vimos, em se tratando do pressuposto da unidade homogênea de análise, a preocupação central do avaliador deve ser a de fazer com que as características dos componentes do grupo de controle sejam bastante semelhantes às dos membros do grupo do experimento, salvo no que se refere à variável explicativa-chave. No caso específico do nosso modelo de avaliação, procuramos atender a este pressuposto utilizando as variáveis de controle idade, sexo e local de residência para a seleção dos componentes do grupo de controle na amostra. E como isto foi feito?

Optamos pelo desenho experimental do tipo "grupos de controle construídos equivalentes, caso a caso", apresentado na tipologia de Rossi, Freeman e Lipsey (1999). Assim, os componentes da amostra do grupo do experimento foram selecionados aleatoriamente no âmbito dos estratos (projetos/modalidades esportivas), a partir do universo dos participantes dos projetos sociais. Ao final da entrevista com cada um deles, o mesmo era solicitado a indicar um não-participante que tivesse idade próxima à sua, que fosse do mesmo sexo e que morasse perto de sua casa.

Ao usar esta estratégia para composição da amostra, estávamos indo também ao encontro do pressuposto da independência condicional. Por quê? Sobretudo porque a seleção dos casos para compor a nossa amostra estava sendo feita com base exclusivamente na variável explicativa-chave. Ou seja, a condição de ser participante ou não do projeto social é que definiu a inclusão do caso na amostra. E, portanto, no momento dessa seleção, não tínhamos qualquer informação de cada caso selecionado, dos resultados para as variáveis dependentes, que foram sendo encontrados no desenrolar das entrevistas. Dessa forma, procuramos garantir o pressuposto de incondicionalidade das variáveis dependentes *vis-à-vis* à variável causal, evitando o viés de seleção dos casos.

Quanto ao tamanho da amostra, e a título apenas de um planejamento inicial, decidimos trabalhar com 60 casos — 30 casos no grupo do experimento e 30 casos no grupo de controle. Importante salientar o caráter preliminar deste tamanho de amostra, que poderia vir a ser ampliado ou reduzido se, no decorrer da pesquisa de campo, percebêssemos que ele se mostrara insuficiente ou elevado para a compreensão do fenômeno estudado.

E, como comentaremos mais à frente, tivemos que interromper a pesquisa de campo na Mangueira com 35 casos. Porém ao analisarmos mais detidamente os resultados encontrados até aquele momento, e tomando por base o critério da saturação teórica (Gaskell, 2002; Bauer e Aarts, 2002), concluímos que este tamanho de amostra já era satisfatório para entendermos os impactos dos projetos Olímpico e Camp na comunidade da Mangueira.

Segundo passo: definição da amostra

Para a seleção aleatória do grupo do experimento (30 casos) que deveria compor a amostra, era fundamental o acesso aos cadastros dos participantes desses projetos, enquanto referência básica para a seleção dos casos.

Porém, no caso do Projeto Olímpico, o acesso ao cadastro não foi tão imediato, e encontramos certa resistência junto à equipe do projeto, muito embora já tivéssemos autorização da coordenação do programa social da Mangueira para conhecer os projetos. Segundo o gestor 1 do Projeto Olímpico os dados eram sigilosos:

> Você não vai poder ter acesso ao cadastro dos participantes. Assim, se você chega em um banco e pede para ter acesso ao cadastro dos clientes, o banco não vai autorizar. Da mesma forma, se alguém chega na minha academia de ginástica e pede o número do meu celular, a secretária é orientada a dizer que até tem o número, porém não tem per-

missão para dá-lo a terceiros. Eu mesma, por exemplo, quando fiz uma pesquisa para a faculdade, entrevistava aleatoriamente os alunos que encontrava na academia — e isto eu podia fazer porque tinha autorização da academia para realizar aquela pesquisa lá. Isto você pode fazer aqui à vontade. Outra coisa que você poderia fazer seria pedir a cada professor para escolher aleatoriamente alguns alunos para você entrevistar.

Obviamente se aceitássemos esta sugestão — de seleção aleatória feita pelo professor — poderíamos estar incorrendo em viés de seleção dos casos da amostra, uma vez que os entrevistados seriam escolhidos entre os alunos mais freqüentes ao projeto. Ademais, podemos dizer que este argumento expressa receio em ser avaliado, o que, diga-se de passagem, não é específico do Projeto Olímpico da Mangueira; é generalizado nos projetos sociais, públicos e privados, desenvolvidos no Brasil.

Partimos, então, para a possibilidade de consulta do Cadastro dos Agentes Comunitários de Saúde da Mangueira e do Cadastro do Censo Demográfico 2000, do IBGE (Instituto Brasileiro de Geografia e Estatística). Em ambas as alternativas, a pesquisa de campo seria mais trabalhosa, pois além das dificuldades inerentes ao acesso a estas bases, não teríamos a indicação do domicílio em que haveria um participante dos projetos sociais.

Consideramos importante voltar a insistir no acesso ao cadastro dos participantes do Projeto Olímpico. Foi quando fomos informados, pela coordenação do programa social da Mangueira, de que o cadastro dos participantes do Projeto Olímpico 2002 havia sido enviado recentemente à Xerox. Quando solicitado, Monteiro, diretor do Instituto Xerox, prontamente nos cedeu o arquivo com os dados.

Na realidade, aquele fora o primeiro cadastro de participantes do Projeto Olímpico que a equipe gestora do projeto havia enviado para o Instituto Xerox. Até então, as informações eram enviadas para o instituto em formato agregado. Com base nas entrevistas que fizemos mais adiante, percebemos que os registros do cadastro diziam respeito sobretudo aos participantes do projeto em 2001, pois, no arquivo que recebemos não havia referência explícita ao ano em que o participante havia cursado determinada modalidade esportiva. Houve caso, por exemplo, em que um dos entrevistados havia feito a referida modalidade esportiva em 1998; outro só havia feito a inscrição, sem ter feito o curso.

Essa dificuldade de acesso ao cadastro dos participantes do Projeto Olímpico serviu para elucidar um importante aspecto na condução do projeto social em questão. Quem, de fato, detinha o controle das informações referentes ao projeto não era a empresa que o financia, mas sim a organização social que o executa.

No que se refere ao Projeto Camp, o coordenador deste projeto na Mangueira nos permitiu, sem maiores problemas, a consulta à base do cadastro. Com isto, pudemos obter as listagens com os adolescentes matriculados em 2001, que foram as turmas 36 e 37 do Camp.

Examinando os cadastros recebidos destes projetos sociais, verificamos que, em 2001, foram 1.307 participantes do Projeto Olímpico e 502 participantes do Projeto Camp. De modo que a amostra a ser definida pudesse refletir a composição desse universo de participantes (a soma dos participantes dos dois cadastros), adotamos, para a amostra, os mesmos percentuais de participantes por projeto/modalidade esportiva verificados no universo dos cadastros. Seguiu daí que, dos 30 casos inicialmente estipulados para compor a amostra referente ao grupo do experimento, 22 deveriam ser de participantes do

Projeto Olímpico e oito do Projeto Camp. A tabela 1 descreve a composição de participantes que essa amostra deveria ter.

Tabela 1
Projeto Olímpico e Projeto Camp: composição da amostra de participantes, por projeto e modalidade esportiva (2001)

Projeto/Modalidades	Nº de atletas (cadastros)	Percentual	Amostra
Projeto Olímpico	1.307	72,2	22
▼ Atletismo	118	6,5	2
▼ Basquete feminino	332	18,4	6
▼ Futebol masculino	420	23,2	7
▼ Futsal masculino	285	15,8	5
▼ GRD feminina	27	1,5	0
▼ Natação	125	6,9	2
Projeto Camp	502	27,8	8
Total	1.809	100,0	30

Fonte: Pesquisa de campo.

Para termos a garantia de que conseguiríamos localizar os 30 participantes selecionados, com a condição de que eles fossem todos moradores da Mangueira, fizemos a seleção aleatória com uma razoável folga. Importante destacar que, no cadastro do Projeto Olímpico, o endereço só mencionava a rua em que o participante morava, sem referência ao bairro, o que evidencia a não-preocupação do projeto em focar a sua ação nos moradores da Mangueira.

No que se refere à composição da amostra referente ao grupo de controle, ela deveria ser constituída a partir de indicação dos participantes, guardados os requisitos de idade, sexo e local de residência.

Terceiro passo: implementação da amostra — a coleta dos dados

A coleta dos dados na Mangueira, para alimentar o nosso modelo de avaliação da eficácia pública da ação social da Xerox, foi realizada em maio de 2003. Foi uma tarefa cheia de dificuldades e emoções. A começar pelo próprio processo de planejamento e acesso à comunidade da Mangueira para a realização das entrevistas, que levou em torno de seis meses.

Como vimos, avaliar o impacto dos projetos sociais da Xerox na Mangueira pressupõe necessariamente interagir, ou entrevistar, os moradores da comunidade, segundo um plano preestabelecido de pesquisa. Isto porque pretendemos justamente captar os resultados, na vida daqueles moradores, dos dois projetos sociais da Xerox na Mangueira.

No entanto, desde os primeiros contatos com a coordenação do programa social da Mangueira, percebemos uma certa resistência a que subíssemos o morro da Mangueira para a realização das entrevistas. A coordenação procurou facilitar, sim, para que as entrevistas fossem feitas dentro do espaço da Vila Olímpica, ou seja, com os alunos e pais que freqüentavam a vila. Isto porque, para a coordenação, eram estas pessoas que poderiam nos transmitir um retrato fidedigno dos efeitos do programa em suas vidas:

> Não te aconselharíamos a subir o morro (...) ainda mais agora! Estamos te falando para te alertar. (...) Nós nos sentimos na obrigação de fazer este tipo de alerta. A situação agora está muito crítica. (...) Não vemos tanta necessidade de ir lá em cima, só para ver os barracos, as casas em que as pessoas moram, ir a esmo.
>
> Não assumimos o risco de você subir o morro. (...) Você deve fazer suas entrevistas na Vila Olímpica e, para isto, estamos te dando total liberdade para você andar por lá à vontade. Conversar com quem quiser. (...)
>
> Mas quem não participou do programa não saberá avaliá-lo.
>
> (...)
>
> Não indicamos ninguém de nossa confiança. Se pudéssemos, iríamos com você, te acompanharíamos nestas entrevistas. (...) O problema é complicado. Não é que as pessoas que moram no morro sejam ruins. Ao contrário, 99% são boas e apenas 1% é ruim. E é este 1% que aparece. (...) Ainda mais depois da morte daquele jornalista, Tim Lopes, as coisas ficaram mais difíceis. (...) As pessoas vão ficar desconfiadas daquela mulher que vai de casa em casa fazendo perguntas, não se sabe bem o quê, nem pra quê.
>
> (...)
>
> Mas, o negócio não é o que está escrito, é o que você poderá efetivamente estar conversando com eles. Ainda mais com o tal do disque-denúncia: digamos que você acabou de descer o morro, e logo depois acontece uma batida policial lá. Vão dizer que foi aquela mulher que acabou de descer, e aí as coisas podem ficar complicadas.
>
> (...) o movimento vai querer saber por que estamos mandando aquela mulher pra conversar lá, por que nós mesmos não conversamos.
>
> (...)
>
> Agora, o morro da Mangueira está aberto a quem quiser ir e vir; é democracia. Você é livre para ir lá à vontade.

Se restringíssemos nossas entrevistas aos limites da Vila Olímpica, estaríamos incorrendo em um erro de viés na seleção da amostra, já que elegeríamos apenas as pessoas com possibilidade de estarem satisfeitas com o programa: que conseguiram vaga e seguiam freqüentando o programa. Como não estávamos desenvolvendo uma pesquisa de satisfação; e, sim, avaliação de impacto, era necessário um certo distanciamento do dia-a-dia do programa.

Esse posicionamento da coordenação do programa ilustra a existência dos chamados filtros de informação, o que pode ocorrer com freqüência na avaliação de projetos sociais. Ou seja, na tentativa de preservar a imagem do projeto, a sua direção executiva busca limitar o acesso do avaliador apenas às informações que podem corroborar para um quadro positivo do projeto. O avaliador passa a **não** ter acesso a um diagnóstico amplo acerca do projeto, mas apenas parcial e filtrado.

Além do mais, serve também para evidenciar um sério problema que as políticas públicas sociais no Brasil vêm enfrentando atualmente. Mostra que o direito de ir e vir do cidadão no espaço público está controlado pelo poder paralelo — em outras palavras, pelo "movimento", isto é, pelo comando do tráfico de drogas e da criminalidade. E isto vem ocorrendo justamente nas áreas mais pobres e carentes, dificultando, e muitas vezes impedindo, a ação social pública naquelas áreas.

Ao ser colocado a par desse empecilho, Monteiro aprovou a nossa pesquisa de campo junto aos moradores, porém encontrou dificuldades em apontar uma pessoa que nos pudesse acompanhar nessas visitas. Foi Ivanir dos Santos, morador da Mangueira e presidente da ONG Ceap (Centro da Articulação da População Marginalizada), quem nos indicou o mestre Taranta, diretor de bateria da escola de samba da Mangueira, que foi o nosso guia na comunidade durante o mês de maio de 2003.

Importante reconhecer que, sem o mestre Taranta, a pesquisa de campo na Mangueira se tornaria inviável. Além de nos guiar pelos becos, travessas e ruas da comunidade à procura dos endereços selecionados na amostra, Taranta, com seu carisma e popularidade junto à comunidade, transmitiu credibilidade à nossa pesquisa, fazendo com que os entrevistados abrissem as portas de suas casas e de seus corações. Sem uma pessoa como o mestre Taranta ao nosso lado, dificilmente teríamos a confiança dos moradores da Mangueira.

O interessante é que, na companhia do Taranta, de certa forma assumimos os valores dele, enquanto estávamos na comunidade. Assim como ele, passamos a não temer a ação dos traficantes, mas sim a da polícia. Pois, como nos disse mestre Taranta, "os bandidos não atrapalham a gente, ficam na dele. Mas a polícia, sim, inferniza a vida da gente" (querendo dizer que, quando a polícia sobe, os riscos de confronto e de tiroteio tornam-se grandes). E aqui vale lembrar que, antes de iniciarmos a pesquisa de campo, era a ação daqueles primeiros que víamos como fator de risco.

Ainda assim, mesmo com o mestre Taranta a nos guiar, tivemos que nos submeter ao ritmo da comunidade. Explicamos melhor. Quando chegávamos ao pé do morro para iniciar a pesquisa, e acontecia de a polícia já estar lá em cima, aí Taranta aconselhava a não subirmos naquele dia. Agora, quando já estávamos lá em cima, e os *fogos dos olheiros* anunciavam a chegada da polícia, aí tínhamos que, aos poucos e com cuidado, ir encontrando formas de descer. Para Taranta, o que não podia acontecer era sermos surpreendidos no meio de um confronto entre polícia e bandido, o que, segundo ele, de uns tempos para cá vinha acontecendo com muita freqüência.

A localização dos domicílios foi outra dificuldade. Com muita freqüência, não conseguíamos localizar as ruas, e muito menos as travessas e os becos. Uma vez vencida essa etapa, localizar os números das casas era outra complicação — o número da casa dificilmente coincidia com o que tínhamos na listagem. Como Taranta explicou, o Programa Favela-Bairro mudou muito a geografia urbana do local — ruas desapareceram, outras mudaram o seu traçado, outras mudaram de nome, sem falar que os números das casas, praticamente todos, se alteraram. No final, a estratégia que acabava valendo mesmo, quando Taranta percebia que estávamos nos aproximando do endereço, era perguntar pelo nome que constava na listagem. E, não raras vezes, mesmo já estando próximos da casa do participante selecionado, os vizinhos não o conheciam pelo nome (e nem a seus pais, quando os nomes deles constavam da lista). Muitas vezes também acontecia que, depois de batalharmos para localizar o endereço, o participante havia se mudado de lá.

A dificuldade era tanta que, no decorrer das entrevistas, acabamos fazendo algumas poucas substituições criteriosas e aleatórias. Exemplificando, se estávamos procurando beltrano (participante da listagem) e não conseguíamos localizar a sua casa, fizemos a entrevista com outro fulano (ou com um dos seus pais, que estivesse em casa naquele momento), que morasse perto do endereço que tínhamos na listagem, que também fora participante do projeto e de idade semelhante à sua.

No decorrer da pesquisa de campo, acabamos por desenvolver uma estratégia para entrevistar os não-participantes. No início, após terminar a entrevista com o participante, íamos bater à porta do não-participante, indicado pelo primeiro. Percebemos que, agindo dessa forma, sempre encontrávamos uma certa dificuldade para abordarmos o não-participante; o que era até compreensível, uma vez que, para ele ou sua família, não fazia muito sentido ser entrevistado sobre um projeto social do qual não havia sequer participado. Passamos, então, a solicitar ao participante que fosse chamar o não-participante em casa e, assim, conversávamos com ele na própria casa do participante; ou então, pedíamos a ele que nos levasse até a casa do não-participante e nos apresentasse a ele.

Apesar das dificuldades, íamos avançando com as entrevistas quando, dia 21 de maio de 2003, o jornal *O Globo* publicou, em primeira página, a manchete de que o secretário de Esportes do estado do Rio de Janeiro, Chiquinho da Mangueira, havia sido acusado de "proteger o tráfico" na Mangueira. A notícia ganhou repercussão nacional; foi aberto inquérito policial e no Ministério Público Estadual, para investigar a denúncia. Com isso, as batidas policiais se acentuaram no morro da Mangueira.

Depois dessa confusão, continuar a subir o morro tornou-se realmente arriscado. E por várias razões: primeiro, porque a coordenação do programa não havia sido favorável a estas nossas idas ao morro; segundo, porque vimos que o programa social da Mangueira era percebido na comunidade como estreitamente associado ao Chiquinho da Mangueira; terceiro, porque ele estava sendo investigado por seu relacionamento com os traficantes da Mangueira; quarto, porque o trunfo do Chiquinho, até o momento, era justamente aquele programa social, a que estávamos nos metendo a avaliar os resultados; e quinto, porque o cerco policial aos traficantes da Mangueira ganhou evidência e força a partir de então.

Decidimos que, definitivamente, não poderíamos continuar subindo o morro da Mangueira. Até aquele momento inesperado, havíamos realizado 35 entrevistas válidas, sendo 18 participantes e 17 não-participantes. Ainda tentamos realizar "lá embaixo" algumas entrevistas faltantes, mas em vão: as crianças/adolescentes contatados para comparecer à quadra da escola de samba e à sede do Projeto Camp não o fizeram.

Um derradeiro contato que ainda tivemos com a comunidade da Mangueira depois daquele incidente, e por sinal muito interessante e esclarecedor, foi no *campão da Bandeirante*, que fica ao pé do morro. Já que não podíamos mais subir o morro, fizemos questão de ir ao *campão*, pois, ao longo das entrevistas, percebemos que muitas crianças / adolescentes, que haviam participado do Projeto Olímpico, agora estavam preferindo freqüentar os treinos de futebol realizados no tal campão. E por quê? Comentaremos isto no capítulo seguinte.

Eram 14h do dia 31 de maio. Já havíamos entrevistado os treinadores do *campão*, Paulinho e Marquinho; e conversávamos com os garotos, reunidos em círculo, sentados no chão. De repente, começou um tiroteio muito forte entre polícia e bandido bem em cima no morro, como em um filme de guerra. Todos correram para se esconder, fugindo de bala perdida. E foi dessa maneira *estranha*, para uma cidade dita civilizada como é o Rio de Janeiro, que demos por encerrada a nossa pesquisa de campo na Mangueira!

Essa descrição de quão conturbada foi a coleta dos dados na Mangueira serve para ilustrar que avaliar a eficácia pública da ação social das empresas pode ser uma tarefa bastante diferente de praticamente todas as demais realizadas em âmbito empresarial. Aqui, dificilmente se consegue seguir estritamente o planejamento feito, e o ritmo da avaliação tem que se adaptar ao ritmo do local onde a ação social está sendo realizada. Ou seja, a não-previsibilidade das relações sociais é um traço típico desse ambiente de pesquisa, novo para a realidade empresarial.

Quarto passo: necessidade de redefinição da hipótese do modelo causal

Quando fomos a campo para testar a hipótese de causalidade, tal como havia sido proposta (no primeiro passo), percebemos a necessidade de redefinição daquele modelo inicial.

Primeiro, no que diz respeito à reespecificação de algumas variáveis dependentes. As variáveis Y_3 (freqüência à escola) e Y_4 (rendimento escolar) fundiram-se na variável Y'_3 (escola), pois percebemos, pelo relato dos entrevistados, que havia uma correlação muito alta nas variações de desempenho entre aquelas duas variáveis. A variável Y_5 (educação complementar) sofreu apenas uma alteração em sua denominação, para "capacitação para o mercado de trabalho", sem alteração de sentido — a nova denominação traduz melhor o significado atribuído a ela durante as entrevistas. Já a variável Y_9 (construção da cidadania/direito à educação respeitado) foi eliminada do modelo, pois percebemos que não houve um entendimento razoável da questão pela maioria dos entrevistados e/ou este não era um tema relevante para eles naquele momento. A sensação que tínhamos era a de que eles elaboravam as respostas para atender àquela indagação. Também a variável Y_{10} (criminalidade) foi eliminada, porque não era um aspecto percebido pelos entrevistados como um efeito direto dos projetos em suas vidas.

Segundo, no que diz respeito à inclusão de variáveis explicativas para compor o constructo "características pessoais", porém sem o sentido de variável de controle. Tão logo iniciamos a pesquisa de campo, começamos a perceber que as mudanças nas variáveis dependentes (ou seja, nas condições de vida dos entrevistados) eram atribuídas às "características pessoais" dos respondentes, que são um importante fator confundidor na avaliação de impacto (Rossi, Freeman e Lipsey, 1999). Nos tradicionais modelos experimentais, além de não se ter controle *a priori* acerca das características pessoais dos componentes dos grupos do experimento e de controle, também se consegue conhecer muito pouco, ao longo da avaliação, sobre os efeitos deste fator para os resultados brutos observados. Isto porque, nestes modelos tradicionais de avaliação de impacto, praticamente não existe interação direta avaliador-avaliado.

Ao contrário, nossa pesquisa estava baseada na interação direta avaliador-avaliado. Assim, no decorrer das entrevistas, ao percebermos a relevância do fator "características pessoais" para o entendimento dos resultados, passamos a sistematizar este constructo, ainda que *a posteriori* (pois não tivemos controle sobre este fator ao compor a amostra), para entender sobretudo a sua relação com a variável causal X_1, e a auxiliar para o entendimento dos resultados encontrados nos $Y'_{i(s)}$.

Podemos dizer que em nossa versão redefinida do modelo, o constructo "características pessoais" foi considerado como fator explicativo, porém não como fator de controle para a composição da amostra. Sabemos que este não é um procedimento usual em pesquisa experimental, o de trazer o "fator confundidor" para dentro do modelo de causalidade. Porém, este procedimento mostrou-se aqui de extrema valia para entender o impacto dos projetos sociais analisados.

Mas, afinal, o que estamos entendendo aqui por "características pessoais"?

No contexto dos projetos sociais aqui avaliados, por "características pessoais" entendemos as atitudes do próprio indivíduo e de sua família, capazes de influenciar em seu desenvolvimento pessoal. Para representar essa noção das características individuais adotamos aqui a variável X_5, do tipo *dummy*, como a atitude do indivíduo, se proativa ou passiva, no que se refere ao seu desenvolvimento pessoal. Vimos que existe uma correlação muito grande entre esta variável e a variável, também aqui do tipo *dummy*, "adequação escolar", definida no modelo como a adequação (ou não) idade/série do respondente. Mas, como não conseguimos caracterizar X_5 para todos os entrevistados, adotaremos também no modelo a variável "adequação escolar", denominada $X_{5.1}$, para auxiliar na interpretação dos resultados do modelo. $X_{5.1}$ cumpre aqui o papel de variável coadjuvante no entendimento das características individuais (X_5).[12]

A noção relacionada às características da família foi aqui operacionalizada na variável X_6, também do tipo *dummy*, como a atitude da família de estímulo à participação nos projetos sociais da Xerox e/ou em outros projetos de desenvolvimento pessoal.

A reforçar a importância dessas duas variáveis (X_5 e X_6) na explicação de fenômenos sociais, vemos que também Silva (2003), ao analisar a caminhada de jovens pobres da comunidade da Maré (Rio de Janeiro) — por que uns conseguem chegar à universidade e outros não — concluiu pela importância das características individuais (que ele chamou de características singulares, como "talento" e "inteligência institucional"), das características da família, além das inter-relações entre as várias redes sociais (escola, trabalho, rua) com as quais os jovens vão tendo contato. Diz ele:

> A compreensão da permanência escolar decorre da dinâmica estabelecida entre as características singulares do agente e as redes sociais nas quais ele se insere. Logo, tem mais

---

[12] Importante distinguir $X_{5.1}$ (adequação idade/série) da variável dependente Y'_3 (escola). $X_{5.1}$ é uma variável de estoque (apurada no momento da realização da entrevista) e ajuda a caracterizar o entrevistado. Já Y'_3 é uma variável de fluxo e está associada à percepção de desempenho na escola do entrevistado, durante apenas o período considerado.

significado para a permanência escolar, entre outras coisas, a posição ocupada pelo agente nos campos escolar e familiar. Essa posição é fruto de uma série de variáveis, que vão de seu carisma até sua capacidade de jogar com as normas disciplinares, assim como as notas conseguidas nas disciplinas escolares.

De qualquer forma, não basta os pais definirem uma estratégia educativa centrada na permanência do filho (na escola). O filho que estiver mais voltado para os mecanismos de socialização "da rua" e/ou do campo profissional, e buscando ser aprovado ou conquistar neles uma posição superior, tenderá a ter um menor interesse em atuar no campo escolar. Quando esse tipo de situação ocorre em uma rede familiar onde a permanência na escola não é uma estratégia central, o jovem sairá da escola mais cedo. Logo, é possível considerar que a configuração familiar é um forte condicionante para o desempenho nos primeiros períodos escolares. As redes sociais priorizadas pelos estudantes em períodos escolares mais avançados, no entanto, ocupam os papéis centrais no desdobramento de suas trajetórias escolares.

Feitos estes comentários, apresentamos finalmente a versão "redefinida" do nosso modelo de inferência causal para avaliar o impacto dos projetos considerados na comunidade da Mangueira.

Quadro 11
Modelo de inferência causal aplicado para avaliar o impacto dos projetos sociais da Xerox na Mangueira — Projeto Olímpico e Projeto Camp — versão redefinida

$$E(Y'_1, Y'_2, ... Y'_7) \equiv f(\beta_{*1}X_1, \beta_{*2}X_2, \beta_{*3}X_3, \beta_{*4}X_4)$$

$$E(X_1) \equiv f(\alpha_5 X_5, \alpha_{5.1} X_{5.1}, \alpha_6 X_6)$$

onde:

Variáveis dependentes

Y'_1 = saúde (definida como grau de bem-estar físico)

Y'_2 = lazer (definido como grau de satisfação com a ocupação do tempo livre)

Y'_3 = escola (definida como desempenho na escola em termos de freqüência e rendimento)

Y'_4 = capacitação para o mercado de trabalho (definida como a sensação de estar sendo capacitado para o mercado de trabalho)

Y'_5 = inserção no mercado de trabalho (definida como a situação do entrevistado de estar trabalhando e satisfeito com o seu trabalho)

Y'_6 = auto-estima (definida como o grau de confiança em si mesmo)

Y'_7 = sociabilidade (definida como o grau de relacionamento com as outras pessoas)

Variável explicativa-chave (ou variável causal)

X_1 = condição de participação nos projetos sociais da Xerox (Projeto Olímpico ou Camp)

Categorias

▼ participante

▼ não-participante

continua

> β_{*1} = efeito causal médio de X_1 em respectivamente Y'_1, ..., Y'_7 onde $* = 1, 2, ..., 7$
>
> **Variáveis explicativas de controle**
>
> X_2 = idade
>
> X_3 = sexo
>
> X_4 = local de residência como *proxy* da situação socioeconômica
>
> **Variáveis explicativas**
>
> X_5 = características individuais: atitude proativa ou passiva? (ativa ou passiva)
>
> $X_{5.1}$ = adequação escolar, idade/série (adequado ou não-adequado)*
>
> X_6 = características da família: atitude de estímulo ou não à participação nos projetos (Olímpico ou Camp) e/ou em outros projetos de desenvolvimento pessoal? (estímulo ou não-estímulo)
>
> Fonte: pesquisa de campo.
> * Por adequação idade/série na escola, consideramos aqui quando o entrevistado estava na faixa de escolaridade compreendida no limite entre um ano a menos e um ano a mais em relação à seguinte tabela idade/série:
> ▼ ensino fundamental — 1ª série, 7 anos; 2ª série, 8 anos; 3ª série, 9 anos; 4ª série, 10 anos; 5ª série, 11 anos; 6ª série, 12 anos; 7ª série, 13 anos; 8ª série, 14 anos.
> ▼ ensino médio — 1ª série, 15 anos; 2ª série, 16 anos; 3ª série, 17 anos.

Resumindo, podemos dizer que, em nosso modelo revisto de avaliação de impacto, as variáveis explicativas de controle X_2, X_3 e X_4, definidas *a priori* da coleta dos dados, tiveram papel preponderante para auxiliar na montagem dos grupos de comparação e, dessa forma, procurar garantir o requisito da "unidade homogênea de análise". Já as variáveis X_5 e X_6, que compõem aqui o constructo "características pessoais" e foram definidas *a posteriori*, tiveram importante papel para explicar a participação ou a não-participação nos projetos sociais em questão e para auxiliar no entendimento das mudanças observadas nas variáveis dependentes do modelo.

7. Resultados encontrados: o programa social da Xerox tem eficácia pública?

A amostra implementada

Uma vez descritos os desafios e dificuldades que tivemos que enfrentar para definir e coletar a amostra de moradores da comunidade da Mangueira para o nosso modelo de avaliação, apresentamos o desenho final da amostra efetivamente implementada no quadro 12.

Esse quadro descreve os grupos de comparação que foram construídos para viabilizar a aplicação da lógica experimental do nosso modelo. Ao todo, foram 16 grupos, sendo 15 pares e um trio, além de Exper A e Exper B. Em cada um destes grupos, há um participante de um dos projetos sociais em questão (grupo do experimento) e um (ou dois, no caso do trio) não-participante(s) dos projetos (grupo de controle). Eles foram aqui denominados respectivamente "Exper" e "Control", seguidos do número que os associa ao grupo do qual fazem parte na amostra.

Como pode ser visto também no quadro, procuramos, em cada grupo, fazer com que o não-participante fosse equivalente ao participante, em termos de idade, sexo e local de residência. Ou seja, o não-participante foi selecionado para cada grupo com base nas referidas variáveis de controle do modelo — sexo, idade e local de residência.

No total, foram 18 participantes entrevistados na amostra. Vimos que, em se tratando do Projeto Olímpico, normalmente a criança/adolescente não se matricula apenas em uma modalidade esportiva, mas em várias, dando a idéia de que o que se busca aqui é aproveitar as oportunidades oferecidas pelo projeto. Porém, por outro lado, nos chamou a atenção o fato de que, quando consideramos os participantes atualmente em idade *válida* para os projetos (entre oito e 17 anos, inclusive) — isto é, de um subtotal de 16 participantes, apenas cinco continuavam freqüentando os projetos: dois em fase de estágio pelo Projeto Camp, um em fase inicial no Projeto Olímpico e apenas dois dando prosseguimento ao Projeto Olímpico.

Obviamente, estes números extraídos da amostra não podem ser linearmente *expandidos* para o universo da população dos moradores da Mangueira. E a principal razão para isto é que não se trata de uma amostra representativa, embora aleatória: ela não está associada à distribuição dos moradores na comunidade, mas sim ao cadastro dos participantes dos projetos. Porém, estes números alertam para um aspecto relevante associado ao impacto dos projetos na comunidade e diz respeito à elevada taxa de abandono dos projetos.

Quadro 12
Amostra dos moradores da comunidade da Mangueira que foram entrevistados: participantes e não-participantes do Projeto Olímpico e do Projeto Camp[1]

Identificação do entrevistado	Variável causal	Variáveis de controle			Projetos do programa social da Mangueira em que participou?	Continua? (Maio de 2003)
	X_1 Condição de participação: P ou NP	X_2 Idade (anos)	X_3 Sexo	X_4 Local de residência		
Exper 1 (PO/Futebol)	P	13	M	Chalé	Natação Futebol, desde 2001 Bateria na quadra	Não Sim
Control 1	NP	10	M	Chalé		
Exper 2 (PO/Futsal)	P	13	M	Candelária (alto)	Futebol (2001)	Não
Control 2	NP	13	M	Candelária (alto)		
Exper 3 (PO/Futebol)	P	9	M	Candelária	Natação, desde 2001 Futebol (2002) Atletismo Explicadora	Sim Não Não Sim
Control 3	NP	9	M	Candelária		
Exper. 4 (PO/Basquete)	P	10	F	Rua ao pé do morro	GRD Natação	Não Não
Control 4	NP	9	F	Rua ao pé do morro		
Exper 5 (Camp)	P	16	F	Telégrafo (alto)	Camp (2001) Vôlei Atletismo	Estágio Não Não

continua

	Variável causal	Variáveis de controle				
Identificação do entrevistado	X_1 Condição de participação: P ou NP	X_2 Idade (anos)	X_3 Sexo	X_4 Local de residência	Projetos do programa social da Mangueira em que participou?	Continua? (Maio de 2003)
Control 5	NP	16	F	Telégrafo (alto)	Vôlei Atletismo Natação	Não Não Não
Exper 6 (Camp)[4]	P	17	F	Buraco Quente	Camp (1999)	Estágio
Control 6	NP	17	F	Buraco Quente	Atletismo Faz Tudo	Não Não completou
Exper 7 (PO/Basquete)	P	15	F	Buraco Quente	Basquete (2001/02) Explicadora	Não Não
Control 7	NP	15	F	BuracoQuente	–	–
Exper 8 (Camp)[4]	P	18[5]	M	Candelária	Camp (1998) Futebol	Não trabalha Não
Control 8	NP	19[5]	M	Candelária	–	–
Exper 9 (PO/Atletismo)	P	18[5]	F	Chalé	Atletismo (1998) Vôlei Basquete Clube escolar (Futsal, *handball* e natação) Camp (apenas 1 mês)	Não Não Não Não Não
Control 9	NP	15	F	Chalé	–	–
Exper 10 (PO/Natação)	P	12	M	Telégrafo (alto)	Clube escolar (natação e futebol) Natação (2001) Futebol Capoeira (quadra)	Não Não Não Sim

continua

Identificação do entrevistado	Variável causal X_1 Condição de participação: P ou NP	Variáveis de controle X_2 Idade (anos)	X_3 Sexo	X_4 Local de residência	Projetos do programa social da Mangueira em que participou?	Continua? (Maio de 2003)
Control 10	NP	12	M	Telégrafo (alto)	Bateria na quadra (2003)	Há 1 mês
Exper 11 (PO/Futebol)	P	8	M	Telégrafo	Futebol (2001)	Não
Control 11	NP	12	M	Telégrafo		
Exper 12 (PO/Futebol)	P	13	M	Rua ao pé do morro	Futebol (2001) Clube escolar (teatro e vôlei) Casa das Artes (fotografia) em 2003	Não Não Começou agora
Control 12	NP	13	M	Rua ao pé do morro		
Exper 13 (PO/Futebol)	P	8	M	Telégrafo (alto)	Futebol (2001) – inscreveu, mas não fez Natação (2003) Atletismo (2003)	Começou agora Começou agora
Control 13	NP	10	M	Telégrafo (alto)		
Exper 14 (PO/Natação)	P	10	M	Telégrafo (alto)	Natação (2001) Casa das Artes (2002)	Não Não

continua

Identificação do entrevistado	Variável causal	Variáveis de controle			Projetos do programa social da Mangueira em que participou?	Continua? (Maio de 2003)
	X_1 Condição de participação: P ou NP	X_2 Idade (anos)	X_3 Sexo	X_4 Local de residência		
Control 14	NP	7	M	Telégrafo (alto)	—	—
Exper 15 (Camp)[4]	P	17	F	Telégrafo (alto)	Camp (2000) GRD (2001)	Não fez estágio Não
Control 15a	NP	17	F	Telégrafo (alto)	Atletismo (1999), só 3 meses	Não
Control 15b	NP	18[5]	F	Telégrafo (alto)	—	—
Exper 16 (PO/Futsal)	P	16	M	Telégrafo (alto)	Futsal (1998-2001) Atletismo (4 semanas)	Não Não
Control 16[4]	NP	13	M	Telégrafo (alto)	—	—
Exper A[2] (PO/Basquete)	P	15	F	Rua ao pé do morro	De 2000 a 2002: Vôlei GRD Natação	Não Não Não
Exper B[3] (PO/Futsal)[4]	P	15	M	Telégrafo	Atletismo (1999) Futsal (1999)	Não Não

Obs.: Condição de participação — P = participante, NP = não-participante; sexo — M = masculino, F = feminino. A coluna "Local de residência" diz respeito à região do morro da Mangueira em que o entrevistado mora, se Candelária, Chalé, Buraco Quente, Telégrafo ou ao pé do morro.

[1] Na coluna "Entrevistado", nomeamos o entrevistado segundo a sua condição, se pertencente ao grupo do experimento (Exper) ou se pertencente ao grupo de controle (Control). Quando o entrevistado pôde estar associado ao par (ou trio) de comparação experimento/controle, foi-lhe acrescido um número, que identifica o par/trio da comparação. Quando o entrevistado não pôde estar associado ao par de comparação, foi-lhe acrescido uma letra maiúscula do alfabeto. A referência entre parênteses diz respeito ao projeto/modalidade esportiva, segundo o qual o participante foi selecionado.

[2] O participante não indicou um não-participante para ser entrevistado.

[3] Por causa do incidente do dia 21 de maio, tivemos que interromper o processo de coleta de dados, antes que o não-participante indicado por ele pudesse ser entrevistado.

[4] O entrevistado entrou na amostra por substituição aleatória e criteriosa.

[5] Embora a idade já não o caracterize nessa data como população-alvo para os projetos, é importante entender que, durante o período considerado para avaliação de impacto (últimos dois, três ou quatro anos em relação a 2003), o entrevistado fazia, sim, parte da população-alvo dos projetos.

Da amostra, vemos ainda que entre os 17 respondentes do grupo de controle, três foram participantes de projeto. Explicando melhor este aparente contra-senso: estes três entrevistados entraram na amostra como representantes do grupo de controle do Projeto Camp, porém, ao longo das entrevistas, descobrimos que eles já tinham participado anteriormente do Projeto Olímpico (sendo que, entre estes três ex-participantes, dois ainda estavam em idade *válida* para os projetos). É importante ter consciência de que esta participação anterior de membros do grupo de controle pode ter influído positivamente em suas vidas, atuando também como "fator confundidor" da comparação.

Os três perfis da população-alvo. Quem são os participantes dos projetos sociais? Quem são os não-participantes?

Procuramos investigar o tipo de relação que existiu entre a condição de participação nos projetos (Exper ou Control), que é a variável causal-chave do modelo, e as características pessoais dos respondentes, que são as variáveis explicativas X_5, $X_{5.1}$ e X_6. Com isto, estávamos buscando responder às seguintes questões: até que ponto a atitude da própria pessoa influencia para a sua participação nestes projetos? E até que ponto é a atitude da família que influencia para a sua participação nos projetos?

De certa forma, podemos dizer que a atitude da família foi condição determinante para a participação da criança/adolescente nos projetos Olímpico e Camp. Isto porque todos os participantes dos dois projetos (para os quais foi possível identificar a atitude da família) contaram com um *background* de estímulo familiar.

Tabela 2
Exper *versus* Control — Características pessoais

Condição do entrevistado: participante/ não-participante	Características pessoais		
	Do indivíduo		Da família
	Adequação escolar? $X_{5.1}$	Proativa ou passiva? X_5	Estimula a participação? X_6
Projeto Olímpico			
Exper 1	NA	n.i.	E
Control 1	NA	n.i.	NE
Exper 2	NA	n.i.	E
Control 2	NA	n.i.	NE
Exper 3	A	n.i	E
Control 3	A	n.i.	NE
Exper 4	A	At	E
Control 4	A	At	E
Exper 7	A	At	n.i.
Control 7	A	At	n.i.

continua

Condição do entrevistado: participante/ não-participante	Características pessoais		
	Do indivíduo		Da família
	Adequação escolar? $X_{5.1}$	Proativa ou passiva? X_5	Estimula a participação? X_6
Exper 9	A	At	n.i.
Control 9	A	At	E
Exper 10	A	At	E
Control 10	NA	n.i.	NE
Exper 11	A	At	E
Control 11	A	n.i.	NE
Exper 12	A	At	E
Control 12	NA	Pa	NE
Exper 13	A	n.i.	E
Control 13	A	n.i.	NE
Exper 14	A	n.i.	E
Control 14	NA*	n.i.	NE
Exper 16	A	At	E
Control 16	NA	Pa	E
Exper A	A	At	n.i.
Exper B	A	n.i.	n.i.
Projeto Camp			
Expert 5	A	At	E
Control 5	A	At	E
Exper 6	A	At	E
Control 6	NA	Pa	n.i.
Exper 8	NA	At	E
Control 8	NA	Pa	NE
Exper 15	A	At	n.i.
Control 15a	NA	Pa	E
Control 15b	NA	Pa	NE

Fonte: Entrevistas realizadas.
Obs.: n.i = a informação não pôde ser identificada a partir da entrevista. Condição do entrevistado – participante = Exper(imento), não-participante = Control(e). Características pessoais – adequação escolar (aqui considerada a adequação idade/série, conforme os parâmetros do quadro 11): A = adequado, NA = não adequado; At = pessoa proativa, que age em função de seu desenvolvimento pessoal; Pa = pessoa passiva, que não age em função de seu desenvolvimento, é apática e desinteressada; E = família que estimula a participação do entrevistado no Projeto Olímpico, no Camp ou em outro projeto de desenvolvimento pessoal; NE = família que não estimula a participação do entrevistado no Projeto Olímpico, no Camp ou em outro projeto de desenvolvimento pessoal.
* Embora Control 14 esteja matriculado na série correta, ele não tem freqüentado a escola sistematicamente, tendo sido, por isto, considerado NA.

Na maior parte das vezes, o *background* familiar positivo pôde ser percebido na maneira como a mãe e/ou pai e/ou responsável se referiam a estes projetos, como parte de um plano de desenvolvimento para os filhos. Quando o entrevistado foi a própria criança/adolescente, conseguimos também perceber, nas entrelinhas dos seus depoimentos, que eles contaram com o apoio dos pais ou responsáveis. Vejamos algumas falas que ilustram esta relação positiva entre estímulo familiar e participação nos projetos.

> A Vila Olímpica dá oportunidade para muitas pessoas. Prefiro que o meu filho fique lá no projeto do que aqui pelo morro. Aqui só aprende o que não deve.
>
> (Mãe de Exper 1, de 13 anos)

> Por causa do tráfico, a Mangueira está vivendo a sua pior fase. Se pudesse, mudava daqui hoje mesmo. Quem tem família é complicado. Exper 3 continua apenas na natação; parou o futebol e o atletismo, porque entrou para a explicadora particular e também a explicadora da Vila Olímpica. A Vila Olímpica é um porto seguro.
>
> (Pai de Exper 3, de 9 anos)

> Queremos dar tudo do bom e do melhor para a nossa filha. Em 2002, ela começou a fazer inglês e teve que parar com a natação e a GRD, do Projeto Olímpico.
>
> (Pai de Exper 4, de 10 anos)

> Exper 11 fez futebol no Projeto Olímpico durante um ano (2001). Saiu por causa do horário; agora ele joga bola no clube do Vasco. Lá o treino começa às quatro da tarde e dá mais espaço; aqui na Vila Olímpica o treino era à uma hora da tarde e ficava muito puxado, até que chega da escola, almoça. No Vasco é pago; mas eu e meu irmão fazemos um sacrifício e pagamos, porque ele gosta muito do futebol.
>
> (Tia de Exper 11, que cuida do sobrinho de oito anos)

> Exper 10 fez, primeiro, o Clube Escolar na Vila Olímpica, aos 5 anos de idade. Depois fez futebol e natação no Projeto Olímpico (2001). Pus ele também para fazer capoeira na quadra, porque a capoeira dá cesta básica. Como eu fiquei por conta dos meus filhos, todo canto que eu sei que tem um projeto bom [que eu não pude fazer pois era da roça, e era o meu sonho], aí eu tento colocar eles. Eu, como mãe, tenho a maior preocupação em ver meus filhos encaminhados na vida, trabalhando honestamente.
>
> (Mãe de Exper 10, de 12 anos)

> Depois que fiz o Camp, comecei a trabalhar, a ganhar o meu dinheiro. Aprendi a ficar com mais responsabilidade, tipo a minha mãe passou a falar "agora você é o homem da casa".
>
> (Exper 8, de 18 anos)

É interessante ver como estes pais e/ou responsáveis estão conscientes da oportunidade de desenvolvimento que a Vila Olímpica da Mangueira propicia a seus filhos e buscam aproveitá-la. A este respeito, transcrevemos, a seguir, a intensa rotina de atividades da irmã de Exper 10, conforme nos foi descrita por sua mãe. Essa rotina, que não deixa a desejar para a grande maioria dos garotos de classe média e alta "do asfalto", consegue demonstrar a combinação virtuosa que pode existir entre a oferta de projetos sociais na comunidade, no âmbito do programa social da Mangueira, e a demanda destes projetos por parte de uma mãe dedicada ao desenvolvimento dos seus dois filhos. E não se trata de uma mãe "abonada" da comunidade; pelo contrário, trata-se de uma mãe que vive de aluguel, na parte alta do morro da Mangueira.

> 2ª e 4ª feira: explicadora (7h30min); natação (8h20min-9h)
>
> 4ª feira: psicóloga, terapia de grupo (9h05min-10h)
>
> 3ª e 5ª feira, manhã: dança popular (Casa das Artes)
>
> 3ª e 5ª feira: capoeira na quadra (17h-18h)
>
> Toda tarde: Escola Tia Neuma (13h-17h)
>
> **(Rotina das atividades da irmã de Exper 10, garota de 10 anos de idade, na Vila Olímpica da Mangueira)**

Por outro lado, estes depoimentos mostram também como as famílias comprometidas com o desenvolvimento dos seus filhos procuram ir ajustando a oferta dos projetos sociais às necessidades que consideram mais relevantes para o desenvolvimento dos seus filhos: Exper 3 parou o futebol e o atletismo em prol dos estudos com a explicadora; Exper 4 parou com o futebol e a GRD para freqüentar o curso de inglês, que é fora da Vila Olímpica e que seus pais puderam/decidiram pagar para ela, por considerarem de mais valia para a sua formação; Exper 11 transferiu-se do futebol da Vila Olímpica para o futebol do Vasco, ainda que com sacrifício financeiro dos tios, em função do horário mais compatível com a sua rotina.

Porém, e isto é importante destacar, nem todo *background* de estímulo familiar resultou necessariamente na participação nos referidos projetos da Mangueira. Houve situação em que os pais ou os próprios garotos optaram pela **não** participação nestes projetos, uma vez que tinham uma opção alternativa de desenvolvimento pessoal que consideravam mais adequada. Foram os casos de Control 4, Control 5, Control 7, Control 9 e Control 11. Teve também uma outra situação extrema, o caso de Control 16, em que a família parecia estar focada no desenvolvimento pessoal do filho, porém a atitude passiva e desinteressada dele foi preponderante, resultando em sua não-participação não apenas nos projetos sociais na comunidade como na própria escola.

> Por causa da escola, Control 4 não se mudou com a família para Madureira, e ficou morando com a avó. É por causa do horário da escola que ela não participa do Projeto Olímpico; senão ficaria uma correria e também nem sempre a avó pode levar.
>
> (Mãe de Control 4, de nove anos. A garota mora com a avó, que pareceu ser extremamente zelosa com a neta)

Para fazer o Projeto Camp, eu teria que estudar de noite; mas, eu não queria, e também nem a minha mãe deixa. É muito difícil arrumar estágio de meio período. Eu acho que o Camp deveria dar oportunidade de estágio de meio período.

(Control 5, de 16 anos, se referindo à barreira, que representa para ela, o fato de os estágios do Camp serem todos de horário integral)

Nunca tive vontade de fazer o Projeto Olímpico. Os esportes de lá nunca me interessaram. Eu gosto é de capoeira.

(Control 7, de 15 anos)

Conhecer o Projeto Olímpico, eu conheço. Mas não fiz por falta de tempo mesmo: é a escola, é o curso na Faetec de informática, é a explicadora (particular). Também não penso em fazer o Projeto Camp: penso em terminar os estudos e fazer uma faculdade.

(Control 9, de 15 anos)

Control 11 não faz o Projeto Olímpico porque não tem tempo; não tem quem leve; não tem. Eu levo ele todo dia para o serviço comigo; saímos daqui às 2h da tarde e só voltamos às 10h da noite. Também eu nem sei onde é que fica o Projeto Olímpico. Também nem tenho tempo pra ir lá.

(Mãe de Control 11, de 12 anos. Ela trabalha na bilheteria de um teatro na Zona Sul da cidade)

Ele só quer saber da rua. A rua não deixa ele estudar. Pra ele, a rua é a rua. Hoje ele só está em casa porque está doente, estava com febre até há pouco tempo. Ele parou de estudar por dois anos. Eu coloquei ele aqui num projeto da prefeitura, que dava cesta básica e R$ 40 por mês. Aí ele ia poder até comprar a bicicleta que ele tanto queria. Mas ele não ia, faltava muito. A rua não deixa. Você vê, hoje eu recebi uma carta da direção da escola dele, pois já tem um mês que ele não vai à aula. Se eu não for lá, o Juizado de Menores vem aqui em cima.

(Mãe de Control 16, de 13 anos)

Apenas para os casos em que foi possível identificar a atitude individual, podemos dizer que existiu uma correlação razoável entre este indicador e adequação escolar. Na maior parte das vezes, a atitude individual pôde ser detectada na maneira como as crianças/adolescentes se posicionavam em relação aos questionamentos durante a entrevista, se de forma mais madura ou de forma inconseqüente; ou ainda, na maneira como os seus pais/responsáveis se referiam a eles. Os exemplos a seguir ilustram esta correlação entre atitude individual e adequação escolar.

- ▼ Crianças e adolescentes com adequação escolar e atitude proativa:

Não é por ser minha filha, mas Exper 4 é muito estudiosa e responsável.

(Pai de Exper 4, de 10 anos)

Sempre gostei de esporte, desde pequena. Quando tinha 12/13 anos, fiz atletismo no Projeto Olímpico durante menos de um ano; parei porque o sol quente da tarde me dava dor de cabeça. Depois fiz vôlei por três meses. Parei e fiz basquete. Entrava e saía no Projeto Olímpico. Depois fui para o Clube Escolar (também do programa social da Mangueira), onde fiz futsal, handebol e natação. Fui para lá porque tinha os esportes que eu gostava. Em 2000, fiz os três cursos do Projeto Faz-Tudo — refrigeração, elétrica e carpintaria. Também pelo Centro Cultural da Candelária, trabalhei nos correios, como arquivista, durante um ano e três meses, até janeiro agora — pois só pode ficar lá até 17 anos e 10 meses. Hoje mesmo, já fui ver um estágio na Fundação Mudes. Quero fazer vestibular para informática ou administração na Uerj; por isto, estou fazendo o pré-vestibular.

(Exper 9, de 18 anos)

Exper 11 é um garoto excelente. Tudo ele reparte. Nem a minha filha, que já tem 13 anos, é como ele. Ele é muito responsável: se ele vê que a mãe tá ali bebendo, ele fica sempre por perto pra tomar conta dela. Se tem um tiroteio, ele sai procurando as irmãs pequenas. Ele também é muito compreensivo. Pelas condições de vida dele, poderia ser revoltado, e não é. Ele tem consciência do que é a vida dele, coisa que a irmã não tem.

(Tia de Exper 11, de oito anos)

▼ Crianças/adolescentes com inadequação escolar e atitude passiva:

Fiquei sem estudar durante três anos. Foi por desinteresse mesmo, estava sem paciência. Não tive oportunidade de fazer o Projeto Camp. Quando eu fui ao Projeto, já tinha passado da idade.

(Control 8, atualmente com 19 anos e ainda cursando a 7ª série do ensino fundamental)

Control 15a não quer saber de estudar. Nessa última escola foi expulsa. Tem a Vila Olímpica, mas ela não aproveita. Ela costuma ficar com umas amizades que eu não gosto. Outro dia peguei ela fumando maconha. Tem um tempão que ela não fala com a mãe.

(Pai de Control 15a, de 17 anos. Ela parou de estudar na 5ª série do ensino fundamental)

Eu parei de estudar. Parei porque comecei a trabalhar em uma fábrica de biquínis em São Cristóvão; e aí não dava horário para eu ir pra escola e trabalhar. Fiquei trabalhando só o período da experiência; depois fui mandada embora, porque eu faltei na experiência. Aí eu não quis voltar mais pra escola.

(Control 15b, de 18 anos, que parou de estudar na 7ª série do ensino fundamental)

Também de que adianta estudar (...) Meu pai tinha falado: se você estudar, vou te levar ao cinema. Aí eu estudei, e passou, passou, passou e, até hoje, nada de cinema. Eu já disse pra minha mãe: eu quero é trabalhar; eu não quero estudar mais!

(Control 16, de 13 anos, ainda na 2ª série do ensino fundamental e sem estar alfabetizado)

Das entrevistas realizadas, o caso de Exper 8 mostrou-se exceção. Ele pareceu ser um jovem dinâmico e focado em suas atividades profissionais, porém apresentava um atraso escolar de dois anos. Provavelmente, o que ocorreu foi que, para ele, o mundo do trabalho passou a ter predominância sobre o da escola, como defende Silva (2003).

> Depois que fiz o Camp, comecei a trabalhar, a ganhar o meu próprio dinheiro. O bom do Camp é que a gente não precisa ficar correndo atrás de emprego. A gente vai lá, pega a carta de apresentação e vai para a entrevista na empresa. Por causa do Camp, fiz estágio na Help Cópias (cinco meses), tirando cópias xerox; na Hiper Midia Editora Ltda. (um ano e oito meses) e na Integral Transportes Agenciamento Marítimos (um ano) como *office-boy*. No final de 2002, trabalhei na campanha do Chiquinho da Mangueira para deputado estadual, segurando faixa. Agora, eu não consigo mais ficar de bobeira aqui no morro, que é muito perigoso. Eu gosto de trabalhar, eu quero trabalhar. Desde janeiro de 2003, estou chateado pois estou sem trabalhar. Ontem fui ao CAT (Centro de Apoio ao Trabalhador) e preenchi a ficha para trabalhar como mensageiro, atendimento em lanchonete, operador de telemarketing.
>
> (Exper 8, de 18 anos, cursando o 1º ano do ensino médio)

Em nossa amostra, o caso de Exper 8 foi tido como exceção, até porque trabalhamos com uma faixa etária predominantemente de crianças. Na realidade, se tivéssemos privilegiado uma faixa etária um pouco mais elevada, essa situação de inadequação escolar associada à atitude proativa do adolescente/jovem teria se repetido mais vezes e, possivelmente, teria dado origem a outro grupo de análise a ser caracterizado.

É preciso deixar claro as limitações dessa correlação, em nosso modelo, entre adequação escolar e atitude individual, porque: no que se refere ao indicador adequação escolar, a repetência foi banida do ensino público brasileiro até a 4ª série do ensino fundamental, penalizando a precisão do indicador; e também não conseguimos identificar, a partir da entrevista, a variável atitude individual para 13 casos, o que corresponde a um percentual de 37% de dados *missing* para a nossa amostra. Na maioria das vezes isto ocorreu quando a entrevista foi realizada com o pai ou responsável da criança/adolescente.

A elevada correlação detectada entre atitude individual (X_5) e adequação idade/série ($X_{5.1}$) apontaria para a necessidade de apenas uma das duas variáveis para compor o modelo. Mas, por outro lado, a elevada taxa de dados *missing* referentes à atitude individual (X_5) mostrou ser interessante considerar também $X_{5.1}$ no modelo, a título de variável coadjuvante de X_5, para enriquecer a interpretação dos resultados. Importante alertar, todavia, para o componente de endogeneidade presente em $X_{5.1}$, uma vez que a variável adequação escolar foi apurada por ocasião da nossa entrevista e, portanto, o desempenho escolar do período analisado (Y'_3) encontra-se também aí incorporado.

Feita essa ressalva, o ponto relevante a destacar é a correlação entre as características individuais e as características da família. Ou seja, indivíduos com adequação escolar e atitude de vida proativa estavam quase sempre associados a famílias presentes e estimuladoras do seu desenvolvimento pessoal. E vice-versa: indivíduos com inadequação escolar e atitude de vida passiva estavam associados a famílias ausentes e com atitudes não-estimuladoras do seu desenvolvimento. Com exceções, como os casos notórios de Control 15a e Control 16.

As evidências, a partir dos resultados da amostra, apontaram para três perfis de crianças/adolescentes da Mangueira, em relação ao envolvimento com o Projeto Olímpico e o Projeto Camp.

- **1º perfil — Incluídos**: são, em geral, crianças/adolescentes com algum grau de estímulo familiar e/ou de adequação escolar e/ou atitudes proativas. Foram os casos de: Exper 1, Exper 2, Exper 3, Exper 4, Exper 5, Exper 6, Exper 7, Exper 8, Exper 9, Exper 10, Exper 11, Exper 12, Exper 13, Exper 14, Exper 15, Exper 16, Exper A e Exper B.

- **2º perfil — Auto-excluídos**: uma minoria dos excluídos dos projetos são também crianças/adolescentes com algum grau de estímulo familiar e/ou de adequação escolar e/ou atitudes proativas, mas que optaram por não participar, por terem outra alternativa de desenvolvimento pessoal. Foram os casos de: Control 4, Control 5, Control 7, Control 9 e Control 11.

- **3º perfil — Excluídos em situação de risco social**: uma maioria dos excluídos dos projetos são crianças/adolescentes sem estímulo familiar para sua participação nos projetos e/ou apresentando inadequação escolar e/ou atitude passiva em face do seu próprio desenvolvimento. Foram os casos de: Control 1, Control 2, Control 3, Control 6, Control 8, Control 10, Control 12, Control 13, Control 14, Control 15a, Control 15b e Control 16.

A elucidação destes três perfis da amostra dá margens a duas considerações relevantes sob a ótica da avaliação do impacto destes projetos na Mangueira.

A primeira consideração é a de que a maioria dos excluídos da amostra é constituída por crianças e adolescentes da Mangueira, que mais necessitariam estar inseridos nestes projetos sociais apoiados pela Xerox. Basta ver que o grupo 3 é bem mais numeroso do que o grupo 2. E são exatamente estas crianças/adolescentes do grupo 3 que tipificam o perfil caracterizado por serem "largados" pela família e de não alimentarem um sonho de autodesenvolvimento. São eles que se encontram mais próximos da ameaça da rua e mais expostos às drogas e à criminalidade. Ilustramos com algumas situações que apontam para a fragilização da situação de vida destas crianças/ adolescentes:

- pai do garoto Control 1 acabou de sair da prisão onde esteve durante sete anos;
- a adolescente Control 6 parou de estudar e teve duas filhas;
- adolescente Control 9 ficou três anos sem estudar por desinteresse;
- garoto Control 13, de apenas 10 anos de idade, quer parar de estudar;
- Control 14 tem apenas sete anos de idade, vive solto e a sua mãe não o leva para a escola;
- a adolescente Control 15b parou de estudar e diz que gosta é de ficar sem fazer nada;
- garoto Control 16 já chegou a dizer para sua mãe que iria virar bandido.

Como explicitado pela coordenação dos projetos da Xerox, um dos seus componentes é a prevenção da criminalidade na Mangueira. Logo, estes projetos deveriam estar focados também nas crianças/adolescentes da comunidade mais expostos a situações de risco social (perfil 3).

E por que as crianças/adolescentes da Mangueira não estavam participando do Projeto Olímpico e do Projeto Camp (perfis 2 e 3)?

> Não conheço o Projeto Olímpico. (...) Mas acho que seria bom se pudesse colocar um projeto aqui mais perto. Pra gente, fica longe ter que levar um filho pra um lugar, e o outro filho pra outro lugar. Fica muito cansativo.
>
> (Mãe de Control 3, de nove anos, moradora da parte alta da Candelária)

> Acho que lá existe racismo social. Sempre que vou lá, noto um certo desinteresse, acho que é porque eu sou loura, branca, de olhos verdes e cabelo liso (...) às vezes, a pessoa pode ir lá de chinelo de dedo e ter dinheiro. (...) Eu estou há dois anos querendo fazer hidroginástica; ontem, por incrível que pareça, a vaga saiu. (...) Pela aparência, acham que a gente é rico, mas a gente não é. A gente vive empurrando com a barriga para sobreviver. Às vezes eu passo dificuldades pra ter o que comer, pra comprar o pão. (...) Não sei qual o critério deles, é meio complicado.
>
> (Mãe de Control 4, de nove anos)

> Eu acho que o Camp deveria dar oportunidade de estágio de meio período. Eu não quero, e nem a minha mãe deixa eu estudar de noite. (...) Eu conheço uma menina que faz estágio de meio período.
>
> (Control 5, de 16 anos)

> Não fiz o Projeto Olímpico, porque não sei como é que é. (...) Mas, a bateria da quadra eu queria fazer desde pequenininho. (...) Eu falava, falava. (...) Minha mãe não queria. (...) Aí eu fui e me inscrevi sozinho, levei os documentos que eram precisos. Comecei a treinar bateria faz um mês. (...) Eu jogo bola no Campão da Bandeirante, aqui embaixo.
>
> (Control 10, de 12 anos: ele e o irmão passam o dia em casa sozinhos, cozinham e tomam conta dos cinco irmãos mais novos, dos quais um tem apenas três meses)

> Control 11 não fez o Projeto Olímpico porque não tem tempo; não tem quem leve; não tem. (...) Também eu nem sei onde é que fica o Projeto Olímpico. Também nem tenho tempo pra ir lá.
>
> (Mãe de Control 11, de 12 anos: a mãe o leva diariamente para o serviço dela. Eles moram há apenas dois anos na Mangueira)

> Meu pai sempre tentou me botar no Projeto Olímpico, mas não conseguia. Ele tinha até um amigo lá, que era professor de natação, e ia me botar; mas aí o amigo saiu de lá. (...) Eu queria fazer futebol e natação. Meu pai preenchia a ficha de inscrição, mas não conseguia. (...) Atualmente eu treino futebol no Campão da Bandeirante.
>
> (Control 12, de 13 anos)

> Control 13 nunca participou da Vila Olímpica. Eu não tive tempo de fazer a inscrição dele. (...) Toda vez que vou lá, esqueço de levar os documentos. (...) Eu também não tenho confiança de mandar ele sozinho pra Vila Olímpica.
>
> (Mãe de Control 13, de 10 anos. Em sua casa moram o pai, mãe, oito irmãos — entre 23 e dois anos de idade —, três sobrinhos, dois primos e um tio.)

Control 14 não tem uma pessoa para poder levar ele para o Projeto Olímpico. Eu estudo de manhã, a avó dele trabalha o dia todo, os tios estudam também, porque são todos pequenos. A mãe trabalha também — pega de manhã e larga de noite.

(Prima de Control 14, que tem apenas sete anos. Control 14 e a irmã moram na casa da bisavó e passam o dia "soltos" pelas ruas e parquinhos do morro)

Quando fui me inscrever no Projeto Camp eu tinha 16 anos e estava fazendo a 4ª série do ensino fundamental. Aí eu não pude me inscrever por causa da escolaridade.[13]

(Control 15a, atualmente com 17 anos)

Fiz a entrevista para a seleção do Projeto Camp. Aí tinha que levar o pai ou a mãe. Só que não dava pra eu levar (...) e a minha tia foi comigo, mas não podia, tinha que ser o pai ou a mãe. Sei lá (...) só se for uma coisa única, tua, que aí você tem força de fazer. (...) Mas se você já não tá com tanta vontade, e ainda não tem aquele incentivo de ninguém (ou pelo menos o pai ou a mãe pra dizer que faz isto, que vai ser bom pra você) e você já tá acostumada com aquilo — a ficar dentro de casa ou ficar na rua — e não vem incentivo de ninguém, aí mesmo é que você não tem força pra nada (...), você sabe como é — gente com 16, 17 anos não quer saber de fazer nada, só ficar andando pra lá e pra cá.

(Control 15b)

Esses depoimentos apontam para as razões pelas quais as crianças/adolescentes dos grupos 2 e 3 não estavam participando dos referidos projetos. Sobretudo no caso dos menores, vimos que é porque os pais/responsáveis não têm informações suficientes sobre os projetos; ou por desinteresse; ou mesmo porque não têm como levá-los; ou porque eles não querem que seus filhos participem. Já no caso daqueles que alguma vez já tentaram se matricular e não conseguiram, os principais motivos foram a falta de vagas e a impossibilidade de cumprimento de certas exigências. Enfim, são razões que acabam funcionando como barreiras à entrada nos projetos sociais, justamente para as crianças/adolescentes do grupo dos não-participantes em situação de risco social.

Na tabela 3, procuramos sistematizar estes motivos para cada um dos excluídos dos projetos sociais em questão.

Sob a ótica do impacto, a segunda consideração relevante diz respeito ao grupo dos incluídos (perfil 1), e está relacionada ao problema da elevada taxa de abandono dos projetos: vimos que dos 16 participantes que estavam na faixa etária adequada à participação, apenas cinco continuavam freqüentando os projetos. Se estes projetos foram desenhados justamente como opção de ocupação do tempo livre (Olímpico) e de preparação para o mercado de trabalho (Camp), por que eles não estavam conseguindo reter as crianças/adolescentes da Mangueira nesta fase de suas vidas?

---

[13] Abaixo do limite mínimo de escolaridade exigido pelo Projeto Camp, que é estar cursando, ao menos, a 5ª série do ensino fundamental.

Tabela 3
Os "excluídos" dos projetos Olímpico e Camp Mangueira: dificuldades para a participação

Entrevistado	Identificação do entrevistado			Dificuldades				
	Idade (anos)	Sexo	Local de residência	Horário	Vagas	Transporte	Cumprimento de exigências	Falta de conhecimento
Control 1	10	M	Chalé			X		X
Control 2	13	M	Candelária (alto)			X		X
Control 3	9	M	Candelária			X		X
Control 4	9	F	Rua ao pé do morro		X			
Control 5	16	F	Telégrafo (alto)				X	
Control 8*	19	M	Candelária					X
Control 10	12	M	Telégrafo (alto)					X
Control 11	12	M	Telégrafo			X		X
Control 12	13	M	Rua ao pé do morro		X			
Control 13	10	M	Telégrafo (alto)			X		
Control 14	7	M	Telégrafo (alto)			X		
Control 15a	17	F	Telégrafo				X	
Control 15b*	18	F	Telégrafo (alto)				X	

Fonte: Entrevistas realizadas.
* Embora sua idade já não o caracterize hoje como população-alvo para os projetos, é importante entender que, durante o período considerado para avaliação de impacto (últimos dois, ou três ou quatro anos), o entrevistado fazia, sim, parte da população-alvo dos projetos.

Entendemos que seja aceitável, em qualquer projeto ou atividade que se desenvolva, uma certa taxa de abandono pelos participantes, que poderia ser, por exemplo, entre 10 e 30%. A previsão dessa taxa de abandono aceitável deveria, inclusive, fazer parte do planejamento destes projetos. A questão que se coloca, portanto, é procurar entender as causas dessa elevada taxa de evasão (68%) detectada a partir da amostra analisada dos participantes dos projetos. As entrevistas foram elucidativas neste sentido, vejamos:

> Quando a gente fica sabendo aqui em cima que abriu a inscrição, já acabaram as vagas.
>
> (Mãe de Exper 2, de 13 anos, moradores na parte alta da Candelária)

> Tive que sair do treino do basquete por causa do horário da escola. (...) Acho que o maior problema do Projeto Olímpico são as vagas limitadas: tinha que ter muito mais vagas.
>
> (Exper 7, de 15 anos)

> Quando tinha 14 anos, fiz o Camp, mas apenas por um mês. (...) Saí porque tinha que ir de calça jeans ou preta e, na época, minha mãe estava desempregada e não pôde comprar.
>
> (Exper 9, de 18 anos)

> Eu quis sair do futebol da Vila Olímpica porque queria participar das competições e não podia. (...) Agora, garoto federado, quando parava de treinar e voltava, continuava federado. E garoto federado é que participa das competições (...) Agora, eu estou treinando no Campão da Bandeirante, bem aqui embaixo.
>
> (Exper 10, de 12 anos)

> Exper 11 saiu do futebol por causa do horário; agora ele joga bola no clube do Vasco. No Vasco, o treino começa às quatro da tarde e dá mais espaço; aqui na Vila Olímpica era à uma hora da tarde e ficava muito puxado, até que chega da escola, almoça.
>
> (Tia de Exper 11, de oito anos)

> Saí do futebol do Projeto Olímpico por causa do horário. Ficava muito cansado. Ia pra escola de manhã; vinha em casa almoçava e já tinha que ir para o futebol às 13h. Na Vila Olímpica não cheguei a participar de campeonato. (...) Agora faço futebol no Campão da Bandeirante.
>
> (Exper 12, de 13 anos)

> Exper 13 só começou neste ano no Projeto Olímpico em natação. (...) Eu gostaria que tivessem mais vagas para natação. Já tinha tentado vaga outras vezes; só consegui agora. Já estava querendo há algum tempo.
>
> (Mãe de Exper 13, de oito anos)

> Exper 14 pede pra voltar pra natação, pra aula de música (Casa das Artes), mas eu é que não estou com tempo mesmo. (...) Ou eu vou trabalhar, ou eu boto ele no projeto. Eu não deixo ele ir sozinho pra lugar nenhum aqui. Até ele ter uma idade maior. (...) Porque os meus dois filhos maiores estudam em período grande e não podem levar ele também.
>
> (Mãe de Exper 14, de 10 anos)

Eu fiz o Projeto Camp em 2000 porque queria trabalhar. (...) Pedi a transferência no Ciep para de noite, mas não consegui. Aí, também parei de mexer com carta de apresentação do Camp para as empresas para conseguir estágio.

(Exper 15, de 17 anos)

Saí do Projeto Olímpico (futsal) porque, quando passei para o infantil, meu horário passou a ser de nove às 10 da noite. (...) Eu saí porque a minha mãe tinha medo, porque é perigoso ir pra Vila Olímpica de noite. Agora eu estou jogando no projeto que tem aqui embaixo, que é no Campão da Bandeirante. (...) Também quando tinha 14 anos, fiz os testes para o Projeto Camp, mas não passei.

(Exper 16, de 16 anos)

As principais causas para a não continuidade nos projetos sociais estão associadas às dificuldades para obtenção de vagas e, de certo modo, correlacionadas à questão do horário do projeto incompatível com o horário da escola. Procuramos sistematizar, na tabela 4, os motivos apontados pelos entrevistados para não prosseguirem participando dos projetos sociais.

Tratando-se dos incluídos nos projetos, as dificuldades para o cumprimento de exigências e de transporte voltam a ser mencionadas. Naquele primeiro caso, requisitos como o uso obrigatório de calça jeans, necessidade de estar matriculado na escola no turno da noite e aprovação no exame de seleção representaram barreiras para a continuidade/inscrição de adolescentes da Mangueira no Projeto Camp.

Estas informações estão mostrando que o acesso da comunidade da Mangueira ao Projeto Olímpico e ao Projeto Camp vem sendo problemático: ou porque não tem vagas suficientes, ou não tem horários adequados às suas necessidades, ou porque não há busca de soluções para as dificuldades de acesso, ou ainda porque são colocadas barreiras à entrada de crianças/adolescentes da comunidade.

Decorre daí uma questão central: se todos estes problemas de acesso da comunidade da Mangueira aos projetos ainda persistem, por que, então, expandir o acesso a estes projetos para os moradores de outras áreas da cidade, como já vem sendo feito?

Provavelmente, este "acesso liberado" aos projetos pode estar acirrando a concorrência por vagas, além de gradualmente ir afastando a gestão dos projetos das reais carências e necessidades das crianças e adolescentes da comunidade. E, do ponto de vista do impacto de um projeto social, de nada adianta uma implementação primorosa, se ele não estiver focado nas necessidades/demandas do seu público-alvo.

Com relação à implementação dos projetos, já pudemos detectar indícios de que as crianças da Mangueira já se sentem como "estrangeiras" na Vila Olímpica; e o pior, muitas vezes se sentem preteridas pelos alunos que vêm de fora. Daí não quererem mais ir para o Projeto Olímpico, e preferirem ficar pelo morro, em projetos alternativos como o Projeto MEL (Movimento, Esporte e Lazer), da prefeitura, desenvolvido no Campão da Bandeirante. Exper 10 e Exper 16 já fizeram esta opção; também Control 10 e Control 12 treinam futebol lá. A seguir, alguns depoimentos neste sentido:

Tabela 4
Os Incluídos da Mangueira nos projetos Olímpico e Camp: dificuldades apontadas à participação

Entrevistado	Identificação do entrevistado			Dificuldades				Falta de conhecimento
	Idade (anos)	Sexo	Local de residência	Horário	Vagas	Transporte	Cumprimento de exigências	
Exper 2	13	M	Candelária (alto)		X			
Exper 3	9	M	Candelária		X			
Exper 7	15	F	Buraco Quente	X	X			
Exper 9*	18	F	Chalé				X	
Exper 10	12	M	Telégrafo (alto)		X			
Exper 11	8	M	Telégrafo	X				
Exper 12	13	M	Rua ao pé do morro	X				
Exper 13	8	M	Telégrafo (alto)		X			
Exper 14	10	M	Telégrafo (alto)			X		
Exper 15	17	F	Telégrafo (alto)				X	
Exper 16	16	M	Telégrafo (alto)	X			X	
Exper A	15	F	Rua ao pé do morro		X		X	

Fonte: Entrevistas realizadas.
* Embora sua idade já não o caracterize como população-alvo para os projetos, é importante entender que, durante o período considerado para avaliação de impacto (últimos dois, três ou quatro anos), o entrevistado fazia, sim, parte da população-alvo dos projetos.

> Também eu saí do Projeto Olímpico, porque agora estou jogando no projeto que tem aqui embaixo, que é no Campão da Bandeirante. (...) Pô, na Vila Olímpica, eu não conhecia quase ninguém dos meus colegas que jogavam comigo, porque eu não mantinha convivência com eles. Aqui, os meus colegas já convivem comigo, cresceram comigo desde pequeno.
>
> (Exper 16, de 16 anos)

> Sim, eu já treinei futebol na Vila Olímpica; mas não quero treinar mais. (...) Porque lá eu só ficava no banco dos reservas.
>
> (Garoto de oito anos de idade, Campão da Bandeirante)

> Você vê o caso do meu sobrinho, que tem uns nove, 10 anos. Ele treinou futebol de salão na Vila Olímpica no pré-mirim. Lá ele não conseguia ser federado. Aí, quando ele veio para o Projeto MEL, levaram ele para o Clube do Vasco, e ele foi logo federado. (...) Outro dia, o Vasco jogou contra o time da Mangueira e venceu por 8 a 0. E meu sobrinho, que é da Mangueira, jogou pelo Vasco.
>
> (Morador, Campão da Bandeirante)

> Saí do Projeto Olímpico porque não estava gostando. Os garotos de lá não gostavam de jogar com a gente; eles falavam que a gente não sabia jogar e também porque os caras (treinadores) não gostavam de mim.
>
> (Garoto de 15 anos, Campão da Bandeirante)

O ponto central aqui foi mostrar, a partir da relação entre a variável causal e algumas variáveis explicativas do nosso modelo, que existem três perfis básicos da população-alvo dos projetos na Mangueira. Os perfis identificados foram: o dos incluídos; uma minoria de excluídos mas com alternativa para o seu desenvolvimento pessoal; e uma maioria de excluídos sem alternativas e com maior risco de envolvimento com a criminalidade. Se o foco dos projetos é a oferta de oportunidades e a prevenção da criminalidade na comunidade da Mangueira, eles deveriam estar focados tanto nas crianças/adolescentes do grupo 1 (incluídos) quanto naqueles do grupo 3 (excluídos em situação de risco social). No entanto, problemas de acesso e de retenção vêm dificultando e/ou impedindo a participação destes grupos de crianças e adolescentes nos projetos. É necessário solucionar estes problemas, para garantir a ação transformadora dos projetos na comunidade da Mangueira como um todo.

Efeitos dos projetos sobre os participantes vis-à-vis aos não-participantes

As entrevistas realizadas com os participantes e não-participantes dos projetos sociais em questão foram sistematizadas de modo a identificar, para o período considerado, as mudanças ocorridas na vida dos entrevistados em relação às variáveis dependentes (Y'_{is}): saúde, lazer, escola, capacitação para o mercado de trabalho, inserção no mercado de trabalho, auto-estima e sociabilidade. Para isto, alocamos as evidências detectadas de mudanças, que correspondem às falas de cada entrevistado, segundo o sentido da mudança percebida: ou seja, se foi variação positiva, negativa, ou não houve variação. No caso da variação ser positiva, procuramos sistematizar as causas percebidas para essa variação — se explicitamente atribuída ao projeto, ou se atribuída a fatores comuns na vida da população-alvo como um todo, ou a fatores aleatórios específicos da vida do entrevistado, ou ainda se causa não identificada durante a entrevista.

O quadro 13 apresenta a sistematização das evidências encontradas para as mudanças percebidas na vida dos entrevistados, para o período 2001-03. Importante esclarecer que essas evidências dizem respeito apenas àquelas mudanças (ou não mudanças) a que cada entrevistado atribuiu importância durante a fala. Ou seja, não foi apresentado aqui um relatório exaustivo para cada um dos sete indicadores considerados, pois, em relação a alguns deles, percebíamos claramente que o entrevistado "respondia por responder".

Na amostra, tivemos 26 entrevistados do Projeto Olímpico, 14 participantes e 12 não-participantes; e nove entrevistados do Projeto Camp, quatro participantes e cinco não-participantes. É importante lembrar que alguns dos indicadores considerados foram específicos de um dado projeto, enquanto outros foram comuns aos dois. Ou seja, os indicadores capacitação e inserção no mercado de trabalho foram específicos do Projeto Camp, enquanto o indicador saúde foi específico do Projeto Olímpico. Já os demais indicadores foram comuns a ambos. Este esclarecimento explica o menor número de assinalações totais observadas para os indicadores específicos do Projeto Camp.

Vistas essas evidências quanto às mudanças nas condições de vida dos entrevistados, voltemos à hipótese causal do modelo: se os projetos Olímpico e Camp estivessem realmente sendo eficazes para a comunidade, então os seus participantes tenderiam a apresentar resultados melhores do que os não-participantes para os sete indicadores aqui considerados.

Mas como contabilizar a somatória dos resultados obtidos por indicador para o conjunto dos participantes dos projetos *vis-à-vis* aos não-participantes? E que conclusão tirar quanto aos efeitos dos projetos Olímpico e Camp na comunidade da Mangueira?

Para contabilizar os resultados, procedemos em três etapas. Inicialmente, a partir das evidências sistematizadas, fizemos a contagem de freqüência das assinalações "positivas", "negativas" e "não variou" para cada uma das sete variáveis dependentes, segundo a condição de participação nos projetos (X_1). Os resultados agregados estão na tabela 5.

Depois, para poder contabilizar os resultados destas variações para cada um dos dois grupos, adotamos o critério de atribuir pontos para cada tipo de variação: zero ponto, quando a variação foi negativa; um ponto, quando não houve variação; e dois pontos, quando a variação foi positiva. Dessa forma, penalizamos as variações negativas; valorizamos as não-variações que, na maior parte das vezes, tiveram o sentido de continuar bem, ou pelo menos não piorar; e, como não poderia deixar de ser, valorizamos ainda mais as variações positivas, ao lhe atribuirmos peso maior do que às não-variações.

Em terceiro lugar, a fim de estabelecer um parâmetro para julgar os pontos obtidos pelo grupo dos Exper em relação aos pontos do grupo dos Control para cada indicador, adotamos outro critério, que foi o de calcular a participação percentual dos pontos obtidos pelos participantes (Exper) no total dos pontos somados para cada indicador. Podemos dizer que esta taxa, que varia entre 0 e 100%, sinaliza para a situação relativa do conjunto dos Exper *vis-à-vis* aos Control, no que diz respeito às variações havidas para cada indicador no período considerado. A pontuação relativa do grupo dos Exper para cada indicador, ou variável dependente do nosso modelo causal, está na tabela 5.

Quadro 13
Variação nos indicadores de resultado: as evidências a partir das entrevistas

Indicadores/Variações/Evidências	Entrevistados: participantes e não-participantes
1. Saúde	
1.1 Variações positivas	
1.1.1 Atribuídas aos projetos	
▼ "A saúde melhorou 100%; antes, tinha problema de respiração" (mãe de Exper 1)	Exper 1
▼ "Exper 2 passou a se alimentar melhor, a comer mais verdura; pois lá no projeto eles ensinam quem quer ser atleta tem que se alimentar bem" (mãe)	Exper 2
▼ Desenvolvimento físico	Exper 3; Exper 16; Exper 7
1.1.2 Atribuída a fatores comuns	
▼ "Antes, Exper 13 era uma criança magrinha; agora ele está se alimentando melhor. Acho que é principalmente por causa da idade dele, porque a natação ele só começou agora" (mãe)	Exper 13
1.1.3 Atribuídas a fatores aleatórios	
▼ "Porque eu tinha uma doença que não lembro o nome, quando eu tinha 10 anos, eu desmaiava; agora, não desmaio mais"	Control 10
▼ "Antes minha tia me prendia em casa, por causa das notas ruins na escola. Acho que porque melhorei na escola, comecei a sair pra rua, eu comecei a engordar e a crescer. Antes eu me sentia fraco, porque só vivia deitado em casa. Ficava abatido"	Control 12
▼ "A saúde dele melhorou muito depois que ele tirou o baço há três anos; agora ele não precisa mais de transfusão de sangue" (mãe)	Control 13
1.2 Não houve variação	
▼ A saúde foi sempre boa.	Control 3; Exper 4; Control 4; Control 11; Exper 12; Exper 14; Control 14; Exper A
2. Lazer	
2.1 Variações positivas	
2.1.1 Atribuídas aos projetos	
▼ "Depois que fez o Camp, Exper 5 ficou mais independente. Pois aí ela tem o dinheiro dela, e compra as coisas que quer. Ela agora passeia mais" (mãe)	Exper 5
▼ "Lá na Vila Olímpica é muito bom, pois tem bastante espaço"	Exper 7

continua

Indicadores/Variações/Evidências	Entrevistados: participantes e não-participantes
▼ "O lazer também melhorou muito: de vez em quando, depois da aula, jogo bola na quadra da Vila Olímpica" (ver também 2.1.2)	Exper 16
▼ "Depois do Projeto Olímpico, acho que o lazer melhorou: antes, ficava menos na rua, brincava menos e tinha até medo de sair, mesmo a minha mãe deixando"	Exper B
2.1.2 Atribuídas a fatores comuns	
▼ "Depois do Favela-Bairro, tenho saído mais pra rua, nem que seja para jogar bola"	Control 7
▼ "O lazer dele melhorou muito. Sempre que pode, Exper 10 vai no campão da Bandeirante jogar bola" (mãe)	Exper 10
▼ "Antes, minha mãe não deixava eu sair pra rua; agora que eu cresci, ela deixa, e eu agora tenho vários amigos pra brincar: jogar bola, bola de gude e soltar pipa"	Control 10
▼ "O lazer melhorou: antes a minha mãe não deixava eu ir sozinho para o campão da Bandeirante. Agora que cresci, ela deixa"	Exper 12
▼ "O lazer dele melhorou porque, com o Favela-Bairro, construíram as praças aqui: tem o parquinho aqui embaixo, e ele vai sozinho" (prima)	Control 14
▼ "Antes não tinha nada aqui no morro; era só cheio de barro, de pedra. Agora, com o Favela-Bairro, tem pracinha, tem campinho, tem um campo maneiro lá em cima"	Control 15b
▼ "O lazer também melhorou muito: agora, pra jogar bola, tem o campão da Bandeirante, a quadra da Fundação" (ver também 2.1.1)	Exper 16
2.1.3 Atribuídas a fatores aleatórios	
▼ "Antes, minha tia me prendia muito em casa — era por causa da escola. Agora, que melhorei na escola, ela passou a me deixar sair pra rua com os colegas, eu me sinto livre"	Control 12
▼ "Depois que mudamos para a Vila (que fica no pé do morro da Mangueira), e como Vila é fechada, não tem problema ficar na rua. Com isto, acho que o meu lazer melhorou, pois antes, ficava muito presa"	Exper A
2.2 Variações negativas	
▼ "A mudança que teve mesmo foi que tive duas filhas, uma em 2000 e outra em 2001. Enquanto estava morando com o pai das minhas filhas, em Olaria, eu era muito presa. Agora que deixei o pai delas, e voltei para a Mangueira, estou mais solta de novo"	Control 6
▼ "Quando o meu pai trabalhava e a minha mãe também, eu tinha muito lazer, saía pra rua o tempo todo. Só agora, depois que briguei com o meu pai, é que tenho que ficar em casa quase o tempo todo (castigo)"	Control 15a

continua

Indicadores/Variações/Evidências	Entrevistados: participantes e não-participantes
2.3 Não houve variação	
▼ "Seu lazer consiste em brincar na Vila com as amiguinhas; praticamente não mudou" (mãe)	Exper 4
▼ "Continuou a mesma coisa na vida de Control 11. De manhã, o pai sai para o trabalho e deixa ele na escola. Depois, vem em casa, toma banho, almoça. Aí ele vai para o serviço (bilheteria de teatro na Zona Sul da cidade) comigo: quando tem dever, ele fica lá comigo e faz; às vezes vai pra casa dos amiguinhos jogar videogame, ou a mãe de um garoto, quando vai pra praça, leva ele também; ou vai lá pra dentro conversar com os atores. E só voltamos pra casa às 10h da noite" (mãe)	Control 11
▼ "O lazer dele é só ficar vendo TV em casa" (mãe)	Control 13
3. Escola	
3.1 Variações positivas	
3.1.1 Atribuída aos projetos	
▼ "Exper 2 passou a se interessar mais pelo esporte e pelo estudo. Porque lá na Vila Olímpica tem uma regra que só pode fazer esporte quem estuda" (mãe)	Exper 2
3.1.2 Atribuídas a fatores comuns	
▼ "Antes eu era muito bagunceiro. Meu pai era toda hora chamado na escola por minha causa. Eu repeti de ano duas vezes. Eu acho que eu melhorei porque cresci e fiquei mais velho"	Control 12
3.1.3 Atribuídas a fatores aleatórios	
▼ "Melhorou na escola: talvez seja porque Control 1 mudou de escola" (mãe)	Control 1
▼ "Depois que Control 3 foi para a explicadora, ele melhorou na escola" (mãe)	Control 3
▼ "O que mudou na vida dela foi a mudança da família para Madureira, e ela teve que morar com a avó. Longe da gente, ela viu que tinha que se fazer por ela mesma. Com isto, as notas na escola melhoraram" (mãe)	Control 4
▼ "Antes, ele fazia muita bagunça na escola e as diretoras me chamavam lá; agora, pelo menos não tenho mais reclamação dele" (mãe)	Control 2
▼ "Acho que na escola eu melhorei um pouco: antes, eu faltava e fazia muita bagunça"	Control 10
3.2 Variações negativas	
▼ "Com o estágio pelo Camp, a freqüência à escola piorou um pouco, pois eu chego do trabalho cansada. Mas depois, eu copio a matéria"	Exper 6

continua

Indicadores/Variações/Evidências	Entrevistados: participantes e não-participantes
▼ "A mudança que teve mesmo foi que tive duas filhas. Enquanto estava morando com o pai das minhas filhas em Olaria, tinha parado de estudar; só agora, que eu deixei o pai delas e voltei para a Mangueira, eu comecei a estudar de noite"	Control 6
▼ "Fiquei sem estudar durante três anos. Foi por desinteresse mesmo, estava sem paciência. No meio do ano passado, voltei a estudar"	Control 8
▼ "Acho que ele piorou. Não quer estudar, não quer ir pra escola. Vai pra escola, faz bagunça. Eu sou chamada todo dia. O problema é que tem que passar sempre, pelas leis do ensino. Ele chora pra não ir pra escola. Fica querendo ir trabalhar com o irmão dele no lava-jato aqui da R. Visconde de Niterói" (mãe)	Control 13
▼ "A mudança foi que ele começou a estudar; no ano passado fez o CA. Mas, neste ano, a freqüência dele à escola piorou, porque a mãe é que tem que levar ele à escola, e ela não leva. Ela não se preocupa!" (prima)	Control 14
▼ "Se antes já era difícil eu ir pra escola direto, direto. Tem um ano que eu parei de estudar"	Control 15a
▼ "Eu parei de estudar. Parei porque comecei a trabalhar em uma fábrica de biquínis em São Cristóvão; e aí não dava horário para eu ir pra escola e trabalhar. Fiquei trabalhando só o período de experiência; depois fui mandada embora, porque eu faltei na experiência. Aí eu não quis voltar mais pra escola"	Control 15b
▼ "Ele só quer saber da rua. A rua não deixa ele estudar. Pra ele, a rua é a rua. Hoje ele só está em casa, porque está doente, estava com febre até há pouco tempo. Ele parou de estudar por dois anos. Eu coloquei ele aqui num projeto da prefeitura, que dava cesta básica e R$ 40 por mês. Aí ele ia poder até comprar a bicicleta que ele tanto queria. Mas ele ia, faltava muito. A rua não deixa. Você vê, hoje eu recebi uma carta da direção da escola de Control 16, pois tem um mês que ele não vai à aula. Se eu não for lá, o Juizado de Menores vem aqui em cima" (mãe)	Control 16

3.3 Não houve variação

▼ "Exper 4 sempre foi ótima aluna" (mãe)	Exper 4
▼ "Não mudou, só falto mesmo se estiver doente"	Control 5
▼ "Não mudou; ele nunca foi de faltar à toa, e agora vai até sozinho. As notas dele continuam nem ruins nem boas" (mãe)	Exper 10
▼ "Ele não falta à escola de jeito nenhum. Se tiver chovendo canivete, ele vai assim mesmo" (mãe)	Control 11

continua

Indicadores/Variações/Evidências	Entrevistados: participantes e não-participantes
▼ "As notas na escola continuam boas"	Exper A; Control 9
▼ "Sempre gostei de estudar"(Exper 9); "Sempre tiro notas boas" (Control 9)	Exper 9; Exper 14; Exper 16; Exper A
4. Capacitação para o mercado de trabalho	
4.1 Variações positivas	
4.1.1 Atribuídas aos projetos	
▼ "Depois que fez o Camp, Exper 5 fez estágio no *Jornal do Brasil*, e agora está fazendo estágio no jornal *O Dia*. No jornal, ela trabalha no computador, é como secretária, atende telefone; está aprendendo muita coisa" (mãe)	Exper 5
▼ "Por causa do Camp, faço estágio na *Loréal* desde março de 2000. Lá trabalho com computador; faço os acompanhamentos em planilha excel"	Exper 6
▼ "Agora, (por causa dos estágios que fiz no Camp), quando vou procurar emprego de *office-boy*, posso dizer que conheço o centro da cidade"	Exper 8
5. Inserção no mercado de trabalho	
5.1 Variações positivas	
5.1.1 Atribuídas aos projetos	
▼ "Depois que fez o Camp, Exper 5 fez estágio por um ano no *Jornal do Brasil*. Depois, por causa de problemas do jornal, o *JB* mandou embora e ela ficou 6 meses parada. Agora o jornal *O Dia* chamou de volta, e ela está há um mês trabalhando" (mãe)	Exper 5
▼ "Por causa do Camp, estou no estágio na *Loréal*, desde março de 2000. Não sei se tem chances de continuar na *Loréal* depois que fizer 18 anos. Lá no trabalho, eles me cobram muito: para poder continuar, eu tenho que ter faculdade. Quero fazer sociologia ou comunicação"	Exper 6
▼ "O bom do Camp é que a gente não precisa ficar correndo atrás de emprego. A gente vai lá, pega a carta de apresentação e vai para a entrevista na empresa. Por causa do Camp, fiz estágio na Help Cópias (cinco meses), tirando cópias xerox; na Hiper Mídia Editora Ltda. (um ano e oito meses) e na Integral Transportes Agenciamento Marítimos (um ano) como *office-boy*. No final de 2002, trabalhei na campanha do Chiquinho da Mangueira para deputado estadual, segurando faixa. Agora, eu não consigo mais ficar de bobeira aqui no morro, que é muito perigoso. Eu gosto de trabalhar, eu quero trabalhar. Desde janeiro de 2003, estou chateado pois estou sem trabalhar. Ontem fui ao CAT (Centro de Apoio ao Trabalhador) e preenchi a ficha para trabalhar como mensageiro, atendimento em lanchonete, operador de telemarketing"	Exper 8

continua

Indicadores/Variações/Evidências	Entrevistados: participantes e não-participantes
5.2 Variações negativas	
▼ "Antes eu trabalhava aqui perto, fazia biscate para o Queijos Regina (entregas). Depois, a fábrica fechou. Agora, estou correndo atrás de trabalho; antes minha avó ajudava sempre. Vou fazer teste para o clube de futebol; não sei que clube é, o meu amigo é que vai me levar lá"	Control 8
5.3 Não houve variação	
▼ "Não variou. Tenho muita vontade mesmo de trabalhar: antes, eu já tinha, mas agora eu tenho muito mais ainda. Só que a minha mãe não me deixa trabalhar"	Control 5
▼ "Mudanças na minha vida como um todo? Não mudou muito, porque eu não consegui começar a trabalhar. Eu preciso trabalhar pra poder conquistar meus ideais. Quando fiz o curso do Camp, pensava que ia conseguir um trabalho, que eu não consegui depois. Mercado de trabalho tá difícil mesmo, até pra trabalhar de faxina em casa de família"	Exper 15
▼ "Sinto que já não posso ficar dependendo do meu pai e da minha mãe. Eu mesmo tenho que tomar conta da minha vida. Se tiver um biscate pra fazer, eu faço: uma roupa pra lavar, uma roupa pra passar, olhar criança. Estou procurando trabalho"	Control 15a
▼ "Fiquei trabalhando só o período de experiência; depois fui mandada embora, porque eu faltei na experiência. Depois, nada de emprego, tudo em vão"	Control 15b
6. Auto-estima	
6.1 Variações positivas	
6.1.1 Atribuídas aos projetos	
▼ "Antes, Exper 1 tinha medo de tudo, de ir na rua. Agora, com o Projeto Olímpico, passou a ir e voltar sozinho para a Vila Olímpica" (mãe); "Agora, Exper 10 faz tudo sozinho; passou a ter confiança nele mesmo"(mãe)	Exper 1; Exper 10
▼ "Depois que fiz o Camp, comecei a trabalhar, a ganhar o meu dinheiro. Aprendi a ficar com mais responsabilidade, tipo a minha mãe passou a falar 'agora você é o homem da casa'. Agora sempre que ela vai fazer alguma coisa aqui em casa, ela passou a contar comigo. Peguei bastante confiança em mim mesmo" (Exper 8)	Exper 5; Exper 8
▼ "Antigamente, eu me achava ruim de bola; pensava, pô, que eu não sabia nada. Depois que eu fui pro Projeto Olímpico, já saí sabendo o básico, e aí mudou muito. Agora me sinto mais seguro em relação ao meu futebol. Agora dá pra jogar" (Exper 12)	Exper 12; Exper B

continua

Indicadores/Variações/Evidências	Entrevistados: participantes e não-participantes
6.1.2 Atribuída a fatores comuns	
▼ "Ele está muito mais independente agora. Se eu deixar, ele vai pra tudo quanto é lugar sozinho. Eu é que não deixo. Acho que é também muito por causa da idade" (mãe)	Exper 14
6.1.3 Atribuídas a fatores aleatórios	
▼ "Com a mudança da família para Madureira, Control 4 teve que morar com a avó, e viu que tinha que se fazer por ela mesma. Com isto, as notas na escola melhoraram. E tendo notas melhores, a auto-estima dela em relação aos colegas melhorou bastante"	Control 4
▼ "Com a mudança de Copacabana para cá e como a Vila (ao pé do morro da Mangueira) é fechada e não tem problema ficar na rua, passei a me sentir mais solta, a valorizar mais as coisas da minha casa e em mim mesma"	Exper A
6.1.4 Causa não identificada	
▼ "Ele agora olha mais pra ele próprio; não segue tanto as outras crianças" (mãe de Exper 2)	Exper 2
▼ "Minha auto-estima melhorou: antes eu era muito indecisa, não tinha opinião própria. Agora tenho minha própria opinião e objetivos"	Control 9
6.2 Variações negativas	
▼ "Control 16 não quer saber de estudar, só quer saber da rua, acho que a auto-estima dele só piora" (mãe de Control 16)	Control 16
6.3 Não houve variação	
▼ "Tem horas que sou mais confiante em mim mesma, tem horas que não. Depende muito da ocasião" (Exper 9)	Exper 9; Control 12
▼ "Já tinha confiança em mim mesmo antes de jogar bola" (Exper 16)	Exper 16; Exper 11
▼ "Quando fiz o curso do Camp, minha auto-estima tinha melhorado, sim. Pensava que ia conseguir um trabalho, que eu não consegui depois. Aí, ficou na mesma"	Exper 15

continua

Indicadores/Variações/Evidências	Entrevistados: participantes e não-participantes
7. Sociabilidade	
7.1 Variações positivas	
7.1.1 Atribuídas aos projetos	
▼ "Exper 2 ficou mais calmo; antes, era muito agressivo" (mãe)	Exper 2
▼ "Ficou menos brigão" (mãe)	Exper 3
▼ "Antes do estágio na Loréal, eu era muito fechada; mas comecei a ver outras pessoas no trabalho e melhorei muito"	Exper 6
▼ "Na Vila Olímpica Exper 10 aprendeu a conviver com outras crianças. Meu filho hoje é amigo; ele gosta de poder estar com outras crianças, conversando. Antes, ele tinha insegurança e timidez" (mãe)	Exper 10
▼ "No Projeto Olímpico ele está tendo mais contato com outras crianças do que se ficasse em casa, porque aqui ele só ficava vendo TV" (mãe de Exper 13)	Exper 13; Exper 14
7.1.2 Atribuídas a fatores comuns	
▼ "Ele era mais rebelde; agora está mais calmo. Acho que é porque ele está crescendo" (mãe de Control 1)	Control 1; Control 2
▼ "Aprendi a conviver melhor com as pessoas. Acho que é porque fiquei mais madura"	Control 7
7.1.3 Atribuídas a fatores aleatórios	
▼ "Por causa do inglês, ela passou a ter mais amigos" (pai)	Exper 4
▼ "Antes, eu era brigão. Agora, sou mais na minha, depois que as minhas notas na escola melhoraram e a minha tia passou a me deixar sair de casa"	Control 12
7.3.2 Não houve variação	
▼ "Não variou; sou muito difícil de conversar com as pessoas"	Exper 9
▼ "Nada alterou: sempre fui de fazer muitos amigos na escola e aqui no Chalé" (Control 9)	Control 9; Exper 16
▼ "Não variou, Exper 11 é um garoto excelente, tudo ele reparte" (tia)	Exper 11
▼ "Às vezes sou mais fácil para fazer amigos, às vezes, não"	Exper 12

Fonte: Entrevistas realizadas.

Tabela 5
Variações nas condições de vida: resultados por indicador
(participantes *versus* não-participantes)

Variáveis dependentes	Condição de participação	Número de assinalações, segundo a variação			Pontos obtidos*	Percentual dos pontos obtidos pelos Exper
		+	−	NV		
Capacidade para o mercado de trabalho (Y'_4)	Exper	3	0	0	6	100
	Control	0	0	0	0	
Auto-estima (Y'_6)	Exper	9	0	4	22	81,5
	Control	2	0	1	5	
Inserção no mercado de trabalho ($Y'5$)	Exper	3	0	1	7	70,0
	Control	0	1	3	3	
Sociabilidade (Y'_7)	Exper	7	0	4	18	66,7
	Control	4	0	1	9	
Saúde (Y'_1)	Exper	6	0	4	16	61,5
	Control	3	0	4	10	
Lazer (Y'_2)	Exper	7	0	1	15	55,6
	Control	5	2	2	12	
Escola (Y'_3)	Exper	1	1	6	8	34,8
	Control	6	7	3	15	

Fonte: Entrevistas realizadas.
* Para cada variação positiva, foram atribuídos 2 pontos; para cada variação nula, foi atribuído 1 ponto; e para cada variação negativa, foi atribuído 0 ponto.

A partir da pontuação relativa ao grupo dos participantes (Exper) em relação ao grupo dos não-participantes (Control) encontrada para cada indicador, estabelecemos níveis de probabilidade em termos dos efeitos dos projetos para a comunidade da Mangueira em relação a estes indicadores. Para o estabelecimento dos limites para essas faixas de probabilidade, inspiramo-nos nos limites[14] definidos pelo Programa das Nações Uni-

---

[14] O IDH varia entre 0 e 100. Países com IDH acima de 80 são considerados como tendo elevado desenvolvimento humano; com IDH entre 50 e 80 são considerados médio desenvolvimento humano e abaixo de 50 são tidos como de baixo desenvolvimento humano.

das para a classificação dos países em elevado/médio/baixo desenvolvimento humano, segundo os valores de IDH (Índice de Desenvolvimento Humano) (UNDP, 2004):

- nível 1: maior probabilidade de efeitos positivos — indicadores auto-estima (Y'_6) e capacitação para o mercado de trabalho (Y'_4), que obtiveram percentual referente à pontuação dos Exper acima de 80%;

- nível 2 — probabilidade média de efeitos positivos. Aqui podemos alocar os indicadores de inserção no mercado de trabalho (Y'_5), sociabilidade (Y'_7) e saúde (Y'_1), que ficaram com percentuais referentes à pontuação dos Exper entre 60 e 80%;

- nível 3 — efeitos positivos com menor probabilidade. Nessa situação, classificamos os efeitos dos projetos Olímpico e Camp quanto ao lazer (Y'_2), cujo percentual relativo para o grupo dos Exper ficou entre 50 e 60%. Na realidade, podemos dizer que foram os efeitos positivos para o lazer do Programa Favela-Bairro, da prefeitura (em termos de mais praças, campos de futebol e ruas asfaltadas para a comunidade), ocorrendo simultaneamente aos projetos, que tenderam a relativizar o papel da Vila Olímpica;

- nível 4 — praticamente nenhuma probabilidade de efeito positivo. Tal foi o caso do indicador escola (Y'_3), entendido como desempenho escolar, em que o percentual dos pontos alcançados pelos Exper ficou abaixo de 50%.

Analisemos com mais detalhes os resultados obtidos para a variável escola. Os números referentes às variações positivas deste indicador parecem sugerir que não participar dos projetos é que leva à melhoria significativa no desempenho escolar. Obviamente isto não faz sentido lógico; mesmo porque, quando voltamos aos dados, este julgamento não se sustenta.

Assim, ao retornarmos às falas dos entrevistados, vemos que entre os seis não-participantes que mencionaram melhora no desempenho escolar, quatro deles apresentaram inserção insatisfatória na escola, já que estavam com atraso idade/série (Control 1, Control 2, Control 10 e Control 12). Além disso, a melhora relatada por eles diz respeito sobretudo ao fato de que "eram bagunceiros, os pais eram sempre chamados à escola para conversar, e que agora estão melhores". O argumento da melhora no desempenho escolar dos não-participantes não chega a ser um argumento sólido.

Vemos, então, que entre os entrevistados que relataram que o seu desempenho escolar não variou no período considerado, todos eles (os seis Exper e os três Control) apresentam adequação idade/série e um relacionamento normal com a escola. Ou seja, as evidências aqui são no sentido de que a participação nos projetos não afeta o desempenho escolar daqueles que já vão bem na escola.

Em relação à variável escola, o que nos chama a atenção são os números referentes à variação negativa, significativamente maior para o grupo dos não-participantes. A interpretação imediata seria a de que não participar dos projetos estaria levando a uma piora no desempenho escolar. Novamente, isto não condiz com as evidências. Assim, as entrevistas sugerem, com uma dose de endogeneidade, que a interpretação mais coerente é a de que as crianças/adolescentes que vinham apresentando fraco desempenho escolar eram os que **não** participavam dos projetos sociais em questão. Esta interpretação vai ao encontro da necessidade de reforçar o foco dos projetos sociais da Xerox no grupo dos "excluídos em situação de risco", como apontado anteriormente.

Concluindo, podemos dizer que, a partir da amostra investigada, há probabilidade de que os participantes dos projetos estejam realmente auferindo resultados melhores do que os não-participantes no que diz respeito aos indicadores analisados, com exceção apenas do indicador desempenho escolar. Identificamos também diferentes níveis de probabilidade de efeitos positivos, sendo maior para indicadores como capacitação para o mercado de trabalho e auto-estima, e menor para indicadores como lazer. No caso do indicador desempenho escolar, há evidências de que provavelmente os projetos não estejam conseguindo promover as melhoras pretendidas.

Limitações e fatores de incerteza

Passemos a elucidar as limitações e os fatores de incerteza que estão associados ao modelo causal aqui adotado e aos resultados encontrados.

Primeiro, é importante ter claro que a amostra dos entrevistados não foi representativa do universo dos moradores da Mangueira. Como vimos, para a seleção dos componentes do grupo do experimento utilizou-se o critério da aleatoriedade a partir dos cadastros de participantes dos projetos, sendo a seleção do grupo de controle feita por indicação dos membros do primeiro grupo. Isto significa que não podemos extrapolar os resultados encontrados nessa pesquisa para a comunidade da Mangueira como um todo; mas podemos, sim, dizer que estes resultados são importantes para entender os impactos dos projetos na comunidade, e para subsidiar o processo de tomada de decisão da empresa nesse campo.

Segundo, e aqui passando à construção do modelo de avaliação que foi utilizado, ao incorporarmos o constructo "características pessoais" à versão redefinida do modelo, procuramos iluminar como se dá seu relacionamento com a variável causal X_1 e subsidiar o entendimento de alguns resultados encontrados para os $Y'_{i(s)}$. Mas estamos conscientes de que não conseguimos controlar os efeitos de "características pessoais", para isolar os efeitos dos projetos nas transformações ocorridas nas vidas dos entrevistados. Mas, ao içarmos este constructo da condição de "fator confundidor" e incluí-lo em nosso modelo de análise, esperamos ter contribuído para o entendimento do impacto que estes projetos da Xerox têm na comunidade da Mangueira.

Terceiro, a variável "adequação escolar" ($X_{5.1}$), que compôs o constructo "características pessoais", teve um componente de endogeneidade (uma vez que incluiu também o desempenho escolar do entrevistado no período analisado), o que obviamente atuou como fator perturbador da análise. Por outro lado, teve também um componente exógeno significativo (o desempenho escolar anterior ao período analisado) que corroborou para a caracterização individual do entrevistado.

Quarto, nas avaliações de impacto, o desejável é que se possa comparar a situação antes e depois do projeto, tanto para os grupos do experimento quanto para os de controle. Como não tínhamos um diagnóstico da situação inicial antes do projeto, foi solicitado ao entrevistado que, recorrendo à sua memória, mencionasse as variações ocorridas em sua vida durante o período considerado, relacionadas aos indicadores/constructos em questão. Por período considerado, adotamos o período iniciado no ano em que o participante entrou para o Projeto Olímpico ou cursou o Projeto Camp, até a data da entrevista. No caso do não-participante, o período considerado foi o mesmo que valeu para o participante do seu par (ou trio) de comparação.

Ou seja, o entrevistado deveria lembrar como a sua vida era antes e como ficou depois de transcorrido aquele período. E, como sabemos, os fenômenos psicológicos ligados à memória, como percepção e cognição, podem ter como conseqüência uma variação de critérios com os quais a pessoa julga os fatos passados e presentes.

Quinto, a estratégia para entrevistar os não-participantes (na casa do participante) fez com que as condições de realização das entrevistas fossem um pouco diferenciadas, com o não-participante se sentindo, algumas vezes, menos à vontade do que o participante, já que este se encontrava em sua própria casa. Mas, quando este sentimento ocorreu, vimos que foi no início e, logo após, no decorrer da entrevista, o não-participante ia adquirindo confiança e sentindo-se também à vontade.

Sexto, no decorrer das entrevistas, percebemos que três entrevistados selecionados para o grupo de controle referente ao Projeto Camp haviam feito, em algum momento de suas vidas, o Projeto Olímpico. Obviamente este fato atuou como "fator confundidor" da comparação Exper *versus* Control.

Sétimo, não foi feita uma sistematização exaustiva para as variações percebidas pelos entrevistados para cada um dos indicadores em questão (Y'_{is}). Consideramos aqui apenas as variações (+; –; NV) para as quais o entrevistado atribuiu importância durante a sua fala. Se, por um lado, este procedimento pode incorrer em algum erro de estimativa pela não elucidação de variação relevante, por outro, o procedimento inverso (sistematização das variações para todos os indicadores) pode também incorrer em outro tipo de erro de estimativa mais grave, já que o entrevistado é induzido a mencionar efeitos de modo improvisado, sobre os quais não tenha uma opinião mais consistente.

Oitavo e último, para contabilizar os resultados das variações nas condições de vida dos entrevistados, relativas aos indicadores considerados, atribuímos uma determinada pontuação para cada tipo de variação. Explicitamos o critério de pontuação que foi utilizado. Obviamente, se tivéssemos utilizado um outro critério para atribuição de pontos, o percentual dos pontos auferidos pelo grupo dos Exper em cada indicador poderia ser diferente, podendo ou não alterar a posição dos indicadores em relação aos efeitos dos projetos. Entretanto, é importante ressaltar que, como faz as Nações Unidas para as estimativas dos seus índices de desenvolvimento humano (UNDP, 2004), utilizamos o critério de pontuação da maneira mais parcimoniosa e objetiva possível. Além disso, os resultados sistematizados dessa forma conseguiram ser expressão das evidências percebidas na pesquisa de campo.

Propostas para aumentar o impacto dos projetos

Não há dúvidas de que a comunidade da Mangueira vê o Projeto Olímpico e o Projeto Camp como uma oportunidade de desenvolvimento para as suas crianças e adolescentes. Uma oportunidade que é oferecida bem ali, ao pé do morro, e de forma gratuita. No caso do Projeto Olímpico, a prática de esportes representa um modo saudável de ocupação do tempo livre. E no caso do Projeto Camp, ele qualifica os adolescentes para a competição no mercado de trabalho.

Tão importante quanto o aspecto da oportunidade é o aspecto da prevenção da criminalidade. Ou seja, os projetos são valorizados pela comunidade enquanto estratégia para prevenir que as crianças e os adolescentes da Mangueira sejam atraídos para o mundo do tráfico e da criminalidade. Para os moradores entrevistados, o grande inimigo a ser evitado é a "rua".

Os depoimentos a seguir ilustram as expectativas da comunidade em relação aos projetos. São depoimentos de pais com filhos nos projetos, e de pais de filhos não-participantes:

> Na minha época, se tivessem todas estas oportunidades que existem, hoje eu era doutor.
>
> (Pai de Exper 3)

> Quanto mais projeto, mais ocupação para as crianças daqui: assim elas não vão se envolver com drogas.
>
> (Mãe de Control 3)

> Todo canto que eu sei que tem um projeto bom — e que eu não pude fazer pois eu era da roça, e que era o meu sonho, aí eu tento colocar eles. (...) Eu, como mãe, tenho a maior preocupação em ver meus filhos encaminhados na vida, trabalhando honestamente.
>
> (Mãe de Exper 10)

> Pelo menos, quando as crianças estão lá, ficam fora de ficar fazendo besteira na rua.
>
> (Mãe de Control 11)

> O Projeto Olímpico é importante, sim. Faz com que os garotos, ao invés de olharem bandido como herói, passem a olhar Ronaldinho[15] como herói.
>
> (Exper 12)

Por outro lado, se o nosso objetivo é avaliar o impacto dos projetos na Mangueira, torna-se fundamental reconhecer as dificuldades de acesso da comunidade aos projetos. As dificuldades são basicamente de quatro tipos: falta de vagas e horários adequados à comunidade; não ter quem leve as crianças para os projetos; falta de conhecimento suficiente por parte dos pais sobre os projetos; e a necessidade de atender a certas exigências, o que vem funcionando como barreira à entrada das crianças e adolescentes da Mangueira.

Além das dificuldades de acesso dos moradores da Mangueira aos projetos, identificamos também falhas na execução dos projetos, sobretudo no que se refere à retenção da população-alvo nos projetos. De fato, com base na amostra considerada, vimos que o abandono dos projetos é muito alto. Uma das causas alegada é a própria dificuldade do

---

[15] Jogador de futebol, admirado no Brasil e no exterior.

acesso. A outra causa parece ser o sentimento das crianças e adolescentes da Mangueira de se sentirem como "estrangeiros" em um projeto que, em princípio, foi desenhado para eles; e o pior, de se sentirem preteridos e inferiores.

Tanto as dificuldades de acesso quanto as de retenção mencionadas tendem a afetar muito o impacto dos projetos na comunidade. Dito de modo caricatural, o problema é o seguinte: se as crianças e adolescentes de uma determinada comunidade não vão para um dado projeto social e, quando vão, acabam não ficando, como conseguir que um projeto, funcionando desta maneira, tenha impacto naquela comunidade?

A questão é o foco dos projetos sociais. Para que o Projeto Olímpico e o Projeto Camp tenham impacto na comunidade da Mangueira, torna-se indispensável que eles estejam focados na comunidade da Mangueira. Ou seja, que estejam voltados efetivamente para encontrar soluções para as demandas da população da Mangueira. Se existem problemas de acesso aos projetos, e de retenção nos projetos, há que se encontrar soluções específicas para estes problemas.

Partir para expandir o raio de ação daqueles projetos para outras áreas da cidade do Rio de Janeiro, mesmo que sejam outras comunidades carentes, só agrava o problema. Isto faz com que a comunidade da Mangueira deixe de ser atendida adequadamente, e também os outros públicos que são incorporados. Cada comunidade tem seus problemas específicos e, portanto, deve ter estratégias próprias para enfrentá-los.

E, como pudemos perceber pelas entrevistas e pelas nossas andanças na Mangueira, os moradores de lá já têm propostas para ampliar o impacto dos projetos Olímpico e Camp na comunidade. Se o objetivo é buscar ampliar o impacto destes projetos sociais na Mangueira, o que está faltando é ouvir mais os moradores e incluí-los no processo de planejamento dos referidos projetos. Pois eles constituem *stakeholder* relevante (comunidade) dessa parceria da Xerox com a escola de samba da Mangueira.

Muitos entrevistados pediram que fossem abertas mais vagas nos projetos para a Mangueira. Para atender a essa solicitação, obviamente deve ser feita a opção entre vagas para os moradores da Mangueira *versus* vagas para os moradores de outras áreas da cidade. Fica subentendido que se o foco dos projetos é a Mangueira, não basta oferecer a vaga; é preciso desenvolver um trabalho para atrair a comunidade para os projetos.

A nossa pesquisa de campo evidenciou que não condiz com a realidade a alegação (da coordenação) de que os moradores da Mangueira não conseguem preencher todas as vagas oferecidas pelo programa social da Mangueira e, por isto, elas são oferecidas aos moradores de áreas adjacentes. A realidade é de uma grande carência de vagas e de horários adequados às necessidades da comunidade.

Para atrair os moradores da Mangueira para os projetos sociais "da Mangueira", é preciso começar com um trabalho de conscientização dos pais e responsáveis, e dos próprios adolescentes da comunidade, acerca dos atrativos dos projetos. Este trabalho deveria ser desenvolvido pela equipe executora dos projetos. Repetimos aqui trechos da sugestão feita pela tia de Exper 11 a este respeito:

> Depende muito da situação dos pais. Porque muitas vezes a mãe tem que deixar os filhos para ir trabalhar, mas tem que ter responsabilidade de deixar os filhos com uma pessoa responsável. Daí que eu acho que o pessoal da Vila Olímpica deveria vir aqui e fazer um trabalho de conscientização com estes pais. Tinham que marcar um encontro aqui com

os pais de noite. Sei que é uma coisa arriscada, porque ninguém gosta de subir o morro de noite. Mas é o único jeito de pegar os pais em casa. Pois, se fizer uma reunião lá na Vila Olímpica, ninguém vai, porque vão dizer que trabalham, não têm tempo. É igual reunião de escola, poucos vão.

Para atrair os moradores da Mangueira para os projetos, também é fundamental facilitar o acesso aos projetos, sobretudo no que se refere à locomoção das crianças menores à Vila Olímpica. A seguir resumimos a experiência de um projeto social esportivo que começou a ser desenvolvido recentemente na comunidade, o Projeto MEL (Movimento, Esporte e Lazer), e que conseguiu encontrar solução para este problema.

O Projeto MEL é da prefeitura, implantado há seis meses na Mangueira. A prefeitura paga os instrutores e dá as camisas para os jogos. É um projeto esportivo (futebol) desenvolvido na quadra de futebol do *Campão da Bandeirante*, que fica na parte baixa do morro e foi recuperada recentemente pelo Programa Favela-Bairro. Paulinho e Marquinho são os instrutores do projeto, contratados pela prefeitura: além de morar na Mangueira, têm história no trabalho voluntário esportivo no morro. Vejamos a conversa com Paulinho e Marquinho:

> O nosso contrato com a prefeitura é dar aula apenas três vezes na semana, duas horas pela manhã e duas horas à tarde. Mas a gente gosta e acha muito importante este trabalho com a garotada. Por isto, a gente vem todo dia. É muito importante mesmo a gente ocupar esta garotada, sobretudo aqueles de 15/16 anos; senão eles ficam sem ter o que fazer, e acabam indo para a boca de fumo. No caso dos garotos menores, a gente passa todos os dias pelas casas deles, e traz para os treinos. Quando acaba, levamos as crianças de volta. Como voluntário, a gente leva as crianças para a praia, para o teatro; chega a encher dois ônibus de linha. Tudo é feito, claro, com a autorização dos pais.

Para viabilizar a freqüência dos garotos menores do morro ao Projeto MEL, os treinadores vão buscá-los em suas casas. Não poderia esta solução ser adaptada ao Projeto Olímpico? Ou seja, uma possibilidade para contornar a questão do acesso seria investir em um ônibus que, com alguma periodicidade, circulasse pelas principais ruas da Mangueira em direção à Vila Olímpica, levando as crianças para o projeto e as trazendo de volta.

Para reter as crianças e adolescentes da Mangueira nos projetos, a condição fundamental é valorizá-los sempre durante as atividades, já que eles representam a razão de ser dos projetos. Atitudes de discriminação não podem ser toleradas, pois acabam funcionando como forte fator de expulsão.

Por último, não podemos deixar de considerar que, para garantir a maior eficácia dos projetos na comunidade da Mangueira, torna-se fundamental que essa ação social seja planejada e acompanhada. Deve-se ter clareza das necessidades sociais da comunidade e da clientela a ser atendida durante a execução dos projetos; o acompanhamento deve ser feito para checar se o que foi planejado está sendo realmente seguido, e a reação dos clientes; e, por último, deve ser avaliado o impacto dos projetos e também as questões relacionadas com a sua eficiência. Em todas essas etapas, é importante que haja sempre uma interação de diálogo entre os *stakeholders* relevantes, no caso as organizações sociais executoras (GRES Estação Primeira de Mangueira e Camp Mangueira), a empresa patrocinadora (Xerox) e a comunidade beneficiária.

Lembramos que, na fase inicial do planejamento, há que se discutir e chegar a um consenso quanto a metas e indicadores de acompanhamento. Que devem ser poucos, porém relevantes, como: taxa de cobertura dos projetos (considerando a população-alvo); freqüência dos participantes; taxa de abandono; e pesquisa de satisfação dos clientes. São indicadores como estes que devem orientar a condução dos projetos sociais e o acompanhamento deles.

Parte IV

Estudo de caso: avaliação de eficácia privada (EP) da ação social da Xerox

8. Identificação do campo: o negócio Xerox

Em linhas muito gerais, apresentamos aqui o negócio da Xerox como um todo — da Xerox Corporation e da Xerox do Brasil — e o momento atual que a empresa vem atravessando. Tecemos breves comentários sobre a ação social da Xerox Corporation.

A história da Xerox teve início em 1938, quando Chester Carlson fez a primeira imagem xerográfica em seu laboratório improvisado na cidade de Nova York (EUA). Atualmente, a sede da Xerox Corporation fica nesta cidade. Suas ações são comercializadas na Bolsa de Valores de Nova York desde 1961, na Bolsa de Chicago desde 1990, além de serem transacionadas nas Bolsas de Boston, Cincinnati, Costa do Pacífico, Filadélfia, Londres e Suíça.

No Brasil, a Xerox foi fundada em 1965 na cidade do Rio de Janeiro, onde até hoje permanece a sede da companhia no país. Naquele mesmo ano, ela foi transformada em sociedade anônima, porém ainda hoje não tem suas ações negociadas em bolsa no Brasil. Atualmente, além do Rio de Janeiro, a empresa detém filiais comerciais em outros 15 estados. As unidades industriais da empresa estão localizadas em Salvador (BA) e em Manaus (AM), sendo que a unidade de Resende (RJ) foi recentemente (2002) terceirizada para a empresa multinacional Flextronics.

A Xerox do Brasil é, hoje em dia, a terceira colocada no *ranking* mundial da Xerox Corporation, atrás apenas da Xerox dos Estados Unidos e da do Japão. Na afiliada brasileira trabalham 4.990 pessoas, sendo 2.072 empregados e 2.918 contratados.

Atualmente, a Xerox Corporation não quer ser vista apenas como uma companhia que vende copiadoras, mas como uma empresa de tecnologia em processamento de documentos, que oferece soluções de escritório. Entre os produtos, serviços e soluções oferecidos pela empresa são destaque:

- dispositivos para criação de imagem digital — sistemas de impressão e publicação, impressoras, multifuncionais e copiadoras;
- impressoras a laser e por cera, máquinas de fax, e suprimentos como toner, papel e tinta;
- soluções para ajudar empresas a imprimirem manuais facilmente ou a criarem documentos personalizados para seus clientes;
- software e serviços de gerenciamento de documentos, como administração de centros de produção internos, desenvolvimento de repositórios de documentos online ou análise de como os clientes podem criar e compartilhar documentos de modo mais eficaz no escritório.

No Brasil, esse novo modelo de negócio, baseado na oferta de soluções para simplificação de processos para escritórios, está apenas começando. Segundo Pedro Fábrega, presidente executivo da Xerox do Brasil, a distribuição da receita da companhia provém de: 45% de negócios com copiadoras, 45% com impressoras, e apenas os 10% restantes é que advêm de consultoria e oferta de soluções. Mas, como ele explica, essa distribuição tende a mudar bastante, já que o mercado de copiadoras está em queda (cerca de 2% ao ano), enquanto o de impressoras cresce entre 5 e 7% ao ano, e os serviços de consultoria vêm tendo uma expansão de mais de 20% ao ano (*Jornal Valor*, 8 jul. 2003).

A mudança no modelo de negócio foi uma das estratégias adotadas pela empresa para superar a crise financeira que atingiu a Xerox em âmbito mundial, no final da década de 1990. Para Anne M. Mulcahy, presidente do Conselho e CEO (*chief executive officer*) da Xerox Corporation, a empresa conseguiu enfrentar, entre 2000 e 2002, a crise mais séria de toda sua história, e emergiu como uma empresa que está mais forte, diferente e melhor — uma companhia preparada e decidida para atingir novos níveis de grandeza.[16]

Prova de que a empresa está conseguindo efetivamente se recuperar é que, entre fins de 2000 e de 2002, a Xerox Corporation conseguiu reduzir a sua dívida total em US$ 4,4 bilhões, fechando este último ano com US$ 2,9 bilhões em caixa. O resultado final de 2002 também apresentou lucro de US$ 91 milhões, contra prejuízo que havia sido de US$ 273 milhões em 2000. Porém, o preço social desse processo de reestruturação vem sendo a redução drástica de empregos da corporação, que passou de 94.600, em 1999, para 67.800 empregados em 2002, e para 63.900 ao final do primeiro semestre de 2003 (*Xerox Annual Report 2002*: <www.xerox.com>, acesso em nov. 2003).

Também no Brasil, a Xerox quer virar a página das dificuldades financeiras e da reestruturação em que esteve envolvida nos dois últimos anos (*Jornal Valor*, 8 jul. 2003). Para recuperar a rentabilidade dos negócios, a empresa já terceirizou as áreas de vendas, armazenamento, cobrança, distribuição e suporte técnico.

A Fundação Xerox é o braço da corporação, em âmbito internacional, "que pretende dar algum tipo de retorno às comunidades de onde provêm os seus empregados, consumidores e a sua própria liberdade de conduzir os negócios". Ela faz doações anuais em torno de US$ 15 milhões e tem uma atuação bastante abrangente, cobrindo cinco grandes áreas: educação e preparação da força de trabalho, por meio de doações para escolas e universidades; ciência e tecnologia; funcionários e comunidades; assuntos culturais; e assuntos nacionais (<www.xerox.com/Static_HTML/xerox_foundation/en_US/xerox_foundation.html>, acesso em 17 dez. 2003).

O exame do referido site da Fundação Xerox mostra que o foco da entidade está voltado para os Estados Unidos, país-sede da corporação. No Brasil, o Instituto Xerox não recebe doações da Fundação Xerox.

Particularmente, no que se refere à área funcionários e comunidades, a fundação desenvolve quatro programas:

---

[16] Carta aos Acionistas, em *Xerox Annual Report* 2002; disponível em <www.xerox.com>, acesso em nov. 2003.

- Programa de Envolvimento com a Comunidade, que desde 1974 vem fazendo doações para projetos sociais apoiados por grupos de funcionários;
- Programa de Licença dos Funcionários para Serviço Social, que desde 1971 vem concedendo licença de até um ano para que seus funcionários possam trabalhar em tempo integral em projetos sociais;
- Programa de Doações para Instituições de Nível Superior, em parceria com os funcionários;
- Programa de Apoio aos Funcionários para doações às organizações participantes do United Way, que é um movimento norte-americano de atendimento às comunidades carentes.

O interessante aqui é constatar que, apesar das dificuldades econômico-financeiras que a Xerox atravessou recentemente, o programa social da corporação foi mantido, tanto em âmbito internacional quanto no Brasil. A seguir, ao aplicarmos a metodologia de avaliação da eficácia privada da ação social empresarial que estamos propondo, procuraremos identificar de que modo o programa social desenvolvido pela Xerox no Brasil pode estar contribuindo para os negócios da empresa no país.

9. Como a metodologia EP²ASE foi implementada para avaliar a eficácia privada da ação social da Xerox?

Para avaliar a eficácia privada da ação social da Xerox, procuramos identificar como o relacionamento da Xerox do Brasil com o *stakeholder* comunidade vem sendo percebido por outros dois grupos de *stakeholders* considerados relevantes para a empresa no país: seus funcionários e clientes. Obviamente, o ideal seria incluirmos em nossa investigação os demais grupos de *stakeholders* relevantes da afiliada brasileira, a começar pelos próprios acionistas (que estão nos Estados Unidos e em outros países), fornecedores, governo e a força de trabalho da empresa como um todo. Por contingência de tempo e de recursos (financeiros e humanos), tivemos que restringir a nossa pesquisa de campo a apenas dois grupos de *stakeholders* — funcionários da sede e clientes da cidade do Rio de Janeiro.

O tópico-guia, preparado inicialmente, foi utilizado de maneira bastante flexível, servindo como um roteiro básico para a condução das entrevistas e para subsidiar a análise posterior. Primeiro, as questões foram colocadas em aberto; e depois, foram apresentadas de modo estruturado, sendo solicitado aos entrevistados que fizessem as suas avaliações segundo uma escala Likert de gradação.

Neste capítulo, apresentamos como a amostra dos entrevistados foi definida e como os dados foram coletados.

Stakeholder: funcionários

No que se refere à força de trabalho da Xerox no Brasil, ela é entendida como o conjunto dos funcionários Xerox (empregados efetivos admitidos segundo a Consolidação das Leis Trabalhistas — CLT), dos contratados e dos parceiros de negócios.

Os parceiros de negócios fazem parte da nova estratégia de atendimento ao cliente, adotada pela Xerox no Brasil a partir de 2002. Ao invés de se basear integralmente no trabalho dos funcionários Xerox para venda e manutenção dos equipamentos Xerox em todo o país, passaram a ser firmados contratos com agentes autônomos locais, os chamados representantes autorizados Xerox. Quando da implantação desse novo modelo, esperava-se que, já ao final de 2003, os agentes chegariam a ser responsáveis por 60% das vendas no país e, com isto, o atendimento se tornaria mais rápido, mais personalizado e com preços mais baixos.

Quanto aos funcionários e contratados da Xerox no Brasil, eles correspondiam a um total de 4.990 pessoas em 2003, sendo apenas 41,5% de "funcionários Xerox" e 58,5% de contratados. Deste total de pessoas, 1.150 estavam no estado do Rio de Janeiro, sendo que 508 delas estavam lotadas na sede. Dos que trabalhavam na sede, 281 eram funcionários (efetivos) e 227 contratados.

Foram estes 281 funcionários lotados na sede da Xerox (RJ) que tomamos como base para investigar a percepção dos funcionários Xerox acerca da ação social desenvolvida pela empresa. Para orientar o processo de seleção dos entrevistados, este subuniverso da força de trabalho da Xerox foi subdividido: por área da empresa e por condição de ocupação (gerente e não-gerente). A tabela 6 descreve esta composição dos funcionários da sede.

Tabela 6
Xerox, sede RJ: funcionários, segundo a área na empresa e condição de ocupação (out. 2003)

Diretoria/Área	Gerente	Não-gerente	Total	%
Chairman	3	4	7	2,5
Finanças	27	65	92	32,7
Infra-estrutura e Suporte a Clientes	12	25	37	13,2
Lean Six-Sigma Deployment	1	2	3	1,1
Marketing	23	25	48	17,1
Operações de Canais	9	2	11	3,9
Operações ISO	7	24	31	11,0
Presidência	1	1	2	0,7
Recursos Humanos & Organização	5	21	26	9,3
Sistemas	12	10	22	7,8
XGS/Controle	2	0	2	0,7
Total	102	179	281	
Percentual	36,3	63,7	100,0	100,0

Fonte: Xerox, área de Recursos Humanos & Organização.

Dos funcionários da sede, vemos que o percentual de gerentes é relativamente elevado, de 36,3% contra 63,7% de não-gerentes. A categoria dos gerentes na Xerox inclui os níveis de diretor-executivo, diretor-funcional, gerente estratégico e gerente sênior.

Com base no cadastro dos 281 funcionários da sede, fizemos uma seleção aleatória dos funcionários convidados para a entrevista, procurando manter a representatividade das áreas; e, dentro de cada uma, a representatividade da condição de ocupação. Como tínhamos interesse em entrevistar inicialmente 20 funcionários, fizemos uma seleção preliminar de 60 nomes — se, ao final da análise, as entrevistas realizadas não se mostrassem suficientes para captar a variedade de percepções acerca do fenômeno estudado (ação social da Xerox), partiríamos para a ampliação do número de entrevistados.

A estratégia viabilizada para o acesso aos funcionários Xerox selecionados foi a seguinte: a gerente da Área de Recursos Humanos & Organização enviou uma carta-convite para a entrevista. Nesta carta, foram apresentados os objetivos da nossa pesquisa e a sua relevância para a empresa, sendo solicitado ao funcionário que fizesse um esforço especial para comparecer. Para participar da entrevista, o funcionário deveria agendar conosco, via e-mail, um horário de sua conveniência, entre os dias 27 de novembro e 3 de dezembro de 2003.

Dos 60 funcionários que receberam a carta-convite para a entrevista, 15 agendaram e compareceram ao encontro. Ao todo, foram realizadas 16 entrevistas, pois, além dos 15, ainda convidamos diretamente uma participante da Célula de Solidariedade. As entrevistas duraram entre 40 minutos e uma hora; ressaltando que também tiveram entrevistas de até duas horas. Ao final destas entrevistas, baseados no critério de saturação teórica (Bauer et al., 2002), constatamos que este número havia sido suficiente para construirmos uma representação acerca de como o funcionário Xerox da sede percebe a ação social da empresa. Novas entrevistas com funcionários acrescentariam muito pouco à análise.

A tabela 7, apresenta a descrição dos funcionários efetivamente entrevistados. Dos 16 funcionários, cinco são gerentes, representando um percentual um pouco menor (25%) do subuniverso de gerentes na sede da Xerox (que é de 36,3%). A área com maior representatividade na amostra foi a de Finanças, que corresponde, na realidade, à área com maior concentração de funcionários da sede. Podemos dizer que todos os funcionários entrevistados, com exceção de um, têm bastante tempo de empresa, a maioria com mais de 10 anos de casa.

Tabela 7
Xerox: amostra dos funcionários da sede entrevistados, segundo área, condição de ocupação* e tempo de empresa

Condição de ocupação	Área (diretoria) onde trabalha atualmente	Tempo na empresa (anos)
Gerente		
▼ Func 5	Finanças/Tributos	8
▼ Func 10	Marketing/Preços	15
▼ Func 15	Sistemas/*DataWarehouse*	2
▼ Func 16[1]	Marketing/Produtos	5

continua

Condição de ocupação	Área (diretoria) onde trabalha atualmente	Tempo na empresa (anos)
Não-gerente		
▼ Func 1	Finanças/Documentação	15
▼ Func 2	Finanças/Adm. Comercial	17
▼ Func 3	Operações ISO	8
▼ Func 4	Sistemas/Desenvolvimento	4
▼ Func 6	Infra-estrutura e Suporte a Cientes	19
▼ Func 7	Finanças/Controles Internos	18
▼ Func 8[2]	Finanças	25
▼ Func 9	Recursos Humanos & Organização	20
▼ Func 11[3]	Infra-estrutura e Suporte a Clientes	16
▼ Func 12	Finanças/Adm. Comercial	17
▼ Func 13	Recursos Humanos & Organização	23
▼ Func 14	Finanças/Contratos com Cientes	12

Fonte: Pesquisa de campo.
* Na Xerox, a condição de gerente engloba diretor executivo, diretor funcional, gerente estratégico e gerente sênior.
[1] Há três meses, trabalhava na Xerox em São Paulo. [2] Atualmente, Func 8 é contratada; porém, foi funcionária Xerox durante 25 anos. Foi entrevistada por fazer parte da Célula de Solidariedade na sede, e não por meio de seleção aleatória como os demais entrevistados. [3] Trabalha como funcionário Xerox na fábrica de Resende — no total são apenas sete funcionários Xerox em Resende, depois que a fábrica foi terceirizada para a Flextronics. No entanto, encontra-se lotado como funcionário da sede.

Stakeholder: clientes

Os clientes da Xerox no Brasil são classificados de acordo com o nível e/ou seu potencial de faturamento. Segundo a Diretoria de Assuntos Corporativos da Xerox, a estrutura dos clientes prevista para 2004 encontra-se segmentada da seguinte forma:

▼ grandes clientes (clientes ISO — *industrial solution office*) — em torno de 500 clientes no Brasil, representando 32% do faturamento, e atendidos diretamente por funcionários Xerox;

▼ clientes nominados (clientes *named*) — de 2 mil a 3 mil clientes no Brasil, representando 25% do faturamento, considerados clientes estratégicos para a empresa e atendidos por representantes autorizados Xerox, de modo preferencial;

▼ clientes GMO (clientes *general marketing*) — representam a base da pirâmide dos clientes; são em torno de 80 mil clientes, com aproximadamente 43% do faturamento no país, e também atendidos por representantes autorizados Xerox.

Como critério para estratificação da amostra de clientes a ser composta, decidimos adotar a representatividade de cada uma das três classes de clientes no faturamento geral. Assim, aproximadamente, consideramos que cada categoria deveria participar com 1/3 do total de clientes da amostra.

Inicialmente, pensamos em trabalhar com uma amostra de nove clientes, ou seja, três clientes para cada classe de faturamento, objetivando investigar a percepção deles acerca da ação social desenvolvida pela Xerox. Se este tamanho de amostra não se mostrasse suficiente para a construção do *corpus tópico* (Bauer e Aarts, 2002), isto é, se ainda persistisse diversidade nas respostas dos entrevistados sobre os temas abordados, partiríamos para a ampliação da amostra. Porém, ao final das entrevistas, concluímos que o número de clientes entrevistados fora suficiente.

Com base no cadastro de clientes da Xerox, a seleção da amostra dos clientes foi feita segundo critério da aleatoriedade, aplicada apenas aos clientes com poder de decisão no estado do Rio de Janeiro. Fizemos uma seleção de 27 clientes ao todo, nove por categoria, de modo a termos uma margem de folga para eventuais problemas de acesso aos clientes selecionados na amostra. E, de fato, o principal problema encontrado foi o de desatualização dos dados do cadastro da Xerox, referentes à identificação da empresa-cliente, o que impediu o contato com várias empresas selecionadas.

No caso dos clientes, a estratégia de coleta dos dados foi distinta da utilizada com os funcionários. Monteiro, que também é diretor de Assuntos Corporativos da Xerox além de diretor do Instituto Xerox, enviou e-mail aos gerentes regionais responsáveis por gestão de clientes, onde ele apresentava o trabalho que vínhamos desenvolvendo e pedia a colaboração deles para viabilizar nosso acesso aos clientes da amostra. Com os clientes ISO, o próprio gerente de conta da Xerox se incumbiu de fazer o agendamento da visita. Em relação aos clientes *named* e GMO, os dados da empresa-cliente nos foram passados, e nós mesmos fizemos o contato com o cliente.

Importante ressaltar que, em cada empresa-cliente, solicitávamos que a entrevista fosse realizada com a pessoa responsável pelos contratos com a Xerox.

As entrevistas foram realizadas nas próprias empresas-clientes — com exceção do Cliente 5, feita por telefone, devido à impossibilidade de o entrevistado estar presente no horário agendado. As entrevistas duraram entre 40 minutos e uma hora, algumas chegando a duas horas de duração.

A tabela 8 descreve a amostra das nove empresas-clientes entrevistadas em dezembro de 2003: três ISO, quatro *named* e duas GMO.

Tabela 8
Clientes da Xerox, RJ: amostra dos entrevistados, segundo a categoria de faturamento junto à Xerox*

Categorias de faturamento	Ramo do negócio	Nº de funcionários[1]	Condição do entrevistado
Grandes clientes (ISO)			
▼ Cliente 1	Siderurgia	11.500	Gerente de Serviços de Infra-estrutura/RJ
▼ Cliente 2	Governo/Judiciário	n.i.	Diretora do Departamento de Serviços Gerais
▼ Cliente 3	Seguradora (saúde)	6 a 7 mil	Superintendente de Processamento e Operações de Sistemas
Clientes nominados (*named*)			
▼ Cliente 4	Engenharia de sistemas	1.500	Coordenador administrativo
▼ Cliente 5	Estaleiro	1.200	Gerente de Projetos de Obra
▼ Cliente 6	Gráfica	200	Dono
▼ Cliente 7	Colégio particular	160	Diretora administrativa
Clientes em geral (GMO)			
▼ Cliente 8	Computação gráfica	5	Dono
▼ Cliente 9	Aviação	85 (só RJ)	Gerente de aeroporto

Fonte: pesquisa de campo.
* Empresas com poder de decisão no Estado do Rio de Janeiro.
1 Número estimado pelos próprios entrevistados.
n.i. — não informado

10. Resultados encontrados: o programa social da Xerox tem eficácia privada?

Neste capítulo, avaliamos a eficácia privada da ação social da Xerox junto aos funcionários e clientes, segundo as categorias de análise já definidas para a eficácia privada da ASE: nível de conhecimento das iniciativas sociais desenvolvidas; e percepção dos resultados alcançados. Esta segunda categoria de análise foi desdobrada nas subcategorias: resultados para a comunidade propriamente; resultados para o relacionamento do grupo de *stakeholder* em questão com a Xerox; e resultados para a empresa como um todo, ou seja, para o relacionamento da empresa com os demais grupos de *stakeholders*.

Stakeholder: funcionários

Das entrevistas realizadas com a amostra dos funcionários Xerox da sede, vimos que o nível de conhecimento acerca da ação social da empresa (1ª categoria de análise) estava muito restrito às iniciativas que são conduzidas no âmbito do edifício-sede, ou seja, ao Camp e às campanhas. Na realidade, são justamente estas duas iniciativas que convivem com o dia-a-dia dos funcionários da sede: os adolescentes do Camp que trabalham uniformizados nas várias dependências do prédio e a mobilização intensa feita por ocasião das campanhas de solidariedade. Para ilustrar, no dia da Campanha do Papai Noel, estávamos na Xerox e vimos Papai Noel ir de sala em sala, no horário do expediente, para arrecadar donativos, acompanhado de músicas de Natal e muita festa ao seu redor.

Com efeito, a tabela 9 apresenta as principais iniciativas da ação social da Xerox, mencionadas por funcionário entrevistado. Quando comparamos essas assinalações com o quadro 8, que descreve na íntegra o programa social da Xerox tal como ele é concebido, fica claro o conhecimento bastante limitado dos funcionários. Basicamente, podemos dizer que eles conheciam a atuação da Célula de Solidariedade, o Projeto Camp Mangueira e o Projeto Olímpico da Mangueira — nesta ordem, por grau de conhecimento. Os demais projetos mencionados pelos entrevistados foram lembrados, em suas falas, de forma esparsa e difusa. Basta ver que projetos considerados relevantes para o Instituto Xerox, como Casa das Artes da Mangueira e Casa do Zezinho (SP), receberam praticamente o mesmo número de assinalações que iniciativas de escopo bastante limitado, como a dos engraxates e a dos surdos-mudos que ocorrem no edifício-sede da empresa — como informou Func 8, atualmente estes projetos dão trabalho para um ou dois engraxates e surdos-mudos.

Tabela 9
Funcionários entrevistados: nível de conhecimento sobre a ação social da Xerox

Funcionários	Camp Mangueira	Célula de Solidariedade (campanhas)	Surdos-mudos	Mangueira (engraxates)	Mangueira (Projeto Olímpico)	Mangueira (Casa das Artes)	Casa do Zezinho (SP)	Afro-ascendentes*	Meio ambiente	Crianças (Parque Morro Macacos, RJ)	Biblioteca Reprográfica
Func 1	X	X									
Func 2	X	X									
Func 3	X	X			X				X		
Func 4	X	X		X							
Func 5	X	X			X						
Func 6	X	X			X		X	X			
Func 7	X	X			X	X					
Func 8	X	X	X	X			X	X	X		X
Func 9	X	X	X		X						
Func 10	X	X							X		
Func 11		X			X				X		
Func 12	X	X			X						
Func 13	X	X			X		X	X		X	
Func 14	X	X			X						
Func 15	X	X									
Func 16		X			X						

Fonte: Pesquisa de campo.
* Projeto de 2003 (por isto não aparece no quadro 8).

A ação da Célula de Solidariedade foi unanimidade entre os entrevistados. Não há como negar que as campanhas de solidariedade, organizadas por um grupo de funcionários voluntários, é a iniciativa social desenvolvida no espaço corporativo com maior visibilidade e poder de envolvimento dos funcionários da sede.

Também o Camp foi mencionado por todos os funcionários, à exceção de dois deles, pois, apesar de lotados na sede, um não trabalhava efetivamente lá e o outro passou a trabalhar muito recentemente. Importante destacar que o enfoque predominante atribuído ao Camp foi de alocação dos menores na empresa (Xerox). Na maior parte das vezes, não houve referência ao trabalho que é feito na Vila Olímpica da Mangueira, de treinamento educacional dos garotos e o posterior acompanhamento dos selecionados para estágio nas várias empresas conveniadas ao projeto, sendo a Xerox uma dessas empresas. Ou seja, percebemos que o conhecimento do Projeto Camp pelos funcionários está restrito, na maioria das vezes, aos muros da Xerox e não há conhecimento do projeto no seu todo.

Quanto ao Projeto Olímpico da Mangueira vimos que, quando se considera o público interno da Xerox, ele não tem o mesmo grau de visibilidade que goza junto ao público externo da empresa, aqui entendido como os iniciados e/ou interessados em responsabilidade social/ação social corporativa. Para estes, o projeto é tido como referência nacional e mesmo internacional. No entanto, considerando os 16 funcionários entrevistados, cinco deles nem sequer mencionaram o Projeto Olímpico; e para os 11 que o fizeram, não havia muita clareza sobre se o projeto ainda continuava existindo e se ele era apenas um componente do Camp:

> Até uns anos atrás, sabia que tinha um companheirismo do Camp e da Vila Olímpica com a escola de samba da Mangueira. Não sei se ainda existe este trabalho da Xerox na Vila Olímpica, estimulando os jogos. Mas sei que os meninos do Camp continuam trabalhando na Xerox.
>
> (Func 2)

> Tem o Camp Mangueira — o esporte é uma atividade do Camp.
>
> (Func 3)

> Tem o Camp Mangueira, que inclui a parte esportiva, a parte profissionalizante e a parte empregatícia.
>
> (Func 14)

O papel da Célula de Solidariedade é compreendido por praticamente todos os funcionários entrevistados, o mesmo não ocorrendo com o Instituto Xerox. Como explicou Func 1, a razão disso é que "as ações da Célula são mais claras para a população Xerox, pois envolvem os funcionários. Já o instituto, é mais voltado para fora, um âmbito maior. Em relação ao instituto, a gente fica como espectador e não como participante".

Entre os 16 funcionários pesquisados, seis foram categóricos em afirmar que não conhecem o que o Instituto Xerox faz. Três entrevistados disseram achar que não havia relação entre o Instituto Xerox e o trabalho da Célula de Solidariedade, enquanto sabemos que há. Já dois outros funcionários se aventuraram em uma definição imprecisa e totalmente equivocada sobre o papel do Instituto Xerox. Apenas três funcionários pareceram ter clareza a este respeito, provavelmente por serem mais interessados do que os demais sobre o trabalho social da Xerox.

Referindo-se às campanhas de solidariedade, quase todos os funcionários da amostra disseram tomar conhecimento delas por meio do Jornal Mural (afixado em vários pontos nos corredores do edifício-sede e atualizado semanalmente), cartazes nos elevadores, *folders* e intranet. A informação vem até eles no próprio ambiente de trabalho.

Já as ações do instituto são divulgadas na mídia (jornais, revistas e TV), no site do Instituto Xerox e, de vez em quando, por e-mails enviados internamente pelo próprio instituto. Neste caso, os funcionários devem buscar a informação na medida do seu interesse. E a pesquisa mostrou que o interesse dos funcionários da Xerox pela ação social institucional não é grande. Entre os entrevistados, pelo menos cinco declararam nunca ter entrado no site do Instituto Xerox; e os que já entraram (cinco), o fizeram apenas uma vez para conhecer o site, ou o fazem muito raramente. Outra constatação neste sentido é que, até hoje, nenhum dos entrevistados foi conhecer a Vila Olímpica da Mangueira, apesar de ela estar a 10 minutos de carro do edifício-sede da Xerox.

> A Xerox até divulga, mas é tudo muito distante. Eu fico até envergonhada, porque o meu marido sabe mais do que eu, que trabalho na Xerox, sobre o programa social da Xerox, porque ele lê mais jornal do que eu.
>
> (Func 1)

> O site é pouco consultado, tem pouca visibilidade. Poucas vezes vi algum funcionário consultá-lo. Acho que deveria haver, de vez em quando, uma chamada para o site.
>
> (Func 10)

> Tem a revista sobre o programa da Mangueira, que fica aos montes na entrada da Xerox ou nos departamentos, mas eu nunca parei para olhar.
>
> (Func 15)

Com exceção de Func 8, que é membro da Célula de Solidariedade, todos os demais entrevistados afirmaram participar das campanhas como doadores. Isto lhes traz uma satisfação pessoal muito grande, por se sentirem úteis ao estar ajudando pessoas necessitadas. Com a participação nestas campanhas, eles se vêem envolvidos no programa social da Xerox. Alguns mencionaram também o trabalho de tutoria na empresa com os estagiários do Camp, como outro modo de envolvimento.

Quanto à percepção do valor investido na ação social da empresa, apenas um entrevistado arriscou dar uma resposta, acertando em sua estimativa — entre R$ 2 e 3 milhões. Todos os demais confessaram não ter a menor idéia. Dois funcionários chegaram, inclusive, a reconhecer que este tipo de informação deve estar no site, mas que eles nunca a buscaram. Mesmo não conhecendo o valor investido, alguns argumentaram que os recursos deveriam estar sendo bem aplicados, tendo em vista a causa social nobre a que eles se destinam e porque vêm sendo um investimento de longo prazo.

Passemos agora à segunda categoria de análise: a percepção dos resultados da ação social da Xerox. No que se refere aos impactos para a comunidade, podemos classificar as respostas dos entrevistados em quatro grupos. Primeiro, há os que vêem os benefícios sobretudo em termos de oferta de oportunidades, e aqui a ênfase é na possibilidade de educação profissional propiciada pelo Camp (oito referências). Segundo, há os que vão além e afirmam que estes resultados chegam a ser visíveis na própria empresa, tendo em vista os ganhos de aprendizado dos garotos do Camp e a sua inserção no mercado de trabalho (cinco referências). Terceiro, há os que mencionam os indicadores de sucesso divulgados pela imprensa e/ou apresentados na própria empresa, tais como os resultados e troféus obtidos pelas equipes da Vila Olímpica em competições, além dos indicadores de avanço social no morro da Mangueira (seis referências). Por último, há os que alegam não conhecer os resultados do trabalho do Instituto Xerox (três referências). As falas, a seguir, evidenciam estas posições.

> Resultados tangíveis, não saberia te dar números. Mas, uma vez que você dá oportunidades ao jovem de praticar esportes, você faz com que ele não tenha tempo de se envolver com o que não deve.
>
> (Func 16)

> No que se refere ao trabalho esportivo na Mangueira, a gente vê pela mídia que os benefícios são muitos como a ocupação do tempo livre do adolescente, a elevação de sua auto-estima, enfim, a oferta de uma atividade prazerosa que os desvia do mau caminho. Quanto aos menores que trabalham aqui na Xerox, a gente vê os resultados, e muitos deles são efetivados ao final do estágio.
>
> (Func 12)

> Imagino também que os recursos sejam bem aplicados, pois a gente vê os resultados: exposição dos troféus conquistados pelos atletas, que é feita uma vez por ano no restaurante aqui da empresa; as reportagens nos jornais, mostrando que o morro da Mangueira tem o índice mais baixo de criminalidade, e saber que a Xerox teve uma participação nisso.
>
> (Func 7)

> Não conheço os resultados do trabalho do Instituto Xerox. Agora, quanto aos resultados das campanhas, há visibilidade e prestação de contas. A gente pode ir nas instituições beneficiadas no dia da entrega. Senão, podemos ver o jornalzinho com notícias da festa ou até o vídeo.
>
> (Func 2)

Quando solicitamos aos funcionários que, com base na escala de gradação que lhes apresentamos, assinalassem o grau de influência da ação social da Xerox sobre a(s) comunidade(s) atendida(s), a maioria dos entrevistados (11 deles) respondeu que influenciava "muito". Analisando as justificativas dadas para essa atribuição de elevado poder de influenciar, constatamos que eles se referiam sobretudo à geração de oportunidades que os projetos propiciavam, e não aos resultados alcançados; e apenas à população efetivamente atendida nos projetos, e não à populaçao-alvo como um todo.

Influencia muito no sentido de dar oportunidades para o jovem da Mangueira. Você veja que, no caso da comunidade de Rio das Pedras, em Jacarepaguá, os jovens não têm essa oportunidade.

(Func 9)

Influencia muito para a comunidade da Mangueira. É uma questão de abertura de mercado de trabalho para o adolescente e a possibilidade de prática do esporte.

(Func 6).

Influencia muito na comunidade onde a Xerox atua. Por comunidade, eu me refiro aos garotos que são beneficiados pela ação social da Xerox, suas famílias e vizinhos.

(Func 5)

Tabela 10
Funcionários entrevistados: percepção dos resultados acerca do programa social da Xerox, segundo escala de gradação definida *a priori*

Subcategorias de análise e variáveis/ Escalas de gradação	Discriminação dos funcionários, segundo suas respostas
Para a(s) comunidade(s) atendida(s)[a]	
▼ Influencia muito	1, 5, 6, 7, 8, 9, 11, 12, 13, 14, 16
▼ Influencia médio	2, 3, 15
▼ Influencia pouco	10
▼ Não influencia	—
▼ Não sabe dizer	—
Para você, como funcionário Xerox	
Motivação	
▼ Influencia muito	6, 8, 11, 12, 13
▼ Influencia médio	5, 9, 10, 14, 15
▼ Influencia pouco	2
▼ Não influencia	1,[b] 3, 4, 7, 16
▼ Não sabe dizer	—
Produtividade	
▼ Influencia muito	8, 13
▼ Influencia médio	—
▼ Influencia pouco	3, 14

continua

Subcategorias de análise e variáveis/ Escalas de gradação	Discriminação dos funcionários, segundo suas respostas
▼ Não influencia	1, 2, 4, 5, 6, 7, 9, 10, 11, 12, 15, 16
▼ Não sabe dizer	—
Para a empresa	
Imagem	
▼ Influencia muito	1, 2,[c] 3, 5, 6, 8, 11, 12, 14, 15, 16
▼ Influencia médio	9, 13
▼ Influencia pouco	4, 7, 10
▼ Não influencia	—
▼ Não sabe dizer	2[d]
Acesso ao governo	
▼ Influencia muito	1, 6, 8
▼ Influencia médio	5, 13, 14, 16
▼ Influencia pouco	12
▼ Não influencia	7, 19
▼ Não sabe dizer	2, 3, 4, 10, 11, 15
Acesso às instituições financeiras	
▼ Influencia muito	11
▼ Influencia médio	—
▼ Influencia pouco	—
▼ Não influencia	1, 4, 5, 6, 7, 8, 10, 12, 13, 16
▼ Não sabe dizer	2, 3, 9, 14, 15
Lucratividade[e]	
▼ Influencia muito	16
▼ Influencia médio	—
▼ Influencia pouco	12, 13
▼ Não influencia	4, 5, 6, 7, 9, 10, 15
▼ Não sabe dizer	2, 3, 11, 14

Fonte: Pesquisa de campo.
[a] Func 4 apenas mencionou que influencia positivamente
[b] O trabalho do Instituto Xerox não influencia, mas o da Célula de Solidariedade sim.
[c] Influencia na imagem para dentro da empresa, junto aos funcionários.
[d] Não sabe se influencia na imagem para fora da empresa.
[e] Func 1 e Func 8 apenas mencionaram que influencia positivamente.
— Nenhum funcionário mencionou esta escala de gradação.

No que se refere aos benefícios percebidos da ação social da Xerox para os próprios funcionários, identificamos três grupos de respostas, quando a questão foi formulada em aberto. O que predomina é o sentimento de orgulho, a sensação gratificante de trabalhar em uma empresa com preocupação social (nove referências). Mas há também os funcionários que afirmaram que lhes dá satisfação o fato de poder ajudar nas campanhas e também de poder ajudar aos adolescentes do Camp que trabalham na empresa (seis referências). E, por último, um pequeno grupo de entrevistados (dois) lembrou-se ainda dos benefícios para o seu próprio trabalho na empresa e em sua qualidade de vida.

Quando os funcionários foram solicitados a mensurar os benefícios da ação social da Xerox especificamente em termos das variáveis motivação em trabalhar na empresa e produtividade, vimos que as respostas encontradas corroboraram os resultados da questão anterior, que havia sido formulada em aberto. No que se refere à motivação, definida para os entrevistados como fator gerador de estímulo e de entusiasmo para seguir trabalhando na empresa, as assinalações foram dispersas: cinco respostas "não influencia para a motivação"; cinco respostas "influencia médio"; e também cinco respostas "influencia muito". De certa forma, isto mostra que não é consistente o efeito do fator orgulho em trabalhar na empresa, para motivação em trabalhar na empresa e que, portanto, não podemos ter clareza quanto à influência da ação social para a motivação do funcionário Xerox.

No que se refere à influência da ação social sobre a produtividade, podemos dizer que houve uma convergência nas respostas. Dos 16 entrevistados, 12 foram enfáticos em afirmar que, de modo algum, o programa social da empresa influencia na produtividade deles, e dois disseram que influencia pouco. Ilustrando este ponto de vista majoritário, Func 5 diz que "com o estabelecimento do PPR (Programa de Participação nos Resultados) na empresa, o que conta mesmo são os resultados gerados pelo funcionário". Também Func 9 comenta que durante as suas atividades na Xerox, não pensa nas práticas sociais da empresa.

Ao perguntarmos aos entrevistados se eles viam benefícios da ação social da Xerox para a empresa como um todo, o fator imagem da empresa foi, de longe, o mais lembrado (12 referências), tendo sido por alguns especificado em relação aos clientes, ao governo e à sociedade em geral. Também foram citadas prováveis vantagens que eles julgavam existir em termos de benefício fiscal e de aproximação com o governo.

Quando passamos a direcionar o tema da percepção dos resultados para a empresa, em função de determinadas variáveis que consideramos relevantes (imagem da empresa, acesso ao governo, acesso às instituições financeiras e lucratividade), as assinalações, segundo o grau de influência, vieram confirmar o papel preponderante da ação social para a imagem da Xerox. Com efeito, 11 entrevistados consideraram que o programa social da Xerox influencia muito para a imagem da companhia.

Com relação ao benefício referente à imagem da empresa, alguns entrevistados levantaram alguns aspectos interessantes e polêmicos para reflexão.

Primeiro, subjacente às colocações de Func 7, Func 5 e Func 14 está a seguinte questão: a ação social da Xerox influencia na imagem da empresa para quem? Será que esta ação é percebida pelo conjunto dos *stakeholders* da Xerox ou apenas por um subgrupo dos iniciados e entusiastas da cultura da filantropia corporativa, conforme definida por Himmelstein (1997)?

Com certeza, traz benefício para a imagem da Xerox. Mas, eu não sei se as pessoas que não têm envolvimento com a Xerox ou com a Mangueira, se têm visibilidade do trabalho social que é feito.

(Func 7)

Com certeza, influencia muito para a imagem da empresa. Hoje em dia, as pessoas passaram a olhar muito para ação social. Até mesmo nas entrevistas para emprego, o currículo é valorizado se a pessoa faz trabalho social, participa em ONG. A Xerox ganha clientes, os clientes olham de outra forma para a empresa com esta preocupação social. Hoje em dia, as empresas passaram a valorizar essa coisa do social.

(Func 5)

Influencia muito para a imagem. O programa social da Xerox é reconhecido. A empresa é bem vista. Muitos clientes são levados a conhecer o projeto; e também pessoas da sociedade, esportistas, pessoas de outros países.

(Func 14)

Segundo, as colocações feitas por Func 3, Func 9 e Func 7 discutem a seguinte questão: será que o grau de divulgação da ação social corporativa influencia para a promoção da imagem da empresa? Afinal, a Xerox divulga pouco, médio ou muito a sua ação social? Acrescentaríamos a seguinte indagação: divulga para quem?

A Xerox trabalha muito bem essa questão da imagem na mídia. Muitos clientes meus, como a ATL e a Vale do Rio Doce, vêem a Xerox como modelo, querem visitar o Instituto Xerox.

(Func 3)

Influencia médio para a imagem da Xerox. Poderia influenciar mais se houvesse mais divulgação. A empresa só aparece quando vai alguém importante na Vila Olímpica e ela aparece, nos jornais ou na televisão, tendo ao lado um atleta da vila usando a blusa com o logotipo Xerox. Ou seja, não parte da empresa a divulgação.

(Func 9)

Influencia pouco para a imagem da Xerox. Acho que tem pouca divulgação. A Xerox não captura as oportunidades de difundir a imagem. Acho que a Xerox deveria divulgar mais através de uma assessoria de imprensa, de uma ação mais sistemática em jornais e revistas.

(Func 7)

Terceiro, Func 10 e Func 13 levantaram a hipótese de que a influência do programa social da Xerox sobre a imagem da empresa poderia ser maior se fosse um programa mais abrangente, com mais projetos. Aqui fazendo um aparte, vale notar que Func 10 associava o programa social da Xerox apenas ao projeto Camp, denotando completo desconhecimento de sua abrangência real. Voltando ao ponto levantado, diríamos que a influência do número de projetos sociais, de sua dispersão espacial, para a imagem da empresa, é uma questão a ser investigada. Mas certamente este não é um fator relevante para a eficácia pública da ação social.

> Influencia pouco para a imagem da empresa. Já influenciou mais no passado. Tá na hora de subir um novo degrau e fazer algo diferente do Camp. Nunca parei pra pensar o que poderia ser.
>
> (Func 10)

> Influencia médio para a imagem. Acho que o Instituto Xerox deveria investir em mais projetos sociais; e mesmo nos que já investe, ele se projeta pouco na mídia, no mercado.
>
> (Func 13)

Por último, a fala de Func 1 retoma uma questão latente, muitas vezes abafada no subconsciente dos funcionários de empresas com ação social. Por que as empresas investem, por um lado, em ação social para a comunidade se, por outro lado, têm que demitir funcionários por uma questão de sobrevivência? Seria uma estratégia de recuperação de imagem no mercado?

> No ano passado, teve aquele problema de contabilização de resultados, que era uma questão de incompatibilidade com o método da matriz. Foi uma mancha que a imprensa marcou. Mas também essa mesma imprensa divulga o trabalho social da Xerox, e isso é importante para a imagem da Xerox. Este ano também vivemos um momento difícil na empresa, com muitas demissões. Então a Xerox é uma empresa fria? Eu não penso assim, mas também não penso que a Xerox esteja tirando de mim para dar para o trabalho social. Mas também temos que entender que a empresa não é mais paternalista como antes. O fato de ter trabalho social mostra que a empresa se preocupa com o indivíduo. É claro que a gente prefere o paternalismo, mas eu sei que o mundo tá mudando com a globalização.
>
> (Func 1)

No que se refere à influência da ação social da Xerox sobre a variável acesso ao governo, podemos dizer que as assinalações foram dispersas. A opção "não sabe" recebeu o maior número de assinalações (seis) e, no caso das demais opções, notamos que os entrevistados baseavam-se sobretudo em suposições para justificar as suas respostas, como: "acho que influencia muito no acesso ao governo, mas é 'achismo'. Uma mão dupla, o governo quer aliados". ou "influencia médio para o acesso da Xerox ao governo. Pois se a empresa tem preocupação social, isto deve proporcionar algum prestígio perante o governo".

A partir do resultado das assinalações e das argumentações dos entrevistados, podemos concluir que eles não têm clareza quanto aos efeitos da ação social da Xerox para o acesso da empresa ao governo.

Em se tratando da influência da ação social da Xerox sobre o acesso às instituições financeiras, o posicionamento dos entrevistados pareceu bastante definido. Houve uma predominância da opção "não influencia" (10 assinalações), sendo que os mais cautelosos preferiram a opção "não sabe" (cinco assinalações). Aqui, a argumentação usada foi contundente, por exemplo:

Não influencia no acesso às instituições de financiamento. Falou em financiamento, as coisas mudam de figura. O que conta é o faturamento e a liquidez da empresa, e não se somos solidários ou não.

(Func 6)

Não influencia para o acesso às instituições de financiamento. Porque banco não vai olhar para ação social, e sim para a saúde financeira da empresa.

(Func 7)

Não influencia para o acesso às instituições de financiamento. Quando se mexe com dinheiro, a lógica é matemática.

(Func 8)

Quanto à influência da ação social da Xerox para a lucratividade da empresa, também predominaram as opções "não influencia" (sete assinalações) e "não saber" dizer (quatro assinalações). Dois funcionários marcaram que influencia pouco. Ou seja, a julgar pelas assinalações feitas pelos entrevistados, a relação percebida entre ação social da Xerox e lucratividade é bastante tênue. As argumentações dos funcionários pesquisados comprovam esta constatação.

Não influencia para a lucratividade da empresa. Hoje em dia, as empresas ainda não selecionam de quem elas vão comprar em função de ter ação social.

(Func 5)

Acho que não influencia para a lucratividade. Isto porque, quando o cliente compra equipamento da Xerox, o que importa para ele é preço, qualidade etc. Ou seja, quando se trata de questão financeira, de consumidor-empresa, ele é mais frio, racional. É diferente no caso do consumidor final, pessoa física; por exemplo, você decide comprar o açúcar União porque está associado ao Senninha, isto é, ao Instituto Ayrton Senna.

(Func 6)

Não influencia para a lucratividade. A única forma de contribuir seria através do retorno de imagem. Porém, como a Xerox está voltada para o corporativo, e não para o varejo, não vejo como a gente vá ter mais lucratividade por causa de trabalho social. Eu, como decisora de empresa, não seria influenciada por ação social.

(Func 7)

Não influencia para a lucratividade da Xerox. Não posso ver como! Se fosse a Royal que desse aulas de culinária para comunidades carentes, então as pessoas treinadas passariam a consumir os produtos Royal. Mas, no caso da Xerox, as comunidades atendidas pela Xerox dificilmente vão ser consumidoras Xerox.

(Func 15)

> Não saberia dizer se influencia para a lucratividade. Isto porque não consigo vincular programa social com vendas e retorno financeiro.
>
> (Func 11)
>
> Acho que influencia pouco para a lucratividade. Mas, de repente, até pode pesar: o nome da empresa estar associado a um trabalho social bacana; um cliente dar preferência à Xerox por causa do trabalho social que ela realiza.
>
> (Func 12)

Para Func 5, Func 6 e Func 7, a principal razão para essa relação tênue entre ação social da Xerox e lucratividade é que o cliente Xerox é corporativo e, para os clientes-empresas, a lógica de negócio é fria, *racional* e não se baseia na prática social da empresa parceira. Além do mais, como aponta Func 1, o público-alvo da ação social da Xerox é bastante distinto do seu público consumidor, o que dificulta ainda mais essa vinculação. Por sua vez, Func 12 levanta a possibilidade da prática social da empresa poder vir a representar fator de preferência para o fechamento de negócios — será?

Stakeholder: clientes

No que diz respeito ao nível de conhecimento acerca da ação social da empresa, constatamos que, das entrevistas realizadas com a amostra dos nove clientes Xerox, existiu um grande desconhecimento sobre a ação social da Xerox. Apenas um dos entrevistados afirmou conhecer o Projeto Olímpico da Mangueira.

Apenas para o Cliente 7 pudemos prosseguir com as questões do tópico-guia relacionadas à ação social da Xerox.

Apesar de desconhecerem completamente a ação social da Xerox, quatro clientes sugeriram que a Xerox deveria fazer a divulgação do seu trabalho social para os seus parceiros no campo dos negócios. Para eles, este tipo de divulgação poderia fomentar possíveis parcerias sociais, além de a Xerox se tornar bem-vista no mercado. A este respeito, vejamos os argumentos utilizados.

> Aqui na companhia, temos contratos antigos com algumas empresas, como a Xerox, DHL, Vivo, Embratel etc. Eu acho que as empresas parceiras deveriam se informar mais sobre o que cada uma está fazendo na área social. Deveria haver mais troca de informações. Muitas vezes, o que ocorre é que a gente não tem tempo mesmo. (...) É importante este tipo de informação. Por exemplo, suponha que eu seja procurada por uma pessoa do voluntariado aqui da companhia e ela me peça para eu indicar alguma empresa com *benchmarking* em projetos sociais. Se eu soubesse que a Xerox tem programa social, eu ligaria para a gerente de vendas da Xerox com quem me relaciono, e pediria para ela encaminhar essa pessoa para o contato na Xerox.
>
> (Cliente 1)
>
> Eu queria dar uma sugestão. Talvez seria interessante a Xerox trocar com os seus clientes informações sobre os seus projetos sociais. Através, por exemplo, de jornalzinho a ser en-

viado aos clientes Xerox. Comparada à nossa empresa, a Xerox é um gigante que teria condições de se mostrar muito mais. Acho que é importante sabermos que a Xerox tem ação social, para a eventualidade de podermos vir a desenvolver um trabalho social comum, uma parceria social.

(Cliente 4)

A Xerox nunca me enviou nada a respeito do seu programa social. Ela nunca se relacionou comigo nesse campo, só comercialmente. Acho que a Xerox deveria divulgar seus projetos sociais. A Xerox só iria se beneficiar com isto, pois passaria a ser bem-vista.

(Cliente 6)

Só ficarei sabendo dos projetos sociais da Xerox, se ela divulgar. Se, por exemplo, a Xerox precisar de alguma coisa para a realização dos seus projetos sociais, vou direcionar esta demanda para a área de RH, e ver em que a nossa companhia pode contribuir. De um modo geral, acho que no Brasil falta divulgação no caso das empresas que fazem projetos sociais.

(Cliente 9)

Já o Cliente 7, que foi o único entrevistado a demonstrar algum conhecimento sobre o programa social da Xerox, adquirido por meio da mídia, viu com bons olhos o fato de a Xerox não fazer divulgação do seu trabalho social. Diz ele, "nunca recebi nenhuma divulgação da Xerox. Também não haveria por que receber; eu até acho legal que ela não fique botando a boca no trombone para todo mundo, para os clientes".

Retorna aqui a questão da divulgação da ação social corporativa, abordada pelos funcionários. Deve ou não haver divulgação? Com que intensidade? E para quem?

Vemos que Cliente 7 aceita bem e, mais importante, é sensibilizado pela divulgação via mídia; por outro lado, rejeita a divulgação direta entre clientes. Já Cliente 1, Cliente 4, Cliente 6 e Cliente 9 apregoam este segundo tipo de divulgação.

Em relação à divulgação direta entre clientes, levantamos aqui a seguinte questão: será que este tipo de divulgação, feita no âmbito de pessoas diretamente envolvidas com as áreas de negócios nas empresas-clientes — como foi o caso dos nossos entrevistados — surtiria, de fato, efeito social, no sentido de viabilizar as chamadas parcerias sociais?

Primeiro, poderia ocorrer que essa divulgação caísse em terreno arenoso, inóspito e de total desinteresse. Vimos que Cliente 1 se desculpa pelo seu baixo nível de envolvimento social na empresa, explicando que não tem tempo. Também Cliente 2 afirma que "até já recebi um *folder* informativo sobre os projetos sociais da Xerox, mas não lembro mesmo dos projetos; é tanta coisa".

Segundo, poder-se-ia argumentar que a divulgação da ação social corporativa devesse estar voltada sobretudo para atingir as áreas específicas nas empresas que tratam os temas da responsabilidade social (RSE) e da ação social das empresas (ASE). E, neste caso, se estaria sendo coerente com o esquema de departamentalização das empresas:

questões financeiras sendo tratadas pelo departamento financeiro; questões de pessoal pelo departamento de gestão de pessoas (GP); questões de marketing pela área responsável e assim por diante.

Seguindo esta lógica de departamentalização, questões associadas a programas sociais devem também estar restritas a um grupo de trabalho específico — que pode estar lotado no departamento de GP, de marketing, na presidência da empresa, ou ainda ser criado um instituto/fundação. E é este grupo que tem como atribuição o desenvolvimento dos projetos sociais da empresa e a formação das parcerias sociais entre empresas.

Nossa hipótese é a de que, quando o programa social é tratado de forma departamentalizada nas empresas, ele passa a assumir caráter marginal no âmbito da empresa e, conseqüentemente, não tem como estar inserido na estratégia do negócio, como defendem Porter e Kramer (2002). No caso das empresas maiores que são clientes da Xerox, e onde há a departamentalização da ação social, vimos que os gerentes responsáveis pelo fechamento de contratos com a Xerox não faziam a menor idéia sobre a ação social da Xerox. Pois não se tratava de um tema ligado ao departamento deles.

Por outro lado, vimos que, mesmo quando não existiu essa departamentalização da ação social, os responsáveis pelos contratos com a Xerox também não tinham conhecimento sobre o programa social da Xerox. Não podemos deixar de reconhecer que este conhecimento depende, em certa medida, da divulgação que a Xerox faz para a sua cadeia de clientes; mas vai depender muito mais do grau de interesse do gestor com questões relacionadas ao tema da RSE e ASE. Ou seja, do seu nível de envolvimento efetivo com a cultura da RSE e da ASE. Basta ver que Cliente 7, apesar de estar em uma empresa departamentalizada e não ter recebido nenhum informativo Xerox sobre projeto social, tem conhecimento da ação social da Xerox, porque se interessa pelo tema e se informa por meio da mídia, que tem dado destaque especial ao tema nos últimos anos.

A segunda categoria de análise diz respeito à percepção dos resultados da ação social da Xerox pelos clientes. No que se refere aos seus impactos para a comunidade e para a empresa como um todo, estes aspectos não foram abordados com nenhum dos entrevistados, à exceção do Cliente 7, já que todos os demais não tinham conhecimento acerca do trabalho social da Xerox. Apresentamos, a seguir, trechos da fala do Cliente 7 que evidenciam a sua percepção acerca dos resultados da ação social da Xerox.

> Para a comunidade? Acho mais interessante a atividade social estruturada, como a da Xerox, do que as doações eventuais. (...) É um projeto reconhecido, todo mundo sabe. Já ganhou vários prêmios. (...) Qualquer ação social tem benefícios. Se for estruturada, como a da Xerox, os benefícios são maiores. O projeto da Xerox contribui para melhorar na Mangueira o problema da violência, para o desempenho escolar, para questões de trabalho e até para a questão da moradia, por causa do sentido comunitário que ele desenvolve.

Para os funcionários Xerox? Não saberia dizer se o projeto social da Xerox tem influência para os seus funcionários. Vai depender de como a empresa potencia esta ação junto aos seus funcionários. Se ela potencia, a cabeça cidadã deles muda.

Para a imagem da Xerox? Influencia muito para a imagem da Xerox. Para mim, ação social de empresa funciona como um cartão de visita. Quando ela faz ação social, está dando uma idéia de sua concepção de vida, do seu grau de cidadania.

Para o acesso da Xerox ao governo? Deve influenciar, ainda mais agora no governo Lula, mas não saberia precisar em que grau.

Para o acesso da Xerox às instituições de financiamento? Não deve influenciar, pois as financeiras só querem ganhar dinheiro.

Para a lucratividade da Xerox? Não influencia!

Interessante comentar dois aspectos da fala de Cliente 7. Quando ela diz que "qualquer ação social tem benefícios" e que "ação social de empresa funciona como cartão de visita" — acrescentaríamos aqui o comentário do Cliente 4 de que "qualquer ação social é bem-vista no mercado" —, parece haver aí implícito o aspecto destacado por Himmelstein (1997) de que, para a empresa, o importante é realizar qualquer tipo de ação social, sendo questão secundária se ela é ou não eficaz. Além do mais, devemos lembrar que a eficácia percebida por Cliente 7 da ação social da Xerox para a comunidade da Mangueira é a divulgada na mídia pela própria empresa.

Quando Cliente 7 pondera que a forma como a Xerox potencia a ação social junto aos funcionários é que define o grau de influência dessa ação junto a eles, a entrevistada conseguiu abordar um aspecto nevrálgico do programa social da Xerox. Como vimos nas entrevistas com os funcionários, o Instituto Xerox não tem conseguido despertar o interesse neles e arregimentar a sua participação nos projetos sociais da empresa. Eles tendem a ser espectadores, e se atêm a participar nas campanhas da Célula de Solidariedade como doadores.

No que se refere aos benefícios percebidos da ação social da Xerox para o próprio grupo de *stakeholders* em questão, ou seja, para o relacionamento da Xerox com os seus clientes, a questão teve que ser colocada sob a forma de suposição para os oito entrevistados que não tinham conhecimento da ação social da Xerox, com exceção de Cliente 7. Perguntamos aos entrevistados se saber que a Xerox desenvolve programa social influenciaria em sua lealdade com a empresa. Explicitamos o conceito lealdade como a intenção de seguir sendo cliente da Xerox (Tellis, 1988, segundo Oliver, 1999).

O fato de alterarmos a questão para este formato já criou a expectativa de que ação social **não** seria fator relevante para a lealdade das empresas entrevistadas com a Xerox. Pois, em sua quase totalidade, eles já tinham com a Xerox um compromisso de lealdade, independentemente de saberem se a Xerox tinha ou não ação para a comunidade.

E, com efeito, as nossas expectativas se confirmaram. Dos nove entrevistados, cinco foram incisivos em afirmar que programa social não influenciava para a lealdade de sua empresa para com a Xerox. Quanto aos demais, podemos dizer que consideraram esta influência pouco significativa. Cliente 8 disse que soa bem ter ação social; Cliente 7 afirmou que influencia médio, porém seu relacionamento recente com a Xerox a contradiz; já Cliente 5 e Cliente 9 foram condicionais ao admitirem influência positiva.

Tabela 11
Clientes: saber que a Xerox desenvolve programa social influencia em sua lealdade para com a Xerox?

Resposta	Cliente nº
Influencia muito	–
Influencia médio	7, 9
Influencia pouco	5
Soa bem	8
Não influencia	1, 2, 3, 4, 6
Não sabe dizer	–

Fonte: Pesquisa de campo.
– Não mencionado pelos entrevistados.

As falas dos entrevistados, a seguir, evidenciam o papel pouco ou nada significativo da ação social da Xerox para a lealdade dos seus clientes.

> Não influencia para a lealdade. Somos profissionais. O que conta é o relacionamento profissional, é a relação custo/benefício dos produtos/serviços Xerox. Enquanto o contrato for bom para os dois lados, o relacionamento continua. Na minha área, as coisas funcionam assim: eu detecto a necessidade de um produto/serviço; passo essa necessidade para a área de suprimentos, que vai ao mercado para buscar a melhor relação preço/qualidade.
>
> (Cliente 1)

> Não influencia para a lealdade com a Xerox e nem para a atração de novos negócios. Na condição de servidores públicos, nós não podemos contratar. Ou seja, aqui a gente não escolhe a empresa que vai contratar, a gente licita! Nas licitações, a gente usa critérios técnicos para a locação/aquisição de equipamentos de reprografia; não vemos o lado social da empresa. Até 2001, tínhamos contrato com a Xerox para aluguel das máquinas copiadoras. No início de 2002, a Xerox perdeu a licitação dessas máquinas. Atualmente, os contratos que ficaram com a Xerox são por dispensa de licitação, em função da inexigibilidade de licitação prevista na legislação por motivos de qualidade técnica avançada e/ou ausência de similaridade no mercado. É o caso da locação com a Xerox de uma máquina de emissão de contracheques, duas máquinas coloridas de alta precisão e conectividade e uma máquina preto-e-branco de alta precisão
>
> (Cliente 2)

> Não influencia para a lealdade da nossa empresa com a Xerox. Vários fatores influenciam para essa lealdade, como: serviços que só a Xerox no mercado consegue prestar; relação custo/benefício; e a questão de relacionamentos para a solução de impasses. Não vamos

gastar mais dinheiro por causa de programa social da Xerox. Fico satisfeito em saber que a Xerox está ajudando a comunidade. Mas a nossa empresa trabalha com planos estratégicos que devem ser seguidos, onde o fator redução de custos é muito importante, e também a otimização do processo e da qualidade da prestação dos serviços.

(Cliente 3)

Não influencia para a lealdade da nossa empresa com a Xerox e nem para a atração de novos negócios. A negociação entre a nossa empresa e a Xerox independe do trabalho social da Xerox.

(Cliente 4)

Não influencia em nada para a lealdade da minha empresa com a Xerox e nem para a atração de novos negócios. Porque isto não traz benefícios nenhum para a minha empresa. Por exemplo, no caso de uma empresa vender para mim um produto por R$ 10 e ter ação social, e a outra vender por R$ 9,50 e não ter ação social nenhuma, obviamente vou dar preferência à segunda. Ter programa social não é fator para fidelização de decisão.

(Cliente 6)

Uma empresa com ação social soa bem. Desde, é claro, que não seja uma isca de marketing. Aí, sim, eu quero ser mantenedor de uma ação social dessas, ao comprar o produto/serviço de uma empresa com ação social. No fundo, a Xerox procura muito vincular o cliente, fazendo com que ele continue consumindo produto Xerox. Por exemplo, ao comprar uma copiadora Xerox, você tem que usar o papel Chamex, que nada mais é do que papel Xerox.

(Cliente 8)

Tendo em vista os valores da nossa empresa, saber que a Xerox tem também estes valores influencia médio para a nossa lealdade com a Xerox. No final do ano passado (2002), quando decidimos não renovar com a Xerox os contratos para duas máquinas copiadoras, a razão foram as desavenças no campo da cobrança, as faturas estavam vindo sempre erradas ultimamente. Fizemos, então, o contrato com outros fornecedores, que são ex-funcionários da Xerox, que foram demitidos nessas ondas de demissão da empresa. Hoje temos contrato apenas para três máquinas com a Xerox. A gente percebe quando a empresa está atravessando uma fase difícil — a qualidade do atendimento cai. Foi o que aconteceu com a Xerox, que sempre foi conhecida por seu bom padrão de assistência técnica. Saber que a empresa tem uma atuação correta com os seus funcionários também é outro fator que influencia.

(Cliente 7)

Influencia pouco para a lealdade da nossa empresa com a Xerox. Em condições similares, saber que a empresa atua na área social faz com que tenhamos um olhar diferente. Porém, nas condições de concorrência em que a nossa empresa vive hoje, fica difícil querer atribuir caráter prioritário ao fato de a empresa desenvolver programa social. No caso da nossa empresa, em que a Petrobras é o nosso maior cliente, os projetos ambientais são muito mais importantes do que os projetos sociais. No relacionamento com o governo, estes últimos acabam funcionando apenas como moeda de troca. Recentemente, o governo estadual do RJ nos pediu para participar do Projeto do Primeiro Emprego.

(Cliente 5)

Influencia médio para a lealdade da nossa companhia com a Xerox. Pois em termos de qualidade, considero a Xerox imbatível; ela é muito superior às outras concorrentes. Na mesma igualdade de condições, por exemplo, entre a Xerox e a Canon, a gente procura olhar o que a empresa faz em termos sociais. E eu penso assim, porque a gente aqui na empresa está muito envolvido com projetos sociais.

(Cliente 9)

Para estes entrevistados, que são os responsáveis pelos contratos com a Xerox em suas empresas, o que conta para a lealdade dos negócios com a Xerox é a qualidade do produto, do atendimento e a relação custo/benefício. Na realidade, o fato de saber, naquele momento da entrevista, que a Xerox desenvolvia trabalhos sociais conseguiu angariar apenas considerações de aprovação, genéricas e vazias de sentido prático.

Cabe um comentário à colocação do Cliente 2, que, na condição de instituição do setor público, fez referência ao papel exclusivo dos critérios técnicos nos processos de licitação para seleção das empresas-parceiras. Isto quer evidenciar que o setor público no Brasil não possui sequer uma medida de estímulo aos programas sociais corporativos. Porém, há que se reconhecer que já se ensaiam os primeiros passos neste sentido. Recentemente (25 de novembro de 2003), por sugestão do Conselho de Desenvolvimento Econômico e Social (órgão de assessoramento da Presidência da República), o Projeto de Lei sobre Parceria Público-Privada, ora em tramitação no Congresso Nacional, passou a incorporar a cláusula da responsabilidade social dos licitantes como critério de desempate (<www.cdes.gov.br>, acesso em fev. 2004).

Limitações e fatores de incerteza

Quanto às limitações e estimativas de incerteza em relação aos resultados apurados aqui para a eficácia privada da ação social da Xerox, mencionamos as a seguir.

Primeiro, para avaliar a eficácia privada da ação social da Xerox no Brasil, o ideal seria ter trabalhado com todos os grupos de *stakeholders* relevantes da empresa. No entanto, limitamos a nossa abordagem aos funcionários da sede da empresa (RJ) e aos clientes da cidade do Rio de Janeiro.

Segundo, é importante ter claro que a amostra dos entrevistados foi selecionada com base no critério da aleatoriedade, porém não se pode dizer que ela seja representativa dos grupos de *stakeholders* entrevistados. Por outro lado, podemos afirmar que os resultados aí encontrados são importantes para entender os efeitos indiretos da ação social da Xerox junto aos grupos dos *stakeholders* entrevistados, para subsidiar o processo de tomada de decisão da empresa nesse campo.

Terceiro, a forma de implementação da amostra dos funcionários pode ter sido fonte de viés nos resultados apurados junto a este grupo. Explicamos melhor este ponto. Foi enviado e-mail convite a 60 funcionários da Xerox, e apenas 15 efetivamente agendaram as entrevistas. Obviamente, existiram várias razões para o não-comparecimento dos outros 45 funcionários, como estarem fora do Rio de Janeiro na semana das entrevistas; estarem assoberbados de trabalho naquele período; ou ainda estarem de licença médica.

Mas, há também a possibilidade de que aqueles 15 funcionários que agendaram as entrevistas, e fizeram esforço para comparecer, tendam a ser, em princípio, os mais comprometidos com a questão do programa social da Xerox. E, neste caso, se estaria incorrendo em viés de seleção dos casos, no sentido de haver certa tendenciosidade nos casos que compõem a amostra e, com isto, tendendo a superdimensionar a percepção de importância do programa social atribuída aos funcionários da sede.

Devemos lembrar que este problema não existiu nas amostras dos outros *stakeholders* da pesquisa. No que diz respeito à comunidade da Mangueira e aos clientes Xerox, entramos em contato diretamente com as pessoas selecionadas, e praticamente não houve negativa em conceder as entrevistas. O que houve, sim, foi dificuldade em localizar os atores selecionados para entrevista.

E, por último, um outro fator de incerteza está relacionado à percepção pelos clientes Xerox dos efeitos da ação social para a lealdade com a Xerox. Na realidade, trabalhamos aqui com uma suposição de efeitos, uma vez que, com exceção do Cliente 7, todos os demais não tinham conhecimento da ação. Ou seja, aqui os entrevistados tenderam a expressar, em tese, os seus pontos de vista sobre essa questão, e não o que vem ocorrendo na realidade. Por outro lado, podemos inferir que o desconhecimento em si acerca da ação social da Xerox já é, por si só, elucidativo da pouca relevância dessa questão para o relacionamento entre as empresas no campo dos negócios.

Ação social da Xerox: eficácia privada?

A questão central aqui foi se a ação da Xerox em prol do *stakeholder* comunidades carentes tem efeitos positivos no relacionamento da empresa com os seus *stakeholders* — funcionários e clientes. A literatura analisada mostrou que a ação social corporativa contribui para elevar a motivação e a produtividade dos funcionários, a lealdade dos clientes e, portanto, em última instância a lucratividade da empresa.

A partir do estudo de caso da Xerox aqui desenvolvido, pudemos concluir que a eficácia privada da ação social da empresa junto aos seus funcionários e clientes tende a ser reduzida, havendo espaço para ampliá-la. E por quê?

Apesar do amplo leque de projetos sociais apoiados pelo Instituto Xerox nas diversas áreas (esportes, cultura, educação, meio ambiente, trabalho voluntário) e em diversos locais no país, vimos que os funcionários entrevistados conheciam apenas as iniciativas conduzidas intramuros da sede (Camp e as campanhas de solidariedade) e o Projeto Olímpico da Mangueira. E tratava-se de um conhecimento superficial e parcial.

Apesar dos funcionários assinalarem que a ação social da Xerox contribui muito para melhorar as condições de vida das comunidades atendidas, vimos que esta percepção não tem argumentação sólida e está baseada sobretudo na possibilidade de geração de oportunidades para pessoas carentes, e também nos resultados divulgados pelo instituto na mídia e na própria empresa. Vale lembrar, porém, que nem sempre os resultados divulgados correspondem aos resultados atingidos. Isto porque, até agora, de modo geral — e aqui não estamos nos referindo especificamente à Xerox —, as empresas não tinham preocupação com a comprovação da eficácia pública da sua ação social.

Praticamente todos os funcionários entrevistados afirmaram sentir orgulho em trabalhar na Xerox, por ela ser uma empresa que tem ação social. Porém, não podemos afirmar que estes funcionários estivessem significativamente mais motivados por isto — as respostas apontaram para um efeito relativamente difuso. Quanto à produtividade deles, houve um certo consenso de que ação social não influencia.

No que se refere aos efeitos da ação social da Xerox para a empresa como um todo, os benefícios percebidos pelos funcionários também não foram significativos. Assim, a influência para a imagem da empresa foi, de longe, o aspecto mais citado pelos funcionários — no entanto, esta vantagem torna-se relativizada quando se passa a considerar aspectos relativos à divulgação da imagem, se ela vem sendo feita para o público-alvo adequado e/ou na intensidade adequada. Os efeitos percebidos para o acesso ao governo foram difusos, isto é, não houve uma posição majoritária. Por outro lado, predominou a percepção de que a ação social não influencia no acesso às instituições financeiras e tem efeito tênue, se é que tem algum, para a lucratividade da empresa.

Vimos que entre os clientes Xerox entrevistados existiu um desconhecimento muito grande acerca da ação social da companhia. Novamente voltamos à questão da divulgação do programa social da Xerox, ou seja, se ele vem sendo efetivamente anunciado para os *stakeholders*-chave da companhia, no caso as empresas-cliente; e nestas empresas, para as pessoas-chave com poder de fechar contratos com a Xerox. O relevante, no entanto, é saber até que ponto estas pessoas-chave efetivamente valorizam o trabalho social das empresas parceiras.

Finalmente, constatamos o efeito pouco ou nada significativo do programa social da Xerox para a lealdade dos seus clientes.

Ampliar a eficácia privada da ação social da Xerox não é tarefa fácil. Há que se atuar, junto aos funcionários e clientes da Xerox, sobretudo em duas frentes: no campo da divulgação e do envolvimento/comprometimento destes *stakeholders*. No que se refere à divulgação, há que se investir no público-alvo e na intensidade adequados. No que se refere ao comprometimento, é preciso atuar para mudar a cultura organizacional, no sentido da valorização efetiva da ação social das empresas.

Quanto a conseguir o envolvimento real destes *stakeholders*, há que se partir para a consolidação, de fato, dos valores de RSE e ASE na cultura organizacional das empresas. Enquanto estes valores estiverem em nível de retórica nas empresas, pouco se avançará para a prática de uma ação social mais efetiva sob a ótica privada.

Considerações finais

Ao longo deste livro, procuramos atingir dois objetivos. Primeiro, apontar a relevância de se passar a levantar os resultados da ação social corporativa, e não apenas o que as empresas vêm fazendo nesse campo, como tem sido a prática usual até o momento. Segundo, propor e testar uma metodologia para avaliar estes resultados, que denominamos **EP^{2}ASE (Eficácia Pública e Eficácia Privada da Ação Social das Empresas)**.

Muitas vezes somos questionados. A quem poderia interessar uma metodologia como esta — ao governo ou às empresas?

Acreditamos que essa metodologia deveria interessar a ambos, tanto ao governo quanto às empresas. Ao governo, que cada vez mais vem se tornando parceiro das iniciativas sociais privadas, mediante crescentes incentivos fiscais, interessaria conhecer como vêm sendo aplicados os recursos repassados às empresas. Em última instância, o que caberia ao governo identificar é a questão da efetividade do gasto social, se ela é maior quando a ação social é realizada sob a coordenação do setor público ou do setor privado. E, como sabemos, maximizar esta efetividade deve ser o compromisso dos governos com as populações que os elegeram.

E deveria interessar sobretudo às empresas, já que lhes permitiria avaliar sua estratégia de gestão adotada em prol do *stakeholder* comunidade. Pois se, como reza o discurso organizacional moderno, a ação social deve estar crescentemente inserida no contexto do negócio, torna-se importante que as empresas passem a prestar contas dessa atuação para os seus *stakeholders*, ou melhor, dos resultados obtidos a partir dos investimentos sociais realizados. A começar pela própria comunidade, que é a população-alvo destes investimentos, passando também pelos acionistas, governos, clientes, funcionários e fornecedores, uma vez que cada um destes outros grupos, direta ou indiretamente, segue financiando e/ou contribuindo de alguma forma para as iniciativas sociais das empresas.

Esperamos que a metodologia EP^{2}ASE, que propusemos, possa realmente dar uma contribuição no sentido da identificação dos resultados da ação social corporativa. Evidentemente, não podemos esquecer que se trata de uma metodologia em construção. Já conseguimos avançar em aspectos importantes dessa metodologia, tais como: a identificação da eficácia como critério básico; a subdivisão da eficácia em pública e privada, e a conceituação destes dois critérios propostos; a noção de que a aplicação do critério da eficácia pública está relacionada à tipologia da ação social; a utilização da lógica experimental com dados qualitativos para avaliar a eficácia pública da ação social com o sentido de impacto; e a aplicação, ou operacionalização, do critério da eficácia privada.

Mas ainda faltam outros passos para a consolidação da metodologia e aqui mencionamos alguns.

No que se refere à aplicação do critério da eficácia pública, desenvolvemos a metodologia para um tipo específico de ação social — estruturada, concentrada, de longo prazo — e que possibilitou a utilização deste critério com o sentido de impacto na comunidade. Portanto, há ainda que se trabalhar a aplicação do critério da eficácia pública para os demais tipos de ação social.

Mesmo considerando o tipo de ação social aqui analisado, a metodologia foi aplicada para apenas um estudo de caso, a Xerox do Brasil. A análise ficaria sobremaneira enriquecida se tivéssemos outros estudos de caso na linha desta proposta metodológica.

No estudo de caso analisado, o critério da eficácia pública com o sentido de impacto foi trabalhado até o nível dos resultados imediatos, ou seja, procurando testar a hipótese de ação dos projetos sociais na vida das crianças/adolescentes que participaram dos projetos, em termos de saúde, lazer, auto-estima, sociabilidade, desempenho escolar e preparação para o mercado de trabalho. Não avançamos para o nível dos resultados finais, ou seja, no sentido de testar a hipótese conceitual de redução da criminalidade e aumento da freqüência escolar na comunidade da Mangueira. Muito embora, a partir dos resultados apurados em termos do perfil da população-alvo e da evolução do indicador escola, há evidências de que essa contribuição dos projetos não esteja sendo tão significativa quanto se esperava.

Para a avaliação da eficácia pública, trabalhamos apenas dois projetos sociais da empresa que, no fundo, são os mais relevantes e antigos. Evidentemente, o ideal seria termos trabalhado o programa social da Xerox como um todo, inclusive para poder analisar as diferenças de desempenho em função das diferentes parcerias firmadas com as organizações sociais executoras.

Para a avaliação da eficácia privada, contemplamos apenas dois grupos de *stakeholders* relevantes para a empresa, os funcionários da sede e os clientes da cidade do Rio de Janeiro. Evidentemente, o ideal seria termos trabalhado todos os grupos de *stakeholders* relevantes para a empresa, no país e mesmo no exterior (no caso, os acionistas).

Ainda considerando o estudo de caso da Xerox, não realizamos entrevistas de grupos focais com os *stakeholders* contemplados — comunidade, funcionários e clientes. Esta técnica de entrevista teria sido interessante no sentido de ampliar o leque de alternativas para aumentar a eficácia pública e a eficácia privada da ação social da Xerox.

Finalmente, é importante ter claro que estes passos para a consolidação da metodologia vão ser dados na medida em que mais e mais empresas, além da Xerox do Brasil, forem se interessando pela utilização da metodologia. Só assim conseguiremos, de fato, levantar o véu da desconfiança que ainda encobre a atuação social das empresas, não apenas no Brasil mas em âmbito global, dar-lhe credibilidade e contribuir para o seu fortalecimento.

Referências bibliográficas

ACKERMAN, R. W.; BAUER, R.A. *Corporate social responsibility*. Reston: Reston, 1976.

BABBIE, Earl. *The practice of social research*. 7. ed. California: ITP, 1995.

BACKMAN, J. *Social responsibility and accountability*. New York: New York University Press, 1975.

BARREIRA, Maria Cecilia R. N. *Avaliação de programas sociais*: debatendo a avaliação participativa. 1999. Tese (Doutorado) — PUC, São Paulo, 1999.

BATISTA, Cristina A. M. A prática de responsabilidade social e a inclusão da pessoa portadora de deficiência. In: ENANPAD, 27., São Paulo, 2003. Anais.... São Paulo, 2003.

BAUER, Martin W.; AARTS, Bas. A construção do *corpus*: um princípio para a coleta de dados qualitativos. In: BAUER, Martin W.; GASKELL, George (Coords.). *Pesquisa qualitativa com texto, imagem e som* — um manual prático. Petrópolis: Vozes, 2002.

————; GASKELL, George; ALLUM, Nicholas C. Qualidade, quantidade e interesses do conhecimento: evitando confusões. In: BAUER, Martin W.; GASKELL, George (Coords.). *Pesquisa qualitativa com texto, imagem e som* — um manual prático. Petrópolis: Vozes, 2002.

BOLTANSKI, Luc; CHIAPELLO, Ève. *Le nouvel esprit du capitalisme*. Paris: Gallimard, 1999.

BOMENY, Helena; PRONKO, Marcela. *Empresários e educação no Brasil*. Rio de Janeiro: Preal/Cpdoc/FGV, Fundação Ford, 2002.

BSR (BUSINESS FOR SOCIAL RESPONSIBILITY). *Overview of corporate social responsibility*. Disponível em: <www.bsr.org/BSRResources/IssueBriefDetail.cfm?DocumentID=48809>. Acesso em: 2 set. 2003.

BURKE, Edmund M.; GILMARTIN, Raymond. *Corporate community relations:* the principles of the neighbour of choice. Westport: Praeger, 1999.

CANO, Ignacio. *Introdução à avaliação de programas sociais*. Rio de Janeiro: FGV, 2002.

CARROLL. Archie B. A three-dimensional conceptual model of corporate performance. *Academy of Management Review*, v. 4, n. 4, p. 497-505, 1979.

CASA DAS ARTES DA MANGUEIRA. *Coração do morro*: histórias da Mangueira. Rio de Janeiro: Moledo Produções e Consultoria, 2001.

CASTELLS, Manuel. *A sociedade em rede* — *a era da informação:* economia, sociedade e cultura. São Paulo: Paz e Terra, 1999.

CHEIBUB, Zairo; LOCKE, Richard M. Valores ou interesses? Reflexões sobre a responsabilidade social das empresas. In: KIRSCHNER, Gomes; CAPPELLIN, P. (Orgs.). *Empresa, empresários e globalização.* Rio de Janeiro: Relume-Dumará, 2002.

CLARKSON, Max B. E. A stakeholder framework for analyzing and evaluating corporate social performance. *Academy of Management Review,* v. 20, n. 1, p. 92-117, 1995.

COHEN, Ernesto; FRANCO, Rolando. *Avaliação de projetos sociais.* Rio de Janeiro: Vozes, 1998.

COSTA, Maria Alice Nunes. *Samba e solidariedade:* capital social e parcerias coordenando as políticas sociais da Mangueira, RJ. 2002. (Dissertação Mestrado) — PPGACP/UFF, Niterói, 2002.

DONALDSON, Stewart I.; SCRIVEN, Michael. *Evaluating social programs and problems:* visions for the new millenium. Mahwah, New Jersey, London: Lawrence Erlbaum Associates, Inc., 2003.

DONALDSON, Thomas, PRESTON, Lee E. The stakeholder theory of the corporation: concepts, evidence and implications. *Academy of Management Review,* v. 20, n. 8, p. 65-91, 1995.

FIRJAN (FEDERAÇÃO DAS INDÚSTRIAS DO ESTADO DO RIO DE JANEIRO)/Núcleo de Responsabilidade Social Empresarial. *Iniciativa privada e responsabilidade social* — uma pesquisa sobre as ações das empresas do estado do Rio de Janeiro nas áreas de recursos humanos, apoio à comunidade e responsabilidade ambiental. Disponível em: <www.firjan.org.br>. Acesso em: out. 2002.

FREEMAN, Edward R. *Strategic management* — a stakeholder approach. Boston: Pitman, 1984.

FRIEDMAN, Milton. *Capitalismo e liberdade.* Tradução de Luciana Carli. (São Paulo: Artenova, 1977.

GASKELL, George. Entrevistas individuais e grupais. In: BAUER, Martin L.; GASKELL, George (Coords.). *Pesquisa qualitativa com texto, imagem e som* — um manual prático. Tradução de Guareschi, P. A. Petrópolis: Vozes, 2002.

GIFE (GRUPO DE INSTITUTOS, FUNDAÇÕES E EMPRESAS). *Investimento social privado no Brasil:* perfil e catálogo dos associados Gife. São Paulo: 2001.

GRAYSON, David; HODGES, Adrian. *Compromisso social e gestão empresarial.* São Paulo: Publifolha, 2002.

GRI (GLOBAL REPORTING INITIATIVE). *Sustainability reporting guidelines on economics, environmental and social performance.* June 2000. Disponível em: <www.globalreporting.org>. Acesso em: 20 mar. 2002.

GUBA, E. What have we learned about naturalistic evaluation? *Evaluation Practice,* v. 8, n. 1, p. 23-43, 1987.

HAMIL, Sean. Corporate community involvement: a case for regulatory reform. *Business Ethics — a European Review,* v. 8, n. 1, p. 14-25, 1999.

HIMMELSTEIN, Jerome L. *Looking good and doing good* — corporate philanthropy and corporate power. Bloomington and Indianopolis: Indiana University Press, 1997.

HOPKINS, Michael. *The planetary bargain* — corporate social responsibility comes of age. Great Britain: Macmillan, 1999.

HUSTED, Brian W. A contingency theory of corporate social performance. *Business and Society*, v. 39, n. 1, p. 24-48, 2000.

IADB (INTERAMERICAN DEVELOPMENT BANK)/EVO (EVALUATION OFFICE). *Evaluation:* a management tool for improving project performance, March 1997. Disponível em: <www.iadb.org/cont/evo/evo_eng.htm>. Acesso em: 27 nov. 2000.

IBASE (INSTITUTO BRASILEIRO DE ANÁLISES SOCIAIS E ECONÔMICAS). *Balanço social.* Disponível em: <www.ibase.br>; <www.balancosocial.org.br>. Acesso em: nov. 2000.

INSTITUTO ETHOS DE EMPRESAS E RESPONSABILIDADE SOCIAL *Guia de elaboração de relatório e balanço anual de responsabilidade social empresarial.* Versão 2001a. Disponível em: <www.ethos.org.br/pri/open/publicacoes/>. Acesso em: out. 2001.

————. *Responsabilidade social das empresas* — percepção do consumidor brasileiro, pesquisa 2001. Disponível em: <www.ethos.org.br/pri/open/publicacoes/>. Acesso em: nov. de 2001.

————. *Indicadores Ethos de responsabilidade social empresarial.* Disponível em: <www.ethos.org.br/pri/open/publicacoes/>. Acesso em: out. 2003.

KING, Gary; KEOHANE, Robert O.; VERBA, Sidney. *Designing social inquiry* — scientific inference in qualitative research. Princeton, New Jersey: Princeton University Press, 1994.

LOCKE, Richard M.; SITEMAN, Alvin J. *The promise and perils of globalization:* the case of Nike. Sloan School of Management, MIT, 2003. ms.

MAIGNAN, Isabelle; FERRELL, O. C. Antecedents and benefits of corporate citizenship: an investigation of French businesses. *Journal of Business Research*, n. 51, p. 37-51, 2001.

MANNE, H.; WALLICH, H. C. *The modern corporation and social responsibility.* Washington, DC: American Enterprise Institute for Public Policy Research, 1972.

McGUIRE, J. W. *Business and society.* New York: McGraw-Hill, 1963.

McWILLIAMS, Abagail; SIEGEL, Donald. Corporate social responsibility and financial performance: correlation or misspecification? *Strategic Management Journal*, n. 21, p. 603-609, 2000.

MITCHELL, Ronald K.; AGLE, Bradley R.; WOOD, Donna J. Toward a theory of stakeholder identification and salience: defining the principle of who and what really counts. *Academy of Management Review*, v. 22, n. 4, p. 853-886, 1997.

MOKATE, Karen M. *Eficacia, eficiencia, eqüidade y sostenibilidad:* que queremos decir? Banco Interamericano de Desarrollo —BID/Instituto Interamericano para el Desarrollo Social — Indes, jun. 1999. ms.

―――――. *Convirtiendo el "monstruo" en aliado:* la evaluación como herramienta de la gerencia social. BID (Banco Interamericano de Desarrollo)/INDES (Instituto Interamericano para el Desarrollo Social), abr. 2000. ms.

MOORE, B. Corporate community involvement in the UK — investment or atonement? *Business Ethics: a European Review,* v. 4, n. 3, p. 171-178, 1995.

OLIVER, Richard L. Whence consumer loyalty? *Journal of Marketing,* v. 63, p. 33-44, 1999.

PATTON, Michael Q. *Qualitative evaluation and research methods.* 2. ed. Newbury Park, California: Sage, 1990.

PARLETT, Malcolm Richard; HAMILTON, David. *Evaluation as illumination:* a new approach to the study of innovatory programs. Edinburgh: The University of Edinburgh, Center for Research in the Educational Sciences, 1972.

PEARL, Judea. *Models, reasoning and inference.* Cambridge: Cambridge University Press, 2000.

PEDHAZUR, Elaza J.; SCHMELKIN, Liora Pedhazur. *Measurement, design and analysis:* an integrated approach. Hillsdale, New Jersey, Hove and London: Lawrence Erlbaum Associates, 1991.

PELIANO, Ana Maria T. Medeiros (Coord.). *A iniciativa privada e o espírito público:* um retrato de ação social das empresas do Sudeste brasileiro. Brasília: Ipea, mar. 2000.

―――――. *Bondade ou interesse?* Como e por que as empresas atuam na área social. Brasília: Ipea, nov. 2001.

―――――. *A iniciativa privada e o espírito público:* um retrato da ação social das empresas no Brasil. Ipea. set. 2002. Disponível em: <www.ipea.gov.br/asocial>. Acesso em: jul. 2005.

PINTO, Marcelo de Rezende; LARA, José Edson. A cidadania corporativa como um instrumento de marketing: um estudo empírico no setor varejista. In: ENANPAD, 27. Atibaia, SP, 2003. *Anais...* Atibaia, 2003.

PORTER, Michael E.; KRAMER, Mark R. Philanthropy's new agenda: creating value. *Harvard Business Review,* Nov./Dec. 1999.

―――――; ―――――. The competitive advantage of corporate philanthropy. *Harvard Business Review,* Dec. 2002.

PURYEAR, Jeffrey. *El sector privado y la educación.* San Salvador, 1999. ms.

QUEIROZ, Adele. *Responsabilidade social das empresas:* dois estudos de caso sobre a aplicação de indicadores. Dissertação (Mestrado) — Eaesp/FGV, São Paulo, 2001.

RHENMAN, E. *Industrial democracy and industrial management.* London: Tavistock, 1968.

ROSSI, Peter H.; FREEMAN, Howard H.; LIPSEY, Mark W. *Evaluation:* a systematic approach. 6. ed. Thousand Oaks, London, New Delhi: Sage, 1999.

SILVA, Jailson de Souza. *Por que uns e não outros?* Caminhada de jovens pobres para a universidade. Rio de Janeiro: 7 Letras, 2003.

SMITH, Craig. The new corporate philanthropy. *Harvard Business Review,* May/June 1994.

SMITH, J. K.; HESHUSIUS, L. Closing down the conversation. The end of the quantitative-qualitative debate among educational researchers. *Educational Research*, v. 15, n. 1, p. 4-12, 1986.

STEINER, G. A. *Business and society*. 2. ed. New York: Random House, 1975.

SZAZI, Eduardo. *Terceiro setor* — regulação no Brasil. 2. ed. São Paulo: Peirópolis, 2001.

TUFFREY, M. Getting the measure of corporate involvement. In: PHARAOH, C. (Ed.). *Dimensions of the voluntary sector:* key facts, figures, analysis and trends. London: Charities Aid Foundation, 1997. p. 113-117.

UNDP (UNITED NATIONS DEVELOPMENT PROGRAMME). *Human development report 2004*. Disponível em:: <http://hdr.undp.org/reports/global/2004/pdf/hdr04_complete.pdf>. Acesso em: jul. 2004.

UTTING, Peter. Business responsibility for sustainable development. Geneva: *Occasional Paper*, n. 2, Jan. 2000. Disponível em: <www.unrisd.org>. Acesso em: out. 2001.

VENTURA, Elvira C. Responsabilidade social das smpresas sob a óptica do "novo espírito do capitalismo". In: ENANPAD, 27., Atibaia, SP, 2003. *Anais....* Atibaia, SP, 2003.

WADDOCK, S.; GRAVES, S. The corporate social performance — financial performance link. *Strategic Management Journal*, v. 18, n. 4, p. 303-319, 1997.

WEISS, Carol H. *Evaluation:* methods for studying programs and policies. 2. ed. New Jersey: Prentice Hall, 1998.

WOOD, Donna J. *Business and society*. USA: Harper Collins, 1990.

——————. Corporate social performance revisited. *Academy of Management Review*, v. 16, n. 4, p. 691-718, 1991.

WBI (WORLD BANK INSTITUTE). VIRTUAL RESOURCE CENTER ON SUSTAINABLE COMPETITIVENESS AND CORPORATE SOCIAL RESPONSIBILITY. *Virtual course on corporate social responsibility*. Feb. 2003. Disponível em: <www.worldbank.org/wbi/corpgov/csr/csr_vrc html>. Acesso em: fev. 2003.

XEROX. *Programa social da Mangueira*. Rio de Janeiro, 2002. ms. (Book).

ZEITHAML, Valarie A.; PARASURAMAN, A.; BERRY, Leonard L. *Delivering quality service:* balancing customer perceptions and expectations. New York: The Free Press, 1990.

Esta obra foi impressa pela
Markgraph Gráfica e Editora Ltda. em papel
offset Paperfact para a Editora FGV
em agosto de 2005.